南京大学六朝研究所书系·丙种译丛·第壹号
南京大学六朝研究所 主编

中古中国的荫护与社群：
公元400—600年的襄阳城

[美]戚安道 著 毕云 译

南京大学出版社

总　序

一

　　晃晃悠悠的节奏、断断续续的过程,也许是"万事开头难"吧,从2017年3月14日"南京大学六朝研究所成立仪式暨学术座谈会"召开、计划出版系列图书至今,竟然已经三年又八个月过去了,具有"标志"意义的南京大学出版社版"南京大学六朝研究所书系"首批四册,终于即将推出,它们是:

　　刘淑芬著《六朝的城市与社会》(增订本),"甲种专著"第叁号;

　　张学锋编《"都城圈"与"都城圈社会"研究文集——以六朝建康为中心》,"乙种论集"第壹号;

　　[美]戚安道(Andrew Chittick)著、毕云译《中古中国的荫护与社群:公元400—600年的襄阳城》,"丙种译丛"第壹号;

　　[德]安然(Annette Kieser)著、周胤等译《从文物考古透视六朝社会》,"丙种译丛"第贰号。

　　既然是"首批四册",如何"甲种专著"却编为"第叁号"呢?这缘于此前"书系"已经出版了以下数种:

　　胡阿祥著《东晋南朝侨州郡县与侨流人口研究》(修订本),江苏人民出版社,2019年10月版,"甲种专著"第壹号;

　　吴桂兵著《中古丧葬礼俗中佛教因素演进的考古学研究》,科学出版社,2019年12月版,"甲种专著"第贰号;

　　(唐)许嵩撰,张学锋、陆帅整理《建康实录》,南京出版社,2019年10

月版,"丁种资料"第壹号;

胡阿祥著《"胡"说六朝》,江苏人民出版社,2019年6月版,"戊种公共史学"第壹号;

胡阿祥、王景福著《谢朓传》,凤凰出版社,2019年12月版,"戊种公共史学"第贰号。

据上所陈,"南京大学六朝研究所书系"的总体设计,应该就可以暸然了。

首先,"书系"包含五个系列,即甲种专著、乙种论集、丙种译丛、丁种资料、戊种公共史学,这显示了我们对六朝历史之基础研究与应用研究的全面关注、对话学界之"学院"史学与面向社会之"公共史学"的兼容并包。

其次,"书系"出版采取"1+N"模式,"1"为南京大学出版社,"N"为其他出版社,"1"为主,"N"为辅,但仍按出版时序进行统一编号。所以如此处理,自然不在追求"差异美",而是随顺作者、译者、编者的意愿以及其他各别复杂情形。

再次,"书系"虽以"南京大学六朝研究所书系"冠名,但只是冠名而已,我们会热忱邀约、真诚接受所内外、校内外、国内外的书稿,并尽遴选、评审、建议及至修改之责。

要之,五个系列的齐头并进、出版单位的灵活安排、书稿来源的不拘内外,这样有异寻常的总体设计,又都服务于我们的相关中期乃至远期目标:通过若干年的努力,使学界同仁共襄盛举的"南京大学六朝研究所书系"渐具规模、形成特色、产生影响,而"南京大学六朝研究所"也因之成为学界同仁信任、首肯乃至赞誉的研究机构。如此,庶不辜负我们回望的如梦的六朝时代、我们生活的坚韧而光荣的华夏正统古都南京、我们工作的诚朴雄伟励学敦行的南京大学、我们钟情的昌明国粹融化新知的南京大学历史学院。

二

南京大学历史学院有着厚实的六朝研究传统。蒋赞初、孟昭庚等老一辈学者宏基初奠,如蒋赞初教授开创的六朝考古领域,在学界独树一帜,若孟昭庚教授从事的六朝文献整理,在学界备受赞誉;近20多年来,张学锋、贺云翱、吴桂兵、杨晓春等中年学者开拓创新,又形成了六朝人文地理、东亚关系、都城考古、墓葬考古、佛教考古等特色方向。推而广之,南京大学文学院程章灿之石刻文献研究、赵益之知识信仰研究、童岭之思想文化研究,南京大学地海学院陈刚之建康空间研究,皆已卓然成家;又卞孝萱师创办的"江苏省六朝史研究会",已历半个多甲子,一批"后浪"张罗的"六朝历史与考古青年学者交流会",近期将举办第七回,本人任馆长的六朝博物馆,成为六朝古都南京的璀璨"地标",南京师范大学、南京市考古研究院、南京晓庄学院等,也都汇聚起不弱的六朝研究力量。凡此种种,既有意或无意中彰显了学者个人之"文章合为时而著,歌诗合为事而作"的"义理"追求,也主动或被动地因应了现实社会对历史记忆、文化遗产等的"经济"(经世济用)需求。

即以现实社会之"经济"需求而言,就南方论,就江苏论,就南京论,六朝时代既是整体变迁过程中客观存在的一环,又是特别关键、相当荣耀的一环。以秦岭-淮河为大致分界的中国南方,经过六朝时代,经济开发出来了,文化发展起来了;跨江越淮苲海的江苏,唤醒历史记忆,弘扬文化遗产,同样无法绕过六朝时代;而南京所以能够成为中国第四大古都、中国南方第一的古都,也主要是因为六朝在此建都。

六朝的意义当然绝不仅此。举其"义理"之荦荦大者,以言孙吴,经过孙吴一朝的民族融合、交通开辟、政区设置,南中国进入了中国历史的主舞台,并引领了此后北方有乱、避难南方的历史趋势,比如东晋、南朝、南宋皆如此;以言东晋南朝,当中国北方陷入十六国大乱,正是晋朝在南方的重建以及其后宋、齐、梁、陈较为平稳的递嬗,才使传统华夏文明在南方得以保存与延续、发展并丰富,这样薪火相传、"凤凰涅槃"的南方华夏文明,又给北方的十六国北朝之"汉化"或"本土化"的演进,提供了鲜活的"样本"、完整的"模范",其结果,便是南与北交融、胡与汉融铸而成的辉煌灿烂的隋唐文明,特别是其中的精英文化;再言虽然分隔为孙吴、东晋南朝两段而诸多方面仍一以贯之的六朝,就颇有学者把包括六朝在内的汉晋文化与罗马文化并列为世界古代文明的两大中心,这又无疑显示了六朝文化在世界史上的超凡地位。

然则围绕着这样的"义理"与"经济",笔者起2004年、至2018年,为《南京晓庄学院学报》"六朝研究"专栏写下了50篇回旋往复甚至有些啰嗦的"主持人语",这些"主持人语",现已结集在"南京大学六朝研究所书系"最先问世的《"胡"说六朝》中;至于"南京大学六朝研究所书系"过去近四年的"万事开头难"、今后若干年的"不忘初心,而必果本愿",我们也就自我定位为伟哉斯业,准备着无怨无悔地奉献心力了……

南京大学六朝研究所　所长胡阿祥
2020 年 11 月 16 日

致谢词

我最早关于襄阳地区历史文献材料的研究受惠于我在密歇根大学时的导师们,包括张春树(Chang Chun-shu)教授、杜志豪(Ken DeWoskin)教授、雷·范·丹(Ray Van Dam)教授等。尤其感谢 Van Dam 教授在罗马帝国史研究(尤其在护民官问题上)和我所感兴趣的早期中国史研究外界视角等问题上给我提供的帮助,这激发了我后来思考许多问题,并为我的后续研究指明了不少通幽曲径。近年来我的研究极大地得益于我在中国中古早期研究会(Early Medieval China Group)的同侪们所给予之无价支持、鼓励和建议,当中尤以南恺时(Keith Knapp)、裴士凯(Scott Pearce)与丁爱博(Albert Dien)为最。我在东南早期中国圆桌会议(Southeast Early China Roundtable)的同事们也作为可贵的参谋为本书提供了许多研究灵感;我对他们在过去十年内所提供的智力和社交上所提供的友谊与陪伴深表感激。我也非常感谢对华学术交流委员会(Council for Scholarly Communication with China)为我于 1995—1996 年在湖北的调研提供的财力支持,还有埃克德学院(Eckerd College)提供的教员发展基金、六年一次的年假以及近期的一次为完成本书稿而批准的半学术研究休假。我非常感激以南茜·艾勒格特(Nancy Ellegate)女士为首的纽约州立大学出版社(SUNY Press)的工作人员,她们令人愉快而又高效的工作加速推进了本书的问世。最后,我必须鸣谢茹丝·佩蒂斯(Ruth Pettis)女士的欣悦友谊和她为本书绘制的漂亮地图和封面设计,后者的设计灵感是来源于襄阳地区的墓葬画。尽管我得到了各方助力,但本书中无疑还是会存在一些错误和缺点,那些当然是我自己的责任。

(译自英文原版致谢词,2009年)

翻译说明

本书作者引入"patronage"的概念作为诠释南朝历史的切入点——当然，这并不是作者的发明，比如伊佩霞(Patricia Ebrey)早在二十世纪八十年代就撰文讨论过东汉时期的荫护关系——这也是本书翻译中首先需要处理的问题，因为汉语中并没有与之含义完全匹配的现成词汇。翻译工作准备阶段，主要精力都花在这个词上，自己思考，与人讨论，反复推敲，历月余方才动笔。

按照作者的阐释，"patronage"是发生在"patron"和"client"之间的荫庇关系。在现代语汇中，"patron"一般是指出资者和赞助人，本书第四章有关佛寺建造的部分就不怎么涉及人事关系，而以经济上的资助为主，因此这一部分中出现的"patronage"就直接翻译成"赞助/资助"。但这样的翻译在描述文中的那些人事关系时显然是不准确的。作者在英文版致谢词中提到，本书中"patronage"概念的引入是受到古罗马时代"护民官"的启发，因此译文中选择将"patron"译作"护主"，而"client"则翻译成"荫客"（当然，这不是两晋户令中的"荫客制"，主客双方之间除了上级和下属的关系以外，并没有证据显示他们之间还存在着任何制度化的身份依附关系；其实，如果允许我们用当下流行的俗语来描述的话，"抱大腿"一词颇得其神髓）；护主和荫客之间，自上而下的"patronage"即为"荫护"或"荫庇"，自下而上的"clientage"则为"托庇"。实际上，书中大多数被称为"荫客"的人其实只是得到其护主（多为藩王或一方权贵）赏识重用的下属，因而在日后的政治生涯中得到后者的支持提携（而这种提携有时也缺乏直接证明，而只是其中有一些荫客会随护主之进位称帝而升官）。

在作者看来，荫护机制更侧重于荫客而不是护主，正如终章"结论"部分开头所说的那样，本书是"以地方州郡寒门视角纵观南朝历史"。但实际上，行文中赖以为脉络的还是那些护主们的人生轨迹。而在译者看来，本书对于理解南朝历史最大的贡献在于对以襄阳地区为首之"西土"的关注——建康和三吴地区从来备受瞩目，而我们对于"西土"的了解很少（甚至会忽视此种了解的重要性），尤其缺乏这种系统性研究。

本书中还使用了"community"一词。虽然"共同体"是较为流行的译法，但是作者已经在论述中为我们指出，襄阳地区尽管有一些共同的文化习俗，但基本没有什么认同和凝聚力，这与我们习惯认知和一般语境中的"共同体"概念并不匹配，因此译文中直接将"community"译作"社群"，以突显地缘纽带关系。

英文原著采用尾注，每章节重新编号；译文考虑到中文习惯和阅读便利，改为页下注，每页重新编号。

为尽量呈现原著面貌，译文中的所有页下注均为原著所有；翻译过程中必要的补充说明和勘误则加"译者按"，以小字加括号的形式穿插在正文中。

页下注中所引文献版本均与原著保持统一，遇新版本——诸如有新校本的古籍（如《南齐书》新校本）、日文原版或中译本的英译著作（如由 Joshua Fogel 翻译的谷川道雄《中国中世社会与共同体》英译本，中文学术界一般用不到此版本，而是参考中译本或日文原版）——并不擅自改引，以便如实体现作者的文献来源。

注释中的外文文献原则上保持原貌，只略作调整以统一格式。但对于外文文献的责任人，根据中文图书出版惯例，如果是有正式汉名的西方汉学家，或以假名拼音作为英文著作责任人的日本学者，则尽量在首次出现时以汉字形式呈现，并加注国籍，以括号备注原文，如"[美] Patricia Ebrey(伊佩霞)""[日]Tanigawa Michio(谷川道雄)"等，以便读者熟悉；再次出现时，则遵英文注释习惯简写，如"Ebrey, *The Aristocratic*

Families of Early Imperial China" 或 "Tanigawa, Medieval Society and the Local 'Community'"等。对于正文或注释中提到、但没有正式汉名的外文人名,不再像致谢词中那样以汉字拟音——例如"雷·范·丹(Ray Van Dam)"或"茹丝·佩蒂斯(Ruth Pettis)"——以免混乱和赘余;读者如需查询相关信息,仍请按原名索引。

  中英文表述上的习惯差异是翻译工作中的亘古难题——完全直译的话,可读性必然大打折扣,文字所可能呈现的任何美好都会在从句套从句的生硬中丢失;太过于意译又容易掩盖海外汉学的原来面貌,甚至会在无意中改变原文的论述和逻辑架构。如何取得平衡是关键,我自问尚未游刃有余。在翻译过程中,通常对原文理解无碍,但翻译时却不知不觉把自己绕进去,造成谬误,有一些能即时发现并加以修改,还有一些却因为思维疲劳而没看出来——这里必须感谢南京大学出版社王静编辑的细致工作,为我指出许多容易造成歧义甚至错误的地方,译文才能显得较为得体。最后借用原著致谢词中那句话,尽管得到不少帮助,但译文中"无疑还是会存在一些错误和缺点,那些当然是我自己的责任"。

毕　云

二〇二〇年八月于南京九龙湖

目　录

总　序 ………………………………………………… 1
致谢词 ………………………………………………… 1
翻译说明 ……………………………………………… 1

第一章　导　论 ……………………………………… 1

贵族政治与寡头政治 ………………………………… 2
社群与认同 …………………………………………… 4
作为政治社会体制的荫护关系 ……………………… 11
政权更迭及其他术语命名 …………………………… 17
襄阳地区简介 ………………………………………… 19

第二章　发　展(400—465) ………………………… 26

刘裕新政:侨寓与土断 ……………………………… 27
刘裕新政:行政重组 ………………………………… 32
宗王与荫护:柳元景的早期政治生涯 ……………… 35
征伐中的襄阳人(442—454) ……………………… 39
襄阳在地文化:荣誉、复仇与暴力 …………………… 48
襄阳在地文化:音乐和舞蹈 ………………………… 53
地方社会的力量展示:刘骏政权下的襄阳 ………… 58

小结：权力的风险 ……………………………………… 67

第三章　碎裂（465—500） ………………………………… 69

公元465—466年内战时期的襄阳人 ……………………… 70
朝廷与襄阳城之间关系结构的演化（466—483）………… 75
士绅化与侨寓 ………………………………………………… 82
侨民聚落 ……………………………………………………… 89
具备更广阔关系纽带的侨民集团 ………………………… 100
南齐王朝的危机 …………………………………………… 104
小　结 ……………………………………………………… 111

第四章　巅峰（500—530） ………………………………… 113

萧衍集结"襄阳派系" ……………………………………… 114
"江陵派系"与建康政变 …………………………………… 120
在京师的襄阳人 …………………………………………… 126
襄阳本土的学问：以鲍至为例 …………………………… 134
襄阳的图像学：来自当地墓葬的证据 …………………… 143
对朝堂佛教的赞助 ………………………………………… 147
针对在地文化的皇室偏见 ………………………………… 151
竞争性的表演：本地的军事节庆文化 …………………… 156
小　结 ……………………………………………………… 163

第五章　升华（530—600） ………………………………… 164

好斗的群体和自由浮动的忠诚 …………………………… 165

宇文氏统治下的襄阳 ················· 176
复仇与家庭纽带 ··················· 182
佛教的进一步发展 ·················· 186
小　结 ······················· 190

第六章　结　论 · 191

在地社群与在地文化 ················· 191
荫护关系与朝廷—地方关系的演化 ··········· 198

附录：家族谱系 · 203

图表 1　柳卓的部分后代 ··············· 204
图表 2　韦华的部分后代 ··············· 205
图表 3　部分南阳聚落成员之间的关系 ········· 206

参考文献 ······················ 207

第一章 导 论
INTRODUCTION

本研究企图阐释在公元五六世纪中国一个重要的地方社会,即襄阳地区(今湖北北部)的发展,以及其社会成员与南方建康朝廷所遣代表之间的互动关系。该研究照应了已经被广泛应用到早期中古中国社会制度研究当中的贵族政治与寡头政治[译者按:美国学者姜士彬(David Johnson)称中国中古政治为寡头政治(Oligarchy)]研究模式的短处,通过演示论证提出,对于理解当时政治体制的巨大不稳定性以及地方领袖的征聘和同化过程而言,一个以"荫护"(patronage)为基础的研究模式能够提供更大的帮助。本研究的中心论点是,荫护模式是理解南朝综合政治组织形式的最有效的研究途径。

进一步而言,本研究试图理解荫护系统对于当地社会及文化所产生的影响。在这个问题上,此前的相关研究尝试将地方社会定性为一个相当完整的社群,在这样一个社群中,当地精英发展出了一种兼具保护性和抚育性的特质;而对于这样一个社群,当地人有着强烈的忠诚感和认同感。而经本研究检验证明,这个构想是有不足的,反而有证据显示,当地社会是极其割裂的,人们各自向狭义的家族纽带或社会次群组效忠。这种割裂性因荫护而得以维系甚至加重,因为荫护关系持续地将人们的忠诚从其所属社群中抽离,并重新注入帝国守护官身上;它同时也将帝国朝堂上激烈的继位争夺投射到当地事务上。

尽管存在着这样的割裂性,襄阳地区的文化仍然具有着与众不同的特质,使其得以与建康的文化迥异,虽然后者常常被笼统视作"南方"的代表。这些特质包括在职业及个人生活中对于暴力的惯常使用,复仇与个人荣誉的重要性，社会领袖层所受经典教育甚至基础文学教育的缺乏，以及基于歌、舞和音乐伴奏的口头文化。这一区域文化缺乏正式的文学表达，也不是抽象、客观的认同和忠诚的基础。然而，它影响了当地人和建康精英之间的相互感知，而后者来自一个十分不一样的文化环境。通过描绘这样一种地方性文化类型，本研究企图挑战对于"南方"文化的流行观念，而这样一种概念的形成过分地根基于建康士人的相关书写及他们的文化触觉。

贵族政治与寡头政治
ARISTOCRACY AND OLIGARCHY

实践证明，早期中古中国社会很难被概括[①]。这一历史时期被形容为"贵族制的"，但关于如何定义这种"贵族政治"，学界有着很大的讨论，甚至质疑这样一种"贵族政治"是否真的曾经存在。在这个讨论范围的一端，学者们将出任官职和国家授予的身份地位视作统治阶级的标记；"寡头政治"一词同样被应用到该构想当中，尤其是对于唐代精英阶层而言[②]。但是东晋（317—420）和南朝（420—589）的相关证据却显示出，只有极少数的家族能够维持数代都拥有崇高的地位和广泛的政治权力；而这样急速的权力更迭实际上并不能支撑"寡头政治"所暗示的

---

① 关于尝试归纳中古社会秩序特征的小结，参见[美]Albert Dien（丁爱博）主编 *State and Society in Early Medieval China* (Hong Kong: Hong Kong University Press, 1990)的导论部分，第1—29页。

② [美]Patricia Ebrey（伊佩霞），*The Aristocratic Families of Early Imperial China: A Case Study of the Po-ling Ts'ui Family*. (Cambridge: Cambridge University Press, 1978);[美]David Johnson（姜士彬），*The Medieval Chinese Oligarchy* (Boulder: Westview, 1976);[日]中村圭尔：《六朝贵族制论》，收入《日本学者研究中国史论著选译》第二卷，北京：中华书局，1992年，第359—391页。

那种能使自身可持续发展的社会和政治精英小群体的存在①。仅靠世袭头衔和出任官职,显然并不足以在很大程度上稳固社会秩序,进而形成世袭阶层。

就南朝的例子而言,这些构想的困境起源于该术语本身对于早期中古"社会"的定义太过于狭隘。学者们试图把注意力集中在那些以南朝京师建康为活跃舞台的家族谱系。这些家族的子弟们因为其任官、受教育情形及其在经学、史学、佛学等方面的学术成就而备受关注;他们当中最显赫的家族经常为皇室提供配偶(consorts)。这些家族中的大多数,早在公元四世纪初洛阳西晋朝廷崩溃、相率南渡、于建康支持东晋朝廷之时开始,就已经设法确保了其家族地位。而一些早已在长三角地区地位突显的"南方家族"则在随后的一个世纪中被勉强纳入这一权力圈中。这一城市官僚阶层的核心在公元 420 年晋宋禅代之前就已经确立,尽管当中的一些——尤其是兰陵萧氏——相对而言属于后来者。尽管在政治社会的最高层面发生了实质的颠覆,但这些核心家族却能够在官场上得享寿祚逾两世纪之久②。

然而在南朝,帝位和顶阶军衔往往不归这些"贵族"世系的代表执掌,反而属于来自较远省份的下层社会人员。这些人被列入"寒门",这样的称谓暗示着其人出身于一个相对贫困和匮乏的家庭,并被用来指称任何不属于享有官方特权的顶级士族阶层的家庭。这个称谓尤其适用于来自边境地区的人,因为"寒"字同样可以用来指称北方和边荒的

---

① [美]Dennis Grafflin(葛涤风),"The Great Family in Early Medieval China," *Harvard Journal of Asiatic Studies* 41, no.1 (1981): 65–74,展示了南朝高级世族的极度翻覆。[美]Robert Somers,"The Society of Early Imperial China: Three Recent Studies," *Journal of Asian Studies* 38, no.1 (1978): 132–137,强调了他们除为官以外的其他地位层级和影响,指出其社会秩序是多元化的而不是单一化的。

② 唐长孺:《魏晋南北朝史论丛续编》,北京:生活·读书·新知三联书店,1959 年,第 92—93 页。关于单个家族的研究,参见[德]Helwig Schmidt-Glintzer(施寒微),"The Scholar-Official and His Community: The Character of the Aristocracy in Medieval China," *Early Medieval China 1* (1994): 64.

"蛮"人,而无论字面意义还是象征意义上的"寒风"都是由彼而来。但是,来自地方上的人未必是贫穷的,其社会地位也未必是低的;尽管为来自京师的精英们所蔑视,他们却最终执掌了大多数的实际权柄。事实上,出身门阀大族的京师士人反而被定性为"舞台上的道具"(props on a stage),为掌权的寒人效命,并为其提供文化上的正统性①。为了理解南朝的政治与社会体制,我们必须将统治阶层的概念扩展到建康精英的范围之外,并试图从这些边境寒门、其所属之地方社会及其与朝廷互动方式等视角去书写历史。

一旦我们采用了这种关于中古社会秩序的更为开阔的概念,那么通过相对狭隘的构想建筑起来的贵族政治和寡头政治等研究模式的缺点就变得显而易见了。或许,对这些出身地方上的寒门而言,最特别之处就是他们能以非常罕见的频率进行权力颠覆。来自地方上的战士们能够迅速攀升至权力高位,但通常也会以更快的速度跌落神坛。贵族政治或寡头政治理论模式所暗示的那种相对牢固、稳定的社会秩序,显然无助于我们对于此历史进程的理解。因此我们必须找到新的模式。

社群与认同
COMMUNITY AND IDENTITY

本土社群(local community)的概念为我们研究地方社会(provincial society)指示了一条收效更为显著的路径。在上文所提及的有关贵族制的讨论中,持另一端看法的研究就采用了这个着眼点,强调精英家族在其当地社群中所扮演的社会角色。学者们认为这些家族在经济上处于对所在地方的支配地位,因为他们拥有广袤的庄邑;而在意识形态上,

---

① [美]Scott Pearce(裴士凯)、[美]Audrey Spiro(司白乐), and Patricia Ebrey, "Introduction," *Culture and Power in the Reconstruction of the Chinese Realm, 200 – 600* (Cambridge and London: Harvard University Press, 2001), 25–26, 28.

这些家族又通过树立道德模范和展开慈善馈赠等方式，构建和当地人民之间的"温暖而又具保护性(warm and protective)"的关系，从而宣示一种理想化的紧密社群的领导身份①。这一理论模式的经济层面已经为学界所广泛接受，尽管本研究中的相关证据显示，至少在襄阳地区，当地的家族占地并不特别广阔，也不见得特别根深蒂固②。至于其意识形态层面的观点，就被批评对于精英宣传的内容太过于照单全收，同时低估了在这些社群中存在阶级挣扎的可能性③。

上述理论模型有关意识形态层面的观点还面临着一个更严峻的问题，即早期中古文献中的相关证据并不能够很好地支撑其论断。尽管中古文献中的一些选文片段确实把地方精英描绘成投身于当地慈善事业和领导活动，但来自当地的有关这一时期的更广泛的历史书写却并

---

① [美] Wolfram Eberhard（艾伯华），*Conquerors and Rulers: Social Forces in Medieval China* (Leiden: E. J. Brill, 1952); [日] Tanigawa Michio（谷川道雄），"Prominent Family Control in the Six Dynasties," *Acta Asiatica* 60 (1991): 92–93. 又参见 Tanigawa Michio, *Medieval Society and the Local "Community,"* trans. Joshua Fogel (Berkeley: University of California Press, 1985); [日] Ochi Shigeaki（越智重明），"The Southern Dynasties Aristocratic System and Dynastic Change," *Acta Asiatica* 60 (1991): 54–77.该论述的经济侧面通常和"豪族"联系在一起，如中村圭尔《六朝贵族制论》，第 359—361 页。在前引 Schmidt-Glintzer "Scholar-Official and His Community" 中，"communitarian"的概念基本上和"aristocracy"（贵族制）的概念等同。

② Albert Dien 主编 *State and Society in Early Medieval China* 的导论部分，第 7 页，同样谈到了是否可以把同姓同郡望的家庭看作是一个凝聚的宗族；该研究中的证据表明，如果没有进一步的证据，是不应该这么去看待的。

③ Joshua Fogel 在谷川道雄 *Medieval Society and the Local "Community"*（中国中世社会与共同体）的节选英译本引言中总结了这些批判，更详细的版本则参见 [日] Kubozoe Yoshifumi（窪添庆文），"Japanese Research in Recent Years on the History of Wei, Chin, and the Northern and Southern Dynasties," *Acta Asiatica* 60 (1991): 104–134.

不强调这一角色①。举例而言,当地历史的发展显示,在地精英并不把自己描绘成地方领袖或护主,反而着意把自己与地方社会的任何实质领导人的角色分离开来。中古传记中的"处士(retired gentlemen)"混居于地方社群之中(而不是寄身朝廷),但庆幸自身与几乎所有社会或政治顾虑脱离开来,并回避当地民众。这些说明他们只和相当有限的亲近家庭成员之间保持联系;而对于他们来说最重要、感受最深的关系是和具有同等水平的饱学之士以及来自遥远地区处逸之士之间的往来②。这一证据显示,当地精英阶层并没有企图通过颂扬自身的公民领导义务来打造声名,无论他们在地方上的行为实践是什么样的(译者按:当时的隐逸处居之士一般并不以家族为单位实践其人生理念,其处居地也往往是陌生的地方,因此不属于或至少不能代表地方精英)。

要研究地方社群,其实还有另一个途径,即以现当代国族主义(nationalism)和认同研究为基础。而国族主义和认同都强调社群是一种通过人类意志被创造或被想象出来的东西,其目的是为了左右政治行为。这种"想象(imagining)"描绘的载体是一个地方社群和另一个地方社群之间的种种差异性——包括语言、服饰、形体特征、居住地、雇佣习惯、文化活动、共享历史等方面——而这些都被地方精英反复强调,以

---

① 参见 Tanigawa, *Medieval Society*, 102–112, and "Prominent Family Control," 92–93;而[美]Miranda Brown(董慕达), *The Politics of Mourning in Early China* (Albany: State University of New York Press, 2007), 105–126,同样讨论了后汉碑刻中与此有关的零星内容。

② Andrew Chittick, "The Development of Local Writing in Early Medieval China," *Early Medieval China* 9 (2003): 35–70; Patricia Ebrey, "Estate and Family Management in the Later Han as Seen in the Monthly Instructions for the Four Classes of People," *Journal of the Economic and Social History of the Orient* 17 (1974): 173–205,当中提到崔寔关于地方圈子应该得到慈善救济的设想是相当狭窄的,而他对于地方社群的涉及也相对有限。

便在其潜在的追随者之间塑造出一种强烈的文化和政治认同①。那些此前作为相对未被政治化的情感或习惯的"软"边界而存在的文化差异,就顺势进化成了"硬"边界,一种号召着忠诚甚至牺牲行为的承诺②。按照定义,这些社群是排外的:其成员更倾向于和该社群内的其他成员互动甚至结盟,而排斥与社群外人员之间的关系,或至少将其放在次要地位。对外来人的清晰描绘,以及对于将外来人接纳为社群"成员"的限制,是构成"硬"社群认同的核心元素之一。提倡和颂扬此类社群价值的文本很可能把相应的政治选择上的限制形容为道德正确,或"忠诚"。

学者们继受了这些想法,并用来描绘古代中国文化和国族认同发展的完整性。中国文化被描述成一种普世性的"宗教社群(religious community)",这是相较于(例如)伊斯兰教而言;一种更具限制性的中国国族认同的发展则被说成从这种普世认同(universal identity)发展而来的、针对外来压力所作出的回应。这些外来压力先是来自于宋代(960—1279)的游牧民,后来则来自于十九、二十世纪的欧美势力③。早期中古时期的研究将对于这种特色中国文化认同的"想象"追溯到汉帝国的文化遗产,其阴影重重笼罩着后继的那些试图仿效汉代的次等政

---

① [美]Benedict Anderson, *Imagined Communities: Reflections on the Origin and Spread of Nationalism* (London and New York: Verso, 1991); [美]Harold Isaacs, *Idols of the Tribe: Group Identities and Political Change* (Cambridge: Harvard University Press, 1989); [美]Rupert Emerson, *From Empire to Nation: The Rise to Self-Assertion of Asian and African Peoples* (Cambridge: Harvard University Press, 1960).

② [美]Prasenjit Duara(杜赞奇), "De-Constructing the Chinese Nation," *The Australian Journal of Chinese Affairs* 30 (1993): 20–21, 另在 Prasenjit Duara, *Rescuing History from the Nation: Questioning Narratives of Modern China* (Chicago: University of Chicago Press, 1997)中进一步展开。

③ Anderson, *Imagined Communities*; Duara, "De-Constructing the Chinese Nation."

权(lesser regimes)①。

然而,这些针对中国认同的普世主义的研究路径对于理解在地社群而言,功效是有限的,因为它们并未考虑到汉代文化遗产破碎化、并为一些重要的次认同(sub-identities)创造发展空间的方式。随着汉朝的消亡,其在文学创作领域的支配地位也随之丧失,来自不同地理区域的人们从而能够更自由地从汉代文库中挑选那些强调、赞美其家乡的元素,并由此将其自身晋选为经典整体下的独特"子集(subset)"。这些富有地方特殊主义色彩的(locally particularistic)对于汉代传统的解读,有潜质通过构建成为关于他们自身的独特文化,并且也是当地精英阶层所需的认同和从属关系的重要来源,当拥有大量资源的机构——比如方国或地方行政单位——对此大加宣扬的时候尤甚。因循这些路线的发展是可见的,先是作为三国时期(220—280)分立的结果而呈现,后来在长达数世纪的南北政权对立过程中(317—589)能看到的发展就更多了②。通过这种方式应用,"想象的共同体(imagined community)"模式为我们构建地方社群(provincial community)的意识形态层面和早期中古时期的认同提供了一个有效的途径。

---

① [美]Charles Holcombe(何肯), *In the Shadow of the Han: Literati Thought and Society at the Beginning of the Southern Dynasties* (Honolulu: University of Hawai'i Press, 1994), and "Re-imagining China: The Chinese Identity Crisis at the Start of the Southern Dynasties Period," *Journal of the American Oriental Society* 115, no.1 (1995): 1–14; [英]Michael Loewe(鲁惟一), "China's Sense of Unity as seen in the Early Empires," *T'oung Pao* 80 (1994): 6–26.

② [美]David Knechtges(康达维), "Sweet-peel Orange or Southern Gold? Regional Identity in Western Jin Literature," in *Studies in Early Medieval Chinese Literature and Cultural History*, ed. [美]Paul Kroll(柯睿) and David Knechtges (Provo, UT: T'ang Studies Society, 2003): 27–79,讨论了在三国鼎立局面结束后,北人和长江下游地区的人们之间鲜明的文化差异;《颜氏家训·风操篇》例举了不少六世纪末关于类似文化区分的例子,详见 Teng Ssu-yu(邓嗣禹)英译本"Customs and Manners," in *Family Instructions for the Yen Clan: Yen-shih Chia-hsun* (Leiden: E.J. Brill, 1968): 22–45.本土历史书写有时反映出这种区域次认同的新兴元素,参见 Chittick, "The Development of Local Writing in Early Medieval China."

相对于其他地区（尤其是吴、蜀）而言，襄阳地区的相关证据显示，它并不是此类意识形态生产(ideological production)的中心之一。迄至公元四世纪晚期的襄阳地区本土书写都试图通过锁定当地有关经典诠释(classical references)的学术成果和考据怀古(antiquarian nostalgia)，将当地文化认同置于更宏大的汉代普世传统(universalist tradition)的从属地位；同时也表达了一种渴望有国家代表和其他受教育的外来人士前来为该区域提供庇护、并复兴他们曾经拥有之文明传统的态度①。这些材料推广了一种软且具有包容性的文化认同模式，将大一统汉帝国的文化产物理想化，更广泛地反映出汉末精英阶层的那种消极被动的、疏离的文化主义倾向②。到湍流涌动的四世纪末，当地"汉末精英(late Han elite)"的成员或已身故，或沉晦无踪，或移居风气更为相符的社会和文化中心，例如建康，或江陵，也就是建康朝廷在长江中游的首要行政重镇。其本土书写的文化遗产作为古典文库，在帝国专员和其他胸怀大一统意图(universalizing intentions)的外来人士的指令下，被裁剪、编辑和重组。

襄阳汉末精英群体的消亡在公元五六世纪为其他类型的在地社群的发展开辟了道路，而后者正是本研究的焦点。以在襄阳发展出来的军事要塞为中心，他们后来成为来自建康和其他地区的权势阶层的重要军事代理的来源。当地的人口极端多样化，包括许多移民集团，当然也有本地出身的家族投身于军事或贸易事业。对于这样的社会来说，最具挑战性的一面当属其成员大范围地因未受教育而不识字；因此，尽管其社会有着显著有力的口述及表述性传统，仍未能发展出任何有关"想象的"共享历史或文化的书面表达。

对于当今的研究者而言，出自当地人之手的书面作品的缺乏，意味

---

① Andrew Chittick, *Pride of Place: The Advent of Local History in Early Medieval China* (University of Michigan Doctoral Dissertation, 1997).

② Charles Holcombe ("Re-Imagining China," 14)将汉代以后的"享受有限特权的精英"视作是此类论述的依附。

着我们只能经由对其感兴趣却又往往不具同理心的外人所写下的书面观察去理解他们的社会。这些资料无疑是十分有价值的,包括了有关当地人士职业生涯的资料,帝国亲王或其他曾出任襄阳城守卫官职的官员或其随从的资料,当地口传歌曲文化的记录,当地神话传说故事的记录,区域内季节性节庆的记录,以及来自当地墓葬的考古学证据。相关证据显示,到公元五世纪中期,襄阳地区已经发展出一种独特的文化环境,其特征包括暴力、复仇以及生机勃勃的歌唱文化。公元六世纪的文献进一步强化上述画面,并为家族纽带之紧密、精英阶层资助的公众景象之重要性以及对佛教的相对冷漠(至少在学术及朝廷赞助的形式上如此)等问题添加了新的证据。这种独特的当地文化混合物与建康的不同文化之间存在着相当的张力,而这种张力在南朝官方记录(imperial memorials)和当地有关智胜、驱赶邪灵之超自然现象的记录中同时得到印证。

然而,这种独特的当地文化的存在并不意味着当地人民认同这一文化,或由其出生地以某种方式决定其政治行为。恰恰相反,相关证据显示出,前文提到的"软"边界始终保持着"软"的状态。在一些重要的亚群体——尤其是移民聚落中,以及一些构想狭窄的家族圈子内,都能看到一定程度的社会凝聚甚至排外性的长期存在。然而,这些忠诚(loyalties)的狭密性本身证明了一个更为宽广的社群认同理念的缺乏。更宽广的本土政治凝聚的证据主要集中在刘宋孝武帝刘骏(453—465年在位)时期。在那之后,尽管有证据显示,当地人民偶尔会抗拒来自王朝的政治和文化压力,但压倒性的证据主体显示,当地人民对于"襄阳"缺乏一种强大到足以左右其政治行为、效忠对象选择或忠诚的抽象认同。他们惯常地在更广的文明冲突中站在对立的一面,而没有丝毫显示出站在本土利益立场上与南方朝廷合作的协调努力。他们的"想象"针对的是其他地方,集中在更近的纽带和有关个人利益的更紧密的估计上。因此,"想象的共同体"的研究模式,尽管对于中古中国的很多其他发展都具有启示性,但在这一问题上并不能带领我们走得有多远。

作为政治社会体制的荫护关系
PATRONAGE AS A SYSTEM

对于理解襄阳地方社会的政治结构发展而言，另有一条通过实践证明更为行之有效的研究途径，即引入"荫护"的概念，不仅仅作为一种具体的个人关系，而且作为一种社会关系的制度。"护主—荫客(patron-client)"纽带的运作已经被证实对于理解东汉帝国（25—220）的职官文化而言是一种收效甚著的研究理路①。有关南朝的研究则进一步论证了个人荫护纽带(personal patronage ties)在军事要塞指挥官和其士卒的关系以及大范围取代京师建康门阀大族而执掌实际权力的地方指挥官阶层(provincial commoner class)的相应崛起过程中的重要性②。

本研究的主体可以通过扩展而发展出南朝整个社会制度的一个模式，为我们研究地方社会及其与朝廷之间的关系提供极大的洞察力。尽管荫护一般被理解为一种存在于两个个体之间的二元关系，并且从属于——甚至寄生于——一个更为正式的社会制度，但它同样可以被视作社会关系的基本(primary)形式，建构着整个社会秩序及其资源配置（尤其是对于官职而言）。该模式预言了一种社会状态，在此状态下，个人关系是至高无上的；纵向垂直的关系纽带惯常性地切断、破坏着较为强大的横向水平或"社群"纽带的发展；个人忠诚和信任问题在个人事业选择和文学书写中都备受关注；大体上可以被总结为多元的、流动

---

① Patricia Ebrey, "Patron-Client Relations in the Later Han," *Journal of the American Oriental Society* 103, no.3 (1983): 533–542; 然而她指出，这种重要性在此后逐渐减弱，因为一个更为严格的、以阶级为基础的"贵族门阀"制度占据了支配地位。另参 Brown, *Politics of Mourning*, 85–103; [美]Christopher Leigh Connery, *The Empire of the Text* (Lanham, MD: Rowman and Littlefield, 1999), 111–139.

② 甘怀真:《皇权、礼仪与经典诠释：中国古代政治史研究》，台北：乐学书局，2003年，第249—298页;唐长孺:《魏晋南北朝史论丛续编》，第93—123页;Pearce, Spiro, and Ebrey, "Introduction."

的、具竞争性的以及天生不稳定的①。

　　作为一种二元关系，荫护关系被定义为一种存在于两个个体之间的单对单的纽带，并且以如下四种元素为特征：

　　1. 个体性(personal)，面对面的交流；

　　2. 不平等性(inequality)：护主比荫客地位高，且拥有更多资源；

　　3. 互惠性(reciprocity)：存在着某种交换，例如以效忠换取工作或封邑(fief)；

　　4. 自愿性(voluntarism)：荫客和护主互相挑选，且可以改变效忠对象。

　　这一类关系在各人类社会中具有普适性，但还存在着一种重要的变化，在其涵盖范围内，上述关系是日常存在的，且被认可为一种资源交换的方式②。举例来说，在有关地位的贵族和官僚体系高度发达的社会中，荫护关系往往有着一种从属性和非法性的角色，并且被抹黑为"腐败"。然而，在一个更为正规制度化的矩阵内，荫护关系有时候（正如在古罗马时期）扮演着非常正当、合法的角色，作为资源和权力分配的方式③。在这些个案中，往往有一个精心设计的（虽然并不总是清楚阐明）护主和荫客之间的行为准则，包括荫客对其护主应尽的责任，他们从一个护主换到另一个的可行方法，以及他们是否可以同时有一位以上的护主。"忠诚"是一个核心问题，因为护主总是想通过要求高度

---

①　Terry Johnson and Christopher Dandeker, "Patronage: Relation and System," in *Patronage in Ancient Society*, ed. Andrew Wallace-Hadrill (London and New York: Routledge, 1989).

②　关于 patronages 最全面的理论性和比较研究是 S. N. Eisenstadt and L. Roniger, *Patrons, Clients, and Friends: Interpersonal Relations and the Structure of Trust in Society* (Cambridge: Cambridge University Press, 1984);关于此种关系的基本特征，归纳在第 43—50 页。这些设想在很多文章中被扩展，和罗马帝国关联在一起，包括前引 Wallance-Hadrill 主编 *Patronage in Ancient Society* 一书中 Saller, Drumond, Garnsey 和 Woolf 等人的论述，并在前引 Johnson 和 Dandeker 的文章开头有所归纳，参见 Johnson and Dandeker, "Patronage: Relation and System," 221‑222.

③　Eisenstadt and Roniger, *Patrons, Clients, and Friends*, 49‑50; Johnson and Dandeker, "Patronage: Relation and System," 234‑237.

忠诚的方式来限制荫客的选择，而荫客从自身利益出发又倾向于保持选择的自由，以便改善他们的谈判地位，从而向其护主提出更多诉求。既然在一般情况下，护主是具有更多权力、受更好教育的社会成员，因此他们是更有可能构建忠诚理念的一方，并通过批判不忠行为以及提倡将荫客的选择限制在单一护主的方式，来从中体现他们自身的利益①。

一如此前所提及的，学界有关早期中古中国的研究强烈支持着一个概念，即各种"护主—荫客"关系在决定政治行为的时候是重要的，尽管它们在政治评论家的笔下并不总是显得那么受欢迎。用来形容荫客关系(clientelage)的术语从汉末一直到南朝都具有相当的连续性，包括"客"或"宾客""左右""故吏""门生"（通常仅用来指称受教育的荫客），或简称"旧"（过往的联系人）②。这种关系得到广泛的理解，但同时也被认为不够理想，甚至被排斥、边缘化；因此传统的中国历史书写并不会规律地或持续地使用这些词汇。相反，在任何情况下，当一个人得到一份工作、一个帮助，或和别人发展出其他具有不平等和互惠性质的个人关系时，基于"恩"的个人纽带都会被间接提及③。

基于私人托庇关系本身的性质，这种纽带不会在文字材料中得到系统性的描绘，因此对于我们决定其角色而言，最重要的工具是能够映射出个人关系网络的人物传记④。在本研究中，我搜索了各方面的证

---

① Johnson and Dandeker, "Patronage: Relation and System," 230–231; Eisenstadt and Roniger, *Patrons, Clients, and Friends*, 29–42; Scott Silverman, "Patronage as Myth," in *Patrons and Clients in Mediterranean Societies*, ed. Ernest Gellner and John Waterbury (London: Center for Mediterranean Studies of the American Universities Field Staff, 1977).

② Ebrey, "Patron-Client Relations"；甘怀真：《皇权、礼仪与经典诠释：中国古代政治史研究》，第259—267页；唐长孺：《魏晋南北朝史论丛续编》，第102—107页。

③ 甘怀真：《皇权、礼仪与经典诠释：中国古代政治史研究》，第274—279页。

④ 这一策略被应用于对罗马帝国和古典时代晚期的研究中，成果颇丰，例如[美]Patrick Amory, *People and Identity in Ostrogothic Italy, 489–554* (Cambridge and London: Cambridge University Press, 1997). 也有一些由此研究中古中国的尝试，如Howard Goodman（顾浩华）, *Ts'ao P'i Transcendent: The Political Culture of Dynasty-Founding in China at the End of the Han* (Seattle: Scripta Serica, 1998).

据,包括婚姻纽带、友谊和私人联系以及尤为重要的职业纽带,因为这一方面留存下来的信息是最多的。我还试图寻找这些关系得以产生的背景,并由此涉及制度史,而且并不仅仅为了了解正规的社会架构,同时也为了更好地了解非正式的纽带,因为当时的人们很可能基于后者而聚在一起,并有机会发展出私人的荫护关系。我尤其关注人们选择服务对象以及改变效忠时机的方式;相对于忠诚是如何作为一个抽象的概念被以护主们为代表的人提倡宣扬,我更为关注忠诚在实际操作中是如何被荫客们看待的。具体而言,我试图确定在何种范围内,忠诚作为一种被归纳或继受的认同——对于家庭、当地社群、宗教或其他意识形态而言——或许引领着人们的选择,潜在地限制着他们对于护主的选择,或至少在他们作出"不恰当"选择的时候给以责难。

当我们把荫护构建成政治关系和资源配置的主要机制,而不仅仅是单纯的人际关系,我们就能更进一步地辨识关于社会的两个宽广的特征。其中之一是自愿关系在决定政治行为的先赋纽带(ascribed ties)中的普遍存在,这抑制了稳定的、可再生的或继承性的权力架构的发展①。这样的一种不稳定性是南朝政治制度的最显著特征,这是贵族政治和寡头政治的研究模式所无法解释的;相较而言,荫护理论模式却能够预见其发生。襄阳人的独特经验可以作为证据,以更细节的方式证明这一研究模式的适用性,因为他们的职业道路具有很高的私人性和不稳定性。先赋性纽带(ascriptive ties)的重要性,尤其对于家族来说,比此前学界基于对北方家族或南方建康精英的相关研究所作出的推测要低得多。尽管与男性近亲——主要是兄弟子侄,有时是堂兄弟,偶尔出现姻亲——之间的纽带显然是重要的,但几乎看不到与相对疏远的男系亲属之间的关系,也没有保存那种追溯几代先祖的宗谱记录。在一个特别清楚的例子中,一位襄阳人在北方被介绍给另一位与他同族源地(choronym)且同姓的人,并被问起他们是否有亲缘关系。那位北人

---

① Johnson and Dandeker, "Patronage: Relation and System," 223 - 224.

以其显赫姓氏为傲,并能上溯十二代之多;但襄阳人对自己的先祖一无所知,需要借阅其北方宗亲小心翼翼保存的宗谱才能了解。换言之,在他的成长过程中,基于先赋性家族纽带的圈子相对狭窄;而自愿性的个人交际对于他的职业生涯而言,显得重要得多①。

荫护体系的另一个重要特点是,在社会阶层、地位、族群、本土或意识形态认同等横向纽带基础上,普遍存在着集团(solidarity)的纵向纽带。横向纽带并不是完全没有,但会被来自社群以外的护主之间的公开资源竞争以及纵向纽带对社群集团所产生的不稳定影响所控制②。换言之,封闭排外的、政治化的纽带发展成为一种"想象的"社群认同的潜力,会因人们反复寻找来自社群外的护主而持续被削弱。需要重申的是,有关襄阳的证据支撑着荫护关系的研究模式,因为基于地点的纽带是极其稀薄的。当时最牢固的"本土"纽带似乎是通过城守中的军事服务而建立起来的,但证据显示,与其说这是一种抽象的意识形态纽带,倒不如说是一种具体的个人纽带;在军事活动中并肩作战的人们彼此之间发展出密切的个人联系,这种联系后来又被利用,为政治目的服务。在任何情况下,人们忠诚的主要对象都不是他们在当地的同伴或同侪,而是他们的护主——通常是王室成员,或朝廷指派的守备官员,他们有可能带来可观的财富和令人仰望的职官任命。在许多民事冲突的案例中,人们勇敢无畏地效忠其护主,甚至与别人争斗致死,以保全他们的托庇关系。

当时襄阳的社会状态,与一个具备认同共享和集团意识的"想象的社群"相距甚远,倒不如像我即将在第三章中所特别强调的那样,将其形容为"高度碎化(highly fragmentary)"。人们的认同似乎被很狭窄地局限在近亲和私人交际的范围;更广泛的集团,对于一些"想象的"本土社

---

① (唐)李延寿撰《南史》,北京:中华书局,1975年,第1436—1437页。此事在本书第五章第三节中有详细的论述。

② Johnson and Dandeker, "Patronage: Relation and System," 223–224.

群或文化传统而言，或对于一个王朝、一种理想化的普世文化价值观而言，在很大程度上都是不存在的。这一点，几乎不令人感到意外，毕竟大多数襄阳人士都是未受教育的；存在于汉代经典、注释和历史中的"文本帝国(empire of the text)"远远超出他们的认知范围，就像通过历史书写确立和传播更为贴近的抽象认同那样，同样不属于他们所拥有的选项①。当然了，正如我在第四章中所辨析的，即使是当地有关往昔岁月的图像，对于未受教育的襄阳人来说都很可能是陌生的；缺乏延传下来的强大家族传统，也没有阅读本土历史的能力，就连作为当地纪念符号(commemorative markers)的人物也不会居于什么重要地位。这种对于"本土"传统的漠不关心，在徙民群体中可能更甚，他们从不同的、甚至异邦的文化背景中带来了各自的记忆和传统，而他们大概会倾向于保护和留存这些记忆和传统，因此会选择避免与身边的人和事发生文化上的关联。

在这个高度碎化的社交世界中，向强大的护主托庇是较大联盟得以形成的唯一途径。地方上的有权势者拥有着一群荫客和属于自己的部曲(military retainers)；而他们自己又转而向帝国亲王和其他把他们招收为荫客的外界代理效忠②。这一进程把来自当地社会中不同群体的人们聚集到了一起，也包括来自其他地区的人，把他们变成由平民和战士所组成的特殊私人团体(ad hoc personal coalitions)，这些团体与其护主共荣辱存亡，一旦其主垮台，就立刻树倒猢狲散。从刘骏(宋孝武帝)开始，企图问鼎建康皇位的人们经常要倚仗襄阳荫客的力量；他们的作用在萧衍(梁武帝，502—549年在位)朝尤为显著，但在萧道成(齐高帝，

---

① Connery, *Empire of the Text*.
② 关于"边禁"问题，参见 Tang Changru(唐长孺),"Clients and Bound Retainers in the Six Dynasties Period," in Dien, *State and Society in Early Medieval China*, 111–138. 在本著中，我没有尝试推论当地人是如何募集和维系比自己地位更低的追随者的；我的猜测是，这些关系纽带是相对流动的，但他们可能比高层次的关系更具有束缚力。

479—482年在位)和萧詧(西梁宣帝,555—562年在位)及其继承人的统治时期也很重要。

政权更迭及其他术语命名
REGIMES, REGIME CHANGE, AND OTHER NOMENCLATURE

运用荫护关系的研究模式使我们得以重构关于王朝本身政治体系的书写。我们首先必须认清一个历史事实,即南朝每一位实际意义上的君王几乎都是通过武力政变夺取王位,而每一位君王的最后驾崩都会随即触发一场内战。为了要赢得内战,每一位想成为继任者的人都不得不发展一个由既具备战斗力又对其护主保持忠诚的荫客——通常是来自地方上的寒门——所组成的私人网络。在战前和内战过程中逐步建立起来的托庇网络,在其核心护主继承王位之后,被赋予权力(swept into power);但是其成员中存活下来享受荣华富贵的人,通常只能与其护主/君主共荣辱存亡,除非他们能发展一位新的护主建立关系纽带,并在下一场内战中成为胜利的一方。换言之,每一位"君王"本质上都经营着一项军事独裁事业,而其属下成员总是缺少一种保有自身权力并传给下一代的机制。

中国历史的习惯会强调"王朝"血脉的持续性;因此,从公元420年到589年的这一段历史时期被认为是宋、齐、梁、陈四"朝"。然而,在实际上,这一时期的王位继承很少是依据血统,更几乎没有通过一个正式拟定的继承程序来完成。事实上,在从420年到550年(在550年之后,襄阳不再是这个体系中的一部分)的漫长岁月中,萧道成之子萧赜(齐武帝)是唯一一位身为指定王位继承人而得以存活并建立稳固统治的。这一史实说明了,如果你被指定成为帝国王储,这远远不足以确保你会继承王位;相反,那基本上意味着你会被处决。把这个体系构想成"王朝的",不过是对于帝国史官所维系的虚构之物的重申,这种说法所蒙蔽的真相比它揭示的还多。与其称之为一个"王朝(dynasty)",这些个人军事荫客的特殊集团(adhoc assemblages)或许更适合用"政权"这样一个强调此历史时期帝国统治之私人性(personal)和多变性(shifiting)特质的词汇来描述。

这些荫护关系网络的私人性特质同时也要求一个更能保持一致性的术语来指称一众个体(individuals)。在经典文本和大多数现代历史书写中,通常用谥号(dynastic names)去称呼那些取得帝国王位的人物;因此,"梁武帝"之号比"萧衍"之名更广为人知,尽管在他人生中的前37年,他并没有也未指望拥有这一头衔。因此,在萧衍即帝位前称其为"梁武帝"是没有任何意义的[译者按:萧衍生于刘宋大明八年(464),于中兴二年(502)受禅即位,但"武帝"的号是在太清三年(549)五月驾崩之后于同年十一月追谥获得,庙号高祖。并非如作者理解的那样,从即位之日起便定下"梁武帝"名号];但是在他即位后突然改用另外一个称呼似乎也不是特别合适,那会在我们对于他个人及其派系的认知中造成断裂,因为萧衍在即位后也以私人身份维系着一个较小的个人关系网络(从他的襄阳荫客们身上可以得到印证)。诸王子身上也存在着同样的专名转换问题,因为他们一般会被以封邑名来指称,而这些封邑名又是常常变化的(如萧绎既被称为"湘东王",又被称为"梁元帝")(译者按:作者所举的萧绎的例子,是封邑王名变为帝号,并不是多个封邑王名之间的转变);此外,以家族姓氏和所历最高官衔(一般是死后追封,他们生前并没有做到相应官位)指称的高级官员以及通常在成年时启用字号(style names)的普通人而言,都存在着同样的问题。为了尽量消除一人多名号的问题,我在文中一般径用人物姓名,而不论其所居官职乃至王位;因此,在萧衍的整个政治生涯中——即使在他贵为帝王的时候——我都直呼其名。唯一的例外是,当我谈及王室成员的时候,会用王子头衔替代姓氏,以此来强调其与皇帝之间的家族关系;如此,对于上文提到的萧绎,我会称之为"王子绎(Prince Yi)"。

我对于术语专名的选择,大多数是传统的。在本书中,我统一使用拼音译注(并对引用资料作了相应修改),对于中文职官名称,我遵循贺凯(Charles O. Hucker)在《中国古代官名辞典》(*A Dictionary of Official Titles in Imperial China*)中的翻译,除非另行注明。但我标示日期的方式是非传统的。中文文本一般用王朝和统治者的名号来标识年份,配以农历月份和(偶尔出现的)以六十年为周期的专门词汇(干支)所指定的日期。在多数情况下,我省略具体日期,并将年份转为公历纪年。中国农历有十二或十三个月份(为了减少与太阳周期的出入,会在某些年份加入一个闰月),但是无法与现代的月份相匹配,例如农历正月,可能从公历一月末到二月末之间的任何一天开始。我认为把农历正月翻译成"一月(Month One)"或"第一个农历月(first lunar month)"既累赘又含糊不清。相反,我遵循了一个中国农历体系的普遍概念,即以农历月份作为季节的参考,首三个月大致为春季,之后的三个月为夏季,以此类推。这样一来,我就把前三个月翻译成"初春(early spring)""仲春(mid-spring)""暮春(late spring)"。这样的翻译机制能够让叙事更为流畅,也可以更为有效地表达事件发生的时间属于一年中的哪个阶段,又不会有损原文的准确性。

襄阳地区简介
AN INTRODUCTION TO THE XIANGYANG REGION

我之所以会选择襄阳地区作为个案研究的对象,是出于几个补充性的考虑。首先,它位处与北方政权的交界处,这意味着它一直处于军事威胁之下,同时也有大量徙民在此居住,所以认同问题和忠诚问题在襄阳尤其重要。其次,襄阳的区域势力在南朝扮演了好几次造王者(kingmaker)的角色,在萧衍成为梁武帝(译者按:原文作此,但如前所述,萧衍即帝位后并没有马上获得"孝武皇帝"号)的军事政变中尤为关键。萧衍是南朝统治时间最长的皇帝,也是南朝帝王的原生形态(archetypal),因此,理解他和襄阳地区的关系显得很是关键。第三,襄阳在建康政权的最终瓦解中起到了关键作用,因为公元 550 年襄阳城向长安政权投降触发了此后的一连串事件,导致建康政权丧失了对于长江中上游的控制。第四,关于襄阳当地的文化,有一些有限但很有价值的材料,包括"西曲(western lyric)"传统中可见的证据,当地历史记载与节历(festival calendars)中保存下来的奇闻轶事,各种佛教故事,以及一些考古遗迹,这些文献资料能够帮助我们进一步充实政治史。为了完成这一介绍,在此我想要介绍襄阳地区的地理和到公元四世纪末为止的历史背景。

襄阳地区可以被称为东亚大陆的"内部边疆(internal frontiers)"。它位于种植麦黍的北方和种植稻米的南方之间的气候分界带——西起秦岭,经过襄阳地区北部边界到达淮河流域。该区域是一个明确划分的冲积平原,四围环绕着山陵(参见图 1-1)。它的首要特征是流出狭长的汉中平原(在今陕西南部)的汉水(在此区域内也称作"沔")。汉水从西南面拱绕着它,然后流向正南,看似要立刻与江陵附近的长江交汇,但又蜿蜒向东,经过数百里的沼泽地,才在今湖北省会武汉地区附近汇入长江。

武当山和荆山的高峰紧靠在汉水流经当地区段的西、南两面,并泄入一些相当短的高山泉流。襄阳地区的主体部分都位于汉水的北面,主要流入唐白水系(Tang-Bai system),那也是汉水的主要支流①。而这些河流又起源于往北近两百公里的伏牛山东支。这一山势不高却关键的分水岭(watershed)把襄阳地区和向东汇入淮河的颍水上游以及向北汇入洛阳附近黄河段的伊水和洛水上游融断开来。众山在三个河原盆地(drainage basins)之间提供了通道,以至于早期的地理学家会为各条河流的走向感到困惑②。在唐白水系与汉水汇合之处,有一些突兀的矮

---

① 白河在汉魏六朝时期旧称"淯水"或"沅水",而附近的 Gun River 水系亦称"白"。这是十分令人困惑的,因为两河位于同一地区。

② 参见杨守敬、熊会贞对郦道元《水经注》所作的疏解《水经注疏》,南京:江苏古籍出版社,1989 年,第 2385—2386 页。

小麓陵，迫使汉水拐了一个先向东北再回环向西南又转向东南的弯道。这个弯道既宽且浅，受支配于一个平坦的沙岛——鱼梁洲(Fish Dike Island)，为涉水渡河提供了非常理想的地段。这一关键的连接地点后来就成为了襄阳城镇(参见图1-1)。

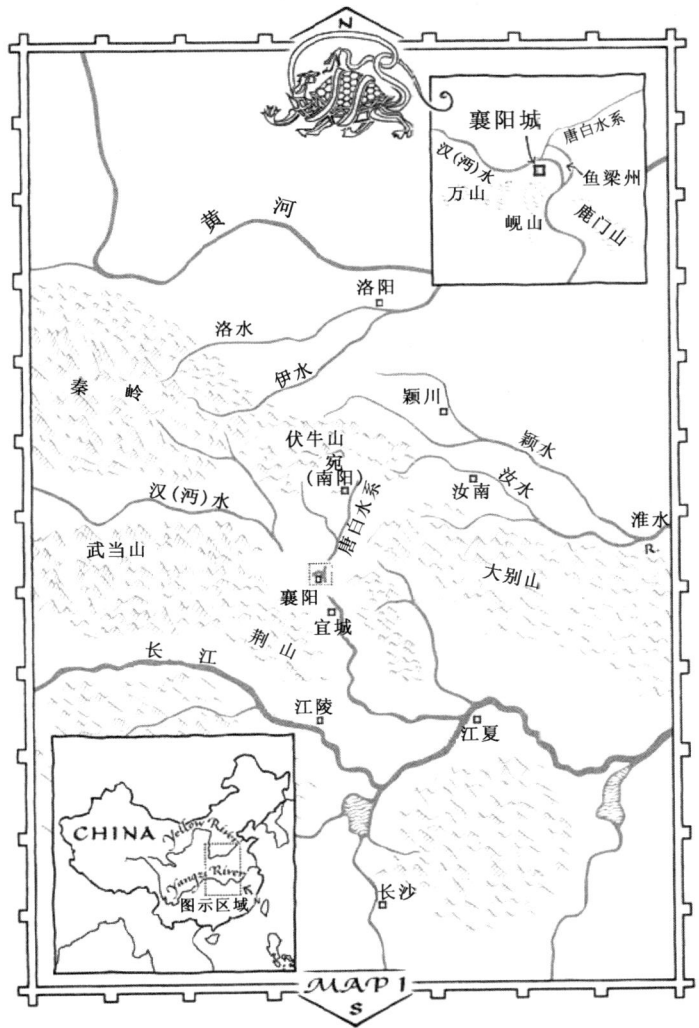

图1-1 长江中游流域(局部细节图：襄阳地区)

在春秋时代(前 722—前 481)早期,该区域处于楚国的统治之下,其故都郢,或称鄢,最有可能位于宜城附近,也就是唐、白水交汇处往南约四十里(译者按:按照下文的习惯,这里很可能是指现代的英里)①。由于其战略位置优越,是通往黄河和淮河河谷的门户,因此成为扩张道路上的必争之地。该地区被完全纳入楚国行政系统逾四百年,一直到战国(公元前 403—前 221 年)末期,楚政权在西北方秦国势力的征伐下崩溃②。因为这一段早期的历史,地理上的分割同时也被赋予了政治上、文化上以及语言上的重要性,而这整个地区在传统上被认为是属于南方的一部分③。

伴随着秦国的征服,汉水北部的区域被置为南阳郡。其郡治宛城距白水、汉水交汇处上游约七十里(按照下文的习惯,这里很可能是指现代的英里),是北部平原的商业中心,且在西汉时期(公元前 202 年—公元 9 年)与其邻近的繁荣地区发展出了牢固的联系,包括淮河上游河谷的汝南郡和颍川郡,以及黄河流域的河南郡。汉水南岸延伸向郡治范围巨大的南郡,包括直抵长江的江汉平原及其他区域,郡治在江陵,位于长江之滨。到西汉末期,南阳郡成为了汉帝国境内人口最多的郡之一,辖 36 县,有约两百万居民;宛城的人口超过十万,并发展成了一

---

① [美]Barry Blakely(蒲百瑞), "The Geography of Chu," in *Defining Chu: Image and Reality in Ancient China*, ed. Constance Cook and John Major (Honolulu: University of Hawai'i Press, 1999), 10–13.

② 有关楚国扩张及衰亡的一般性参考,见罗运环《楚国八百年》,武汉:武汉大学出版社,1992 年。

③ [美]Paul L-M. Serruys(司礼义), *The Chinese Dialects of Han Time According to Fang-yen* (Berkeley: University of California Press, 1959), 91–94; [美]W. South Coblin(柯蔚南), "Migration History and Dialect Development in the Lower Yangtze Watershed," *Bulletin of the School of Oriental and African Studies* 65, no. 3 (2002): 529–531.

个主要的商业和政治中心①。

在公元 23—25 年反对王莽统治的起义中，南阳地区的领袖来自汉帝室的一支，以南阳郡的东南部为基地。该支系的一员，刘秀，最终成为汉光武帝（公元 25—57 年在位），光复汉室。他的许多近臣幕僚和支持者都是从南阳地区欢呼万岁，而宛城后来被称为"南都"。随着国都从长安迁往宛城往北约 120 里的洛阳，整个地区前所未有地贴近并连系着帝国权力的中心②。

直到此时为止，襄阳还是坐落在蔓延伸展的、相对未开化的南郡辖内最北边的一个县城。而在之后两百年的历史进程中，这一南方领域的人口迅速增长，涌入南阳地区的财富和荫护漫出辖界，令襄阳、宜城及其他河阴城镇受益。这些地区被同化纳入汉帝国体系，随着公元二世纪末汉室中央朝廷的衰落，它们反而得到了更为快捷的收益。汉室宗族的一位远亲刘表，以襄阳为基地建立了一个独立政权，控制着长江中游地区（荆州，约等于今湖北、湖南辖境）。他为数百位或富有或饱读诗书的流亡人士（émigrés）提供荫护，使其免受首都精英的压迫，并发展学术事业，以支持其"重建"刘氏天命的政治目标。尽管刘表的事业最后以失败告终，但当地人因此获得了与来自汉帝国各地的有学识、有权力者建立联系的机会，而这些人中有许多都在后来的三国时期（220—

---

① 关于人口数字，参见《后汉书》志二十二《郡国四》（译者按：原注"参见《后汉书志》卷二八上，第 1563—1564 页"，今据改，文献中仅有南阳郡户口数，宛县户口数不明所据）。其中宛县户四万七千五百四十七，按一户五人的一般计算方式，共约二十四万人。但并不是所有人都能被认为是宛城的"城市"居民。

② [瑞典]Hans Bielenstein（毕汉思），"Wang Mang, the restoration of the Han dynasty, and Later Han," in *Cambridge History of China vol. 1: The Ch'in and Han Empires 221 B.C.—A.D. 220*, ed. D. Twitchett and M. Loewe (Cambridge and London: Cambridge University Press, 1986).

280),在彼此纠缠不清的三方政权中,择其一而效力焉①。

广阔的长江流域的重要性的上升以及对军事活动的重点强调,把襄阳带到了这一时期历史舞台的中央,因为它是南北之间人流与货运交通的重要枢纽。南方的物资经船运溯流至长江和汉水,之后就须在襄阳卸货,转由陆路运往洛阳或黄河流域的其他节点。完全经陆路运输的货物仍然需要经过襄阳附近的汉水浅滩。结果是,南方的军事势力必须保护好襄阳地区,以便在此泊卸军士和物资,再经陆路北伐,或者据守襄阳,抗击来自北方的侵略。而北方政权也需要控制襄阳地区,以防止南方势力据此北上,同时也要以此为据点,准备针对南方政权的水路征伐。曹氏政权——包括曹操(155—220)的统治及其继任者建立的魏国(220—265)——把襄阳和位于其北、一水之隔的樊城发展成为他们在荆州北部的关键防御工事。他们在这一区域经历多次战役,先是与初出茅庐的刘备(161—223)政权,继而与孙权(182—252)及其继任者在建康(后改称"建业")建立的吴国(229—280)作战。后来建立西晋(265—316)的司马氏政权在北方继承了曹氏政权的势力,遵循着这一模式,利用襄阳作为他们在公元280年成功征服南方的首要军事集结地区②。

在整个第三世纪,襄阳地区的学士精英们都享受着因为全国范围内的关注而得以出现的荫庇和保护,甚至他们仰赖的私人军事武装也日愈崭露头角,尤其是在周边的穷乡僻壤。然而到四世纪初期,随着内战、普遍的混乱以及晋王朝的崩析,此前的荫护安排迅速崩溃。在310—311年,当晋都洛阳沦陷,襄阳城也经历了一场由流民武装集团发

---

① Andrew Chittick, "The Life and Legacy of Liu Biao: Governor, Warlord, and Imperial Pretender in Late Han China," *Journal of Asian History* 37, no. 2 (2003): 155 – 186;[日]Ueda Sanae(上田早苗), "Go-Kan makki no Joyo no gozoku," *Toyoshi kenkyu* 28, no. 4 (1970): 31 – 36.《後漢末期の襄陽の豪族》,《東洋史研究》第二十八卷第四號,1970年,第31—36页)。

② [美]John W. Killigrew(柯强威), "The Reunification of China in AD 280: Jin's Conquest of Eastern Wu," *Early Medieval China* 9 (2003): 1 – 34.

起的暴力叛乱,随之而来的是石勒军队的劫掠、一场瘟疫以及一场令数千人丧生并终结了好几条襄阳最有名家族血脉的大火①。

在接下来的几十年中,基本上襄阳地区所有受教育的精英们,要么丧命,要么湮没无闻,要么搬去更稳当的地方。新建的"东"晋朝廷设在长三角的建康,距此甚远,而襄阳地区被当作了一个半野蛮的边荒前哨。一小部分幸运的当地人设法打入了建康精英阶层的阶梯低端;更多的人,尤其来自江北显赫一时的南阳地区的人们,重新定居在江陵,并协助荆州行政的缓慢重建。与此同时,襄阳地区自身也经历着逃离北方乱局的一波又一波流民潮。到四世纪末,填补襄阳流失人口的外来徙民已经几乎全部完成了(本土化)转变②。

尽管经历了这些巨变,作为南北边境上关键转运站的襄阳地区仍然保持着其地理战略上的重要地位,也还是一个富饶及人口有望再度稠密的地区。即使其流失的人口没有得到填补,在军事立场上,它还是一个没有任何政权能够长期忽视的重要地区。本研究试图讲述的故事,就是建康的南方政权是如何处理与该地区关系的,还有更重要的一点,是一群什么样的人在这一地区内生活,以及他们是如何应付南方朝廷的。

---

① (唐)房玄龄等撰《晋书》卷一〇四《石勒载记上》,北京:中华书局,1974年,第2712页;《晋书》卷五《怀帝纪》,第121页(关于石勒军中和襄阳的疫情);《晋书》卷二七《五行志上》,第805—806页;(南朝梁)沈约撰《宋书》卷三二《五行志三》,北京:中华书局,1974年,第934页;(晋)陈寿撰《三国志》卷二八《魏书·邓艾传》,北京:中华书局,1959年,第783页(关于襄阳大火)。Chittick, *Pride of Place*, 第176、180—196页引用了襄阳本土历史的相关段落,注意到此时一些显赫世族的灭绝。又参见[日]安田二郎《晋宋革命和雍州(襄阳)的侨民》,《日本中青年学者论中国史六朝隋唐卷》,上海:上海古籍出版社,1995年,第118页。

② 安田二郎:《晋宋革命和雍州(襄阳)的侨民》,第118页。(南朝梁)萧子显撰《南齐书》卷一五《州郡志下》,北京:中华书局,1996年,第281—282页,提到了四世纪中叶建康官员居高临下的典型态度,以及四世纪末侨民宗族所占据的优势。

第二章　发展(400—465)
DEVELOPMENT, 400-465

在公元五世纪初，襄阳被认为是南方政权中一个最"倒退"的地区。在今存文献中，我们看不到任何出身襄阳的人在建康占据具有实权的职位，纵然是那些在当地杰出的人也一样。自从公元383年苻坚的长安政权崩析之后，襄阳地区又涌入了大量来自北方的徙民。据稍后的记载，在这一时期"旧民甚少，新户稍多"①。尽管这些徙民中的一些属于曾经在北方政权下门楣光耀的高等世族，但建康的东晋朝廷对他们是如此的轻蔑，其内部也是如此的紊乱且纠纷剧烈，以至于短短十年间就有大量成员再度离开，重返北境②。

刘宋政权的奠基者刘裕(即宋武帝，420—422年在位)采用了一系列政策，明确鼓励北方徙民在此定居，并为这些徙民以及当地出身寒门者开放新机遇。在他的第三子刘义隆(宋文帝，424—453年在位)当权的相对稳定的一段长时间内，这些群体因为来自周边山地的主动或被迫移居者的加入而进一步壮大。这样一个多样化的社会混合体通过州郡层级的军事服务而找到了一些共同之处，因为这些人持续活跃地被雇佣于当地争夺领土和奴隶的战役中。他们在襄阳创造的社会以对个人荣誉的强调以及对复仇的颂扬为特点。与建康的那种考究的社会和文化氛围不同，在襄阳地区几乎不强调学识，遑论有关(儒家)经典的学问；该地区的(文化)特征反而建立于一种有关歌舞的口述文化之上。

---

① 《南齐书》卷一五《州郡志下》，第281—282页。
② 《晋书》卷一一七《姚兴载记上》，第2980页。

上述两种社会和文化世界之间建立联系的最主要机遇就是襄阳人发展出与建康政权派出的代表之间的托庇荫护纽带。生养于广陵北府有类似军事背景的刘氏皇族成员，一度是襄阳人的护主，并且致力于在荫客中找寻最有影响力、最具才能以及最勇猛的人才，并设法获取他们的个人忠诚。结果是他们中的一些人在把刘义隆的第三子刘骏（宋孝武帝，454—465年在位）送上帝位的政变中扮演了至关重要的角色。随后的十年标志着他们登上帝国政治舞台并跻身帝国历史书页的过程。

刘裕新政：侨寓与土断
LIU YU'S NEW POLICIES: IMMIGRATION AND RESIDENCE DETERMINATION

在东晋（317—420）政权尾声的义熙年间（405—418），建康朝廷被刘裕所控制，成为刘裕逐步打造最终夺取权力所必须的军事和行政机器。桓玄在402—404年间突发军事政变的失败提醒着刘裕要小心打好基础，而刘裕也是效仿曹操（155—220）和司马懿（179—251）的成功努力（译者按：此处作者可能是指曹操和司马懿谋划掌权，但二人并没有成功篡位的经验）而谋划着一条缓慢而系统性的篡位之路。他还参照西晋（265—316）的先例，把区域军队的指挥权分派给自己的兄弟和诸子；尽管有可能重蹈"八王之乱"（300—306）内战之覆辙，与东晋把军队指挥权交在对立家族手中的做法相比，这种模式还是更能保证掌握兵权者的忠诚度。他还推行几项重要的新政（译者按：其中有关土断的内容，并不是刘裕首创）：提拔出身低微但有所成就（尤其是军事方面）的人，以此去冲淡特权家族在朝廷的影响力；设法裁撤一些侨置行政区划(districts-in-exile)，藉此削弱早期南渡家族的势力，同时设置有利于自己心腹的新行政区划；重组部分本土世族的品位判定机制(status ranking systems)。这些改变对于襄阳社会的发展及其在公元五世纪初期与建康的关系有着直接的影响。

上述这些行政改革中的第一项就是"土断"(residence determination)的实行。这一项行政重组的目的是对辖内人民进行正式的户口登记,以使其承担赋税劳役(译者按:这并不是最初提出土断的目的,也不是下文所说的那样始于东晋)。从东晋时期开始,朝廷最初通过设置新行政区划的方式安置迁徙群体,并以其来自的故乡命名。一个徙民集团(immigrant band)的领袖会被封为侨置州郡的长官,其随从就被视为所在行政区划的"居民"。由于这些徙民集团享受赋税和劳役的减免,因此人们往往不注册户籍,或只在所谓白籍(white registers)上进行非常规的、半正式的注册,白籍由地方官员持有,并不上呈国都。尽管他们的生产资源不会直接流入朝廷,但他们也不会被根深蒂固的地方家族所控制;相反,他们会继续在徙民领袖的控制之下,而后者会保持和朝廷的同盟关系,作为对朝廷所授官衔和俸禄(有时甚至是世袭封邑)的回报。因此,从朝廷的角度来说,对于"侨置行政区划"的承认无疑是一种特权优待,尽管其好处主要属于徙民领袖(他们获得封衔和其他奖赏,并获授权就利益关系进行谈判),而其他徙民未必能享受到①。

"侨置行政区划"的政策覆盖了多个面向。在一些情况下,侨民团体的首领很富有,受过很好的教育,有权势,并且很快在东晋政权中获得官位。在更普遍的情况下,朝廷期待这些侨民首领能够驾驭其从众,并在军事征伐中效力。比如在襄阳地区,魏该在公元317年被封为雍州(侨置)刺史,并在随后的十年内起用其追随者以控制该地区,但同时也协助朝廷制衡其他地区的掌权者②。这一项政策甚至被一些非北方移民团体所采用,例如公元332年设义成郡,并特意将其从东晋其他地

---

① [美]William Crowell(孔为廉), "Northern Émigrés and the Problems of Census Registration under the Eastern Jin and Southern Dynasties," in *State and Society in Early Medieval China*, ed. Albert Dien (Hong Kong: Hong Kong University Press, 1990), 171 - 209; 夏日新:《关于东晋侨州郡县的几个问题》,《魏晋南北朝史资料》第11辑,武汉:武汉大学出版社,1993年,第36—49页。

② 《晋书》卷六三《魏浚传》,第1712—1714页。

区改设在襄阳地区,以协助晋朝廷在此处发展更为友好的势力。这一设置取得了远超出"临时"或"侨置"构想的结果,而这些区划所享有的特殊行政优待也拥有了自己的生命①。

理论上而言,一次"土断"就是一次为这些行政区划内的人民进行某种户籍注册、以便朝廷对其征税的尝试——如果不是立即征收,也会在稍后的日子里执行。这可能会包括完全废黜侨置司法辖区。东晋统治者曾反复努力尝试完成这一任务,但收效有限;最有效的一次是桓温在四世纪六十年代进行的尝试(译者按:指庚戌土断)。刘裕自己的努力执行于公元413年(译者按:指义熙土断)。他的顾虑展现在他向皇帝进谏的长长疏奏中,当中要求剥夺那些南徙已久、无意北归的世家大族所寄附的"侨置行政区划"的特权状态。很有可能的是,这些家族不再拥有具有威胁性的军事力量,只是作为稳固扎根的移民家族的家属,而刘裕并不能指望其忠诚。证据显示,刘裕的改制取得了一定的成功②。

然而,襄阳地区的改制不得不等待进一步的军事事件的发生。该区域曾处于一个叫鲁宗之的人的奴役之下,他是一个在公元383年苻坚政权瓦解之后从关中地区来到襄阳的流民集团的统帅。刘裕于公元404年封鲁宗之为雍州刺史,后者自此一直是一个享有半自治权的地方军阀,直到刘裕于公元415年亲自领军驱逐了他和与之联合叛乱的荆州刺史司马休之③。随后刘裕命其弟刘道怜统领荆州,并令其舅(刘裕生母弟)赵伦之出镇襄阳。直到此时,刘裕才能把他的行政改革措施推行到襄阳地区。

---

① 《晋书》卷八一《桓宣传》,第2115—2117页;夏日新:《关于东晋侨州郡县的几个问题》,第42页。

② Crowell, "Northern Émigrés and the Problems of Census Registration under the Eastern Jin and Southern Dynasties," 191–199.

③ 《宋书》卷七四《鲁爽传》,第1922页;卷五一《临川王刘道规传》,第1472—1474页;卷二《武帝本纪中》,第31—33页。

然而，刘裕在襄阳的改革并没有和他对公众的宣言保持一致，因为他在该区域别有目的。其中最重要的一项就是在襄阳扶植新的徙民群体，为了他的利益控制该地区。刘裕亲征襄阳之后，旋即趁关中的姚氏后秦政权崩析之际又再远征，这一功绩对于他在襄阳地区的上述企图颇有帮助。刘裕于公元416年挥师北进洛阳，并于次年秋天进入长安，可惜他的补给线拉得太长，兼因为担心鞭长莫及、失去对晋帝的控制，退回建康。他安排留守的薄弱军力很快被击溃，关中地区又进入内战状态。在那之后，拓跋政权的势力控制了关中地区，并将该地区的许多领袖家族迁往当时位于遥远北方的国都平城。

尽管从领土争夺的角度来看，这次远征关中或许是一次失败，但从招募的角度来说，却是成功的。刘裕利用这次远征，和强大的关中世族建立关系，并劝说他们排斥拓跋，转而投向南方，并以襄阳为首选定居地。例如来自长安京兆杜陵县的关中显赫家族的韦华，曾在苻坚治下出任高官；苻坚败亡后，于公元383年徙居襄阳；后来又觉得南方政权羸弱、分裂、缺乏远见，故于398年率族人回到关中为姚氏政权效力①。公元416年，时为姚秦州刺史的韦华面临刘裕的进击大军而被劝降，又再定居襄阳，自此生活在于四世纪八十年代侨置的京兆郡，直至终老。韦氏宗族的其他支系中有人于第一次徙居后就一直留在襄阳，他们很可能在韦华二次归来时予以协助。韦华之子韦玄因终生隐居在长安以南的山中而声名远播，刘裕曾欲授其以高官厚爵，韦玄谢绝，随后在内战中丧生。韦玄的子嗣却随祖父一起迁居襄阳。

不少别的关中宗族追随着韦氏的"觉醒"，他们也同样获得了特别指定的侨置辖区。与韦氏同望的杜氏宗族成员于此时搬到了襄阳，与之邻近的霸城王氏亦如此。来自长安西北安定郡的席衡，也携家眷及随从定居襄阳。此外还有来自长安东南蓝田地区的三千余户，追随着

---

① 《晋书》卷一一七《姚兴载记上》，第2980页；卷十《安帝纪》记载此事发生在隆安二年（398）十二月。

一位曾服务于姚秦政权的名叫康穆的撒马尔罕先民(Samarkand ancestry)(译者按:撒马尔罕即康居),定居在襄阳南面的岘山一带(译者按:《梁书》作"岘南"),并为其专门设立"华山郡蓝田县"。康穆本人被授予秦州、梁州(后者属于侨置辖区)刺史的重要官衔,但他没有接受,并且很快就去世了(译者按:《梁书》作"未拜,卒");他的子嗣(康元隆、康元抚,元抚子康绚在《梁书》卷十八有传)却相继在华山太守的位置上干得不错。据文献记载,他们成为太守是"为流人所推",暗示他们在建康朝廷的授权之下,基本上用一种自治的方式统率其随众①。

对流民群体而言,在地方层面的理想待遇未必就等于在国都建康的较大影响力,他们在那里饱受偏见。杜坦是京兆杜陵人,他在侨居襄阳之后随刘裕回到建康,历任将军和州刺史(后军将军、龙骧将军,青、冀二州刺史)。他的家族号称是西晋一统的奠基人之一杜预之后,在北方社会中世代为砥柱。尽管有着如此显赫的家世,杜坦传记中的一则逸事却揭示了他作为"晚渡北人"在建康受到歧视,"朝廷常以伧荒视之",即因为某人在南渡之前曾效力于北方"野蛮"政权,便被认为是"野蛮"的②。

在"土断"还在执行的同时,采用这种侨置辖区作为徙民安置政策的一部分,乍一看似乎是自打嘴巴。这其实显示了"土断"不仅仅是一种行政合理化的努力,相反,它被有选择地加以利用,去削弱那些不再忠于朝廷或不再有利用价值的先渡侨流群体的势力和特权,同时为新群体获得类似特权开辟道路。这就解释了为什么尽管公元四五世纪重

---

① 关于杜氏,见(唐)姚思廉撰《梁书》卷四六《杜崱传》,北京:中华书局,1973年,第641—642页;《南史》卷六四《杜崱传》,第1556页。关于王氏,见《梁书》卷一二《韦叡传》,第220页;《南史》卷七四《卫敬瑜妻王氏传》,第1843页。关于席氏,见《周书》卷四四《席固传》,第798页;(唐)李延寿撰《北史》卷六六《席固传》,北京:中华书局,1974年,第2338—2339页。关于康氏,见《梁书》卷一八《康绚传》,第290页;《南史》卷五五《康绚传》,第1373页。

② 《宋书》卷六五《刘道产传》,第1720—1721页;《南史》卷七十《杜骥传》,第1698—1699页。

复出现"土断"的努力尝试,侨置辖区的问题却从来没有被"改正"的迹象,因为这并不是土断运动的真正目的所在①。

刘裕新政:行政重组
LIU YU'S NEW POLICIES: ADMINISTRATIVE REORGANIZATION

此时赵伦之已经成为刘裕在襄阳的首要代理人,他所施行的政策进一步证实了刘裕改制的多重目的性(multitargeted nature)。襄阳成为了一个长期居民(没有在朝为官的先祖)、持续数代侨居的民众以及新移民的杂居地。赵伦之奉命整理居住在该区域的众多纷杂的家族,先是决定哪些家族具有被称为"次门"的资格,这意味着他们可以享受劳役和赋税的免除(刘宋皇室是唯一的"头等"家族);其次是为这些特权家族条次排序(译者按:《宋书·宗越传》载,安北将军赵伦之镇襄阳,襄阳多杂姓,伦之使长史范觊之条次氏族,辨其高卑)。

公元四世纪初期从河南侨居至该区域的宗氏家族是该进程的一个例证。在较早前的一次土断中(可能是桓温主持的那一次),宗氏被列为南阳叶县的"次门"。然而,在赵伦之的氏族排名中,宗氏却成为了位序低很多的"役门"②。这一事件说明,在韦氏、康氏这样的世族所率领的侨流群体备受青睐、甚至享有自主侨置辖区的同时,一些不再受宠的先渡世族却在被剥夺原先所享有的权利。

在这项整顿措施以外,赵伦之还重组了侨郡的指令线(lines of command)。遵循西晋时的州郡组织形式,设置在襄阳地区的七个侨郡(commanderies-in-exile)被分别划给三个不同的州。由于这些侨郡是从

---

① Crowell, "Northern Émigrés and the Problems of Census Registration under the Eastern Jin and Southern Dynasties,";夏日新:《关于东晋侨州郡县的几个问题》。

② 《宋书》卷八三《宗越传》,第 2109 页。河南宗氏最初获得免除徭役的地位,可能得益于他们与一个显贵的南阳大族同姓。

荆州分割出来的，所以它们实际上归属于当地的军事统辖。当鲁宗之居其位时，刘裕政权曾将对这些群体的正式军事指挥权授予荆州刺史，后者实际囊括有南方政权西部及西北部地区的所有军事指挥权。在赵伦之的主持下，这一情况再次被逆转，出于军政和民政的双重考虑，襄阳的众多侨郡被纳入了雍州刺史治下，权力被集中到了单一的在地官署，同时也为此前就存在的众侨郡推向了更高层面的民政管理①。

在接下来的几年中，雍州刺史的军事指挥权得到进一步扩展，包括北荆州的六个非侨置郡、毗邻的梁州全境（汉水上游），以及其所领的侨置南、北秦州。正常情况下，这些邻州设有一位处理民政的独立刺史，但他们在军事上归雍州刺史统辖。此外还为雍州刺史增设了"宁蛮校尉"的职衔，即仿效南蛮校尉职衔给予镇守江陵之荆州刺史的特权，从而赋予雍州刺史统领指挥当地山民的权力，令他们徙居并被纳入王朝的控制之下②。结果是，雍州刺史的权力得到了优化和大幅强化，逐渐成为制衡荆州刺史累世强权的砝码。

随着这些改革施行，襄阳地区进入了相对稳定的两个十年，朝廷也能够派选自己的人出任雍州刺史和当地的军事指挥官③。尽管其中有几位官员以腐化著称，这一时期毕竟见证了对水利的可观投入和农业的发展，而且没有发生过会导致当地资源紧张的大型军事活动④。

---

① 《晋书》卷一四《地理志上》，第 432 页；《宋书》卷三〇《州郡志三·雍州》，第 1138 页；[日]Yasuda Jiro（安田二郎），"The Changing Aristocratic Society of the Southern Dynasties and Regional Society: Particularly in the Hsiang-yang Region," *Acta Asiatica* 60 (1991): 32；安田二郎：《晋宋革命和雍州（襄阳）的侨民》，《日本中青年学者论中国史六朝隋唐卷》，第 121—133 页；夏日新：《关于东晋侨州郡县的几个问题》，第 42—43 页。

② 《宋书》卷五二《褚叔度传》，第 1504—1505 页；《宋书》卷四五《刘粹传》，第 1379—1380 页；卷五一《营浦侯刘遵考传》，第 1480 页（译者按：相关内容在 1481 页）；《宋书》卷四六《张邵传》，第 1393—1395 页；《宋书》卷六五《刘道产传》，第 1718—1719 页；《宋书》卷四十《百官志下》，第 1255 页关于"宁蛮校尉"部分。

③ 同上注。

④ 安田二郎：《晋宋革命和雍州（襄阳）的侨民》，第 120—121 页。

这一静好的间奏是三方因素联合作用的结果。首先,拓跋氏的统治稳定了北方的局势,减少了容易带来混乱无序的徙民流。拓跋政权的京师位于遥远的北方,这至少在一段时期内减弱了北部边疆因距离太近而产生的军事威胁。其次,荆州统领在这一时期实现了不寻常的和平和稳定,由此免除了襄阳被卷入江陵和建康之间冲突的困扰。谢晦原是刘裕集团中的一员,后因不满而反叛,将刘义隆(宋文帝,424—453年在位)推上王位,此后三十年都没有发生同类事件①。再次,襄阳地区暂时停息了对史称"蛮夷"的周围高地山民的侵略战火。刘道产于公元431年成为区域指挥官之后继续施行这项政策,直到他十一年后在岗位上去世。

刘道产的官方传记生动描绘了他任期内襄阳本土社会的面貌:

> (道产)善于临民,在雍部政绩尤著,蛮夷前后叛戾不受化者,并皆顺服,悉出缘沔为居。百姓乐业,民户丰赡,由此有襄阳乐歌,自道产始也。……道产惠泽被于西土,及丧还,诸蛮皆备衰绖,号哭追送,至于沔口。②

虽然这段文字从某种角度看来,是描述仁爱地方长官的范文,但也为我们了解这一段时期襄阳的发展提供了一些重要的信息碎片。下一节会讨论蛮夷"叛乱"的重要性,而襄阳地区特有的音乐风格则会于再下一节中谈及。这里我们只需简单注意到,尽管常年有来自北方的移民,襄阳地区仍然有足够的未开垦荒地支持更多的定居安置和大幅度

---

① 《宋书》卷四四《谢晦传》,第1347—1362页。
② 《宋书》卷六五《刘道产传》,第1718—1719页。记录(或至少搜集)此事的沈约在470年左右在襄阳地区有直接的亲身经历,参见本章第48页注释①。

的农业发展,也由此给予刘道产通过经济手段安抚蛮夷的弹性空间①。

刘裕政权的这些政策为襄阳人带来了更多机遇。对于氏族条次的重新排序,对于擢升低等士族和晚渡北人的新的强调,对于军事才能看重的与日俱增,都为曾被建康政权所忽视的人们提供了新的晋升途径。皇室成员选为藩镇的常态化,以及他们接纳当地人成为荫客的意愿,同样确保了当地民众有更多机会接触朝廷和建康精英的丰富资源而不需要依赖地方强人(regional strongmen)。循着刘道产的执政轨迹,我们发现了有关襄阳当地民众利用这些机遇的第一条证据。

宗王与荫护:柳元景的早期政治生涯
PRINCES AND PATRONAGE: THE EARLY CAREER OF LIU YUANJING

如果刘道产在襄阳的任期可以被视作和平整合的全盛时期,那么随后的数十年就充满几乎不间断的战争。由于襄阳已因其战争传统而闻名,这就为当地人民提供了重要的机遇,尤其是对于那些可以通过在宗王亲随中的军事服务而得到强大护主的支持、进而获得上升机会的人而言。在此类职业轨迹中,柳元景(406—465)远比其他人令人印象深刻。

在公元三世纪至四世纪初期,柳元景的父系先祖在洛阳的西晋朝

---

① 应该考虑到,北方侨民的规模或许并没有那么具压倒性。在人口调查相对可信的后汉时期,单单南阳郡就有超过五十万户(《后汉书志》卷二二《郡国四·南阳》,第3476—3477页),而更大的襄阳和雍州地区所能容纳的人口可能是这个的两倍。在动乱的四世纪,当城市迭毁于大火、疾病和内战,很可能有相当大比例的当地人口死亡或逃亡至其他地区。相比之下,即使是历史记录中最庞大的侨流集团,规模也比这小得多,例如韦华属下、后来返回北方的一万户,或者420年左右康穆率领南来定居的三千户。因此,单单靠来自北方的侨民很可能并不能重新充实该地区的人口。虽然早期中古时期的人口统计并不十分可靠,但官方编户记录人口的大规模丧失(超过百分之九十)以及在该地区持续出现的侨寓和新移民,只能意味着当时存在大量的闲置土地。另参黎虎《六朝时期荆州地区的人口》,收入《魏晋南北朝史论文集》,济南:齐鲁书社,1991年,第32—55页。

廷任高级官员。他们祖籍河东解县,位于黄河以北的涑水流域,去长安东北约百里。公元310年左右,洛阳和长安失陷,晋室南渡,东晋草创,柳元景的四世祖柳纯在今四川东部出任郡守。后于323年因抗拒王敦之乱被害,其子柳卓徙居襄阳安家,生活的地方可能就是后来于337年设立的南河东郡①(译者按:《宋书·柳元景传》只溯至曾祖卓,未提及高祖纯。《南史·柳元景传》云柳元景"高祖纯,位平阳太守,不拜。曾祖卓,自本郡迁于襄阳,官至汝南太守。祖恬,西河太守。父凭,冯翊太守"。又《晋书·元帝纪》云,永昌元年五月"蜀贼张龙寇巴东,建平太守柳纯击走之"。又《晋书·夏侯承传》云"太兴末,王敦举兵内向,承与梁州刺史甘卓、巴东监军柳纯、宜都太守谭该等,并露檄远近,列敦罪状",但未言及此处的柳纯被害。又原注引《新唐书·宰相世系表》中柳氏谱系只提到柳纯之名,并无事迹。综上:①作者所引文献中似乎并未见柳纯因拒王敦被杀一事,而更为重要的是,这位在《元帝纪》和《夏侯承传》中出现的"柳纯"未必便是柳元景的高祖;②《宋书》《南史》皆明言"自本郡迁于襄阳"的是柳元景曾祖柳卓;其高祖柳纯的确切事迹止于"不拜"平阳太守,而这应该是西晋时候的事,柳纯很可能并未南渡)。柳卓孙柳凭官至冯翊太守,这也是一个设置在襄阳的侨郡。许多侨流人士的职业轨迹都保持着本土化,且集中在侨置辖区,柳凭也在此列,虽然他已经是第三代侨民。不管怎样,郡守一职属于高官厚薪,而柳凭的家族无疑是繁荣兴旺的,因为他共育有七子。柳凭将这七个儿子全部按照军旅生涯的规划来培养,长子柳元景,史称"少便弓马",随父伐蛮,很可能就是在赵伦之主持襄阳政局的时候,当时柳元景不过是十几

---

① 关于柳纯的事迹,参见《宋书》卷七七《柳元景传》,第1981页;(宋)欧阳修、宋祁撰《新唐书》卷七三上《宰相世系表三上》,北京:中华书局,1975年,第2835页;《晋书》卷六《元帝纪》第156页,《明帝纪》第160页;《晋书》卷五五《夏侯湛传附弟淳子承传》,第1499页。关于南河东郡的记载,见《宋书》卷三七《州郡志三》,第1122页"荆州"条下。

岁的少年①。

尽管相对沉默寡言,柳元景仍然因勇敢和才干而声名在外。("……以勇称。寡言语,有器质")谢晦也闻其名,曾欲起用之,但事未能成,谢晦就被击败了。当刘道产于公元431年初来乍到的时候,就急切地想要任用柳元景,可当时二十五岁的柳元景因父丧丁忧而拒不受聘。宋文帝的弟弟、江夏王刘义恭时任荆州刺史,也闻柳元景之名,故招聘之。柳元景服阕之后即应征辟。在沈约记载的一则轶事中,刘道产表达了因失去一位重要荫客而产生的懊恼,他说:"久规相屈。今贵王有召,难辄相留,乖意以为惘惘。"②

柳元景此时加入的王朝指挥架构已经过此前的数十年而发展成为一种有关荫护工作(patronage jobs)与个人荫客关系(personal clientelage relationships)的极度复杂的体系,值得花时间暂停一下,去考虑当时十九岁的江夏王刘义恭在名义上指挥着的下属的职位范围。刘义恭同时兼任着几个重要官职。首先,他是荆州刺史,这意味着他在江陵有一支庞大的幕僚队伍为他处理民政,包括监察州内各郡太守工作的官员。这支民政幕僚队伍的成员典型性地选自以江陵为基地的一众氏族,他们以城市官僚精英(urban bureaucratic elite)的身份供职,类似于活跃在建康朝堂上的精英们,但显然没有那么享誉盛名。这群精英中的许多人都是从襄阳北部的南阳地区徙居江陵的受过教育的移民,他们都受过良好的教育,有地位崇高的悠长谱系,可溯至东汉。刘义恭应该还有一支荆州军,由应服劳役的社会下层本土家族成员组成。在他这个官位上的人有时还会兼任当地某郡太守(例如刘道产曾兼任襄阳太守),因此会额外有另一支民政幕僚队伍,其成员同样来自于郡治所在地的核心氏族群体;以及一支规模较小的军队。刺史拥有举荐人才担任辖下郡守和县令的职能,这是格外重要的;尽管朝廷理论上不是必须要采

---

① 《宋书》卷七七《柳元景传》,第1891页。
② 同上注。

纳这些举荐,但一般情况下,朝廷给予批准是可以预见的结果。

地方行政中最关键的权力纽带来自于亲王的个人军事幕僚。亲王通常会同时兼将军职衔,藉此维系着一支庞大的军事幕僚队伍。这些军事职位通常称为"参军(adjutant)",再通过具体职能头衔和亲王所领将军的品级进一步划定,例如刘义恭领抚军将军衔。与当地的民政和军事幕僚不同,亲王的私人军事幕僚会追随他相当长的时间。亲王们每次获委派,就从州郡军队或民政官僚中亲自挑选具有特别才能的人加入自己的私人幕僚队伍,并致力于和他们建立牢固的忠诚纽带。当一位亲王调迁至新的岗位,他可以选择起用一些他信任的私人幕僚领任地方官署的最高职衔,而不怎么得到信任的本土士人则充任较低级的职位;因此这些群体之间的关系往往是充满了紧张感,我们之后会再谈到这一点。

刘义恭还站在其他重要行政层级的顶端。由于他是荆州刺史,还有一个附加的南蛮校尉官衔,控制着被俘虏或以其他方式被强迫服兵役的蛮户,而这里又有一个重要的次级附属官署(sub-bureaucracy),其成员或出身于亲王的私人随从,或来源于自愿加入的本土次级官员和军士;正如上文提到的那样,雍州刺史同样获得了一个类似的特殊官署。刘义恭还拥有八个州的军事指挥权,这意味着在军事活动的协调中,该区域内的任何一位军事指挥官最终都要听命于他。由于次要州的刺史和郡守全部常规性地获委任将军职衔或其他军事职衔,他们最终都或多或少地听命于刘义恭。最后,对于亲王来说,在中央行政中领有官职并不反常,有时甚至可以和地方州长职衔并领,这里又会有不少次级附属职衔,很可能包括额外的军队。由于任何受刘义恭征辟而获得其中一个可选职位的人都会作为荫客欠他恩情,从而为一种广泛托庇关系网络的发展创造了契机。

柳元景在此后的十六年中都直属比他年轻七岁的刘义恭麾下,他们二人终生都是亲密伙伴。在起初的约七年时间内,柳元景官拜江夏王国中军将军,江夏王国也就是刘义恭的个人封邑,但当刘义恭升领司空(Minister of Works)——中央最高层级的三公之一——职衔时,柳元景迁任司空行参军(随府转司徒太尉城局参军),随往建康。在刘义恭之后升任司徒(Minister of Education)、太尉(Defender-in-Chief)的五六个年头里,柳元景一直是他的私人军事幕僚之一,直到柳元景四十岁时。

这一时期内,柳元景在刘义恭麾下的服务经历对于他之后的职官升擢而言至关重要。在他的传记中有一则丰富多彩的故事,揭示了地方州郡士人初到建康时所遇到的困难:

> 元景少时贫苦,尝下都至大雷,日暮寒甚,颇有羁旅之叹。岸侧有一老父自称善相,谓元景曰:"君方大富贵,位至三公。"元景以为戏之,曰:"人生免饥寒幸甚,岂望富贵。"老父曰:"后当相忆。"及贵求之,不知所在。①

尽管他相对贫穷,也缺乏可利用的人际关系,柳元景在建康的岁月却给了他机会去和更有权势和影响力的人物建立联系,如果他留在襄阳为官,能接触的人物就会逊色一些。我们知道他曾有觐见皇帝——也就是刘义恭的长兄刘义隆——并尝试留下好印象的宝贵机会②。到这个时候,他也已经结婚成家,将育有十子和若干女儿,而他的子女会比他自己有更好的初始机遇去建立有用的人际关系。

征伐中的襄阳人(442—454)
XIANGYANG MEN ON CAMPAIGN, 442–454

正当柳元景在刘义恭的随从队伍中打造自己生活的时候,襄阳也

---

① 《南史》卷三八《柳元景传》,第 981 页。这一段文字没有被记录在今存版本的沈约《宋书》中。

② 刘义恭的三次升转分别发生在 439 年、440 年和 444 年,参见《宋书》卷六一《江夏王刘义恭传》,第 1644 页,又见《宋书》卷七七《柳元景传》,第 1981 页。

经历着重大的变化。公元 442 年刘道产去世之后,刘宋军队在该地区开展了一系列军事活动,先是针对蛮族,随后便是 450 年的北伐。柳元景被派回襄阳参加并最终成为(管理)这些军事活动的统帅,这一关键的经验为他日后在刘义恭的侄子刘骏(宋孝武帝)登上帝位的政变中所扮演的主要角色奠定了基础。

在《宋书·夷蛮传》有关蛮族的记载中,沈约把 442—448 年的讨蛮战役解释为应对盗贼的举措,并为刘宋政权和蛮族的关系作出如下归纳:

> 蛮民顺附者,一户输谷数斛,其余无杂调,而宋民赋役严苦,贫者不复堪命,多逃亡入蛮。蛮无徭役,强者又不供官税,结党连群,动有数百千人,州郡力弱,则起为盗贼,种类稍多,户口不可知也。①

沈约的描述清楚证明了蛮族叛乱的首要性质不应被理解为族群冲突,因为号为"蛮"的人包括了来自不同背景、逃入蛮中以避赋税的各色人等。这显然是一次重要的人口融杂(intermixing of population),生活在低地的人(lowlanders)逃往山地,而生活在高地的人(uplanders)选择定居在靠近王朝各行政中心的地方,许多人甚至会有亲朋戚友生活在"另一边(the other side)"。在刘道产执政期间,低地农耕和高地畜牧或刀耕火种地区之间交往的增加,令高地民众——无论何种族属背景——与刘宋的行政和军事系统之间有了更多的互动,从而促进他们理解组织和领导结构对于协调更大规模军事努力的重要性。与其把这些所谓的"蛮族反叛"定性为族群战争,倒不如说是族属混杂的不同的群体之间的挣扎纠结,他们中的一些人从刘宋王朝体系中得益,并努力维系;其

---

① 《宋书》卷九七《夷蛮列传》,第 2396 页。

他人因为经济或政治上的压力(或两者兼有),选择和它对抗①。后者就像沈约的讨论中所清楚点明的那样,全部被集中在名为"蛮"的容器中,并相较"顺附者"而言,在历史记录中被视为开化程度较低的一群。

造成冲突的官方原因同样是可疑的。刘宋讨蛮的军事活动既积极又持久,深入山区。并得俘虏数十万②。这与讨蛮只为打击盗贼的说法不符;相反,这些军事活动显然带着其他目的,比如捕获新俘虏补充王师,以及占据新领地供侨流人士定居。这意味着另一项重要的发展:和前一代人的状况相比,襄阳附近(以及长江中游的其他区域)的低地空间开始因侨流徙居而饱和,土地成为稀缺资源③。

在刘道产之后有几位任期较短的后继者,他们都为了组织这一军事活动付出了不少努力。之后朝廷于公元445年初期派遣文帝第三子武陵王刘骏来接任襄阳的指挥官。他的传记中提到,他是自从317年晋室南渡以来首位被派遣至襄阳主持大局的王室成员,而这一委派被认为是襄阳地区至少在军事方面越来越受到关注的一个标志④。尽管此时刘骏不过十五岁,但这已经不是他首次指挥地方军事,在此前的五年里,刘骏曾在南豫州担任同等职位。尽管如此,这么年轻的一位皇子通常会有一支经验丰富且忠诚的军事幕僚队伍,他们会被委以运作地方行政之重任,并确保年轻的皇子不受伤害。毫无意外,在这种考虑下,当时以太尉身份执掌全国军事的刘义恭委派了深得他信任的柳元景去为自己的外甥打头阵,这也是柳元景首次独揽一方军事大权,官拜广威将军、随郡太守。

事实证明,刘骏对辅弼的需求比刘义恭预估的要来得快很多。蛮

---

① 然而为了行文便利,我会继续用"蛮族叛乱"来指称这些活动,因为在当时,不论身在蛮地的人本原是何族属,他们一般被统称为"蛮"。

② 黎虎:《六朝时期荆州地区的人口》,《魏晋南北朝史论文集》第34—41页。

③ 这大概可用和平时期人口的自然快速增长(经常会提到有七到十个儿子的家庭)以及北人和"蛮"民的移居来解释,参见黎虎《六朝时期荆州地区的人口》。

④ 《宋书》卷六《孝武帝纪》,第109页。

人意识到,这样高层级的任命意味着这一地区将迎来新的军事攻势,因此在刘骏到任时便出兵发难,从南面截断通往襄阳的水路交通。结果刘骏一行被迫驻扎在襄阳城南约四十里的宜城外的大堤,负责刘骏主要部队的指挥官沈庆之是一名经验丰富的老兵,时年五十五岁,出身相对低微。从年未满十五岁时参与讨伐孙恩叛乱,到此前在赵伦之麾下与襄阳地区的蛮族作战,再到现在的军事行动,沈庆之的整个职业生涯都是以军官的身份度过。沈庆之率领刘骏的部队抵御蛮军,成功冲破了封锁。柳元景调动自己郡下的部队攻击蛮兵,缓解随郡的压力,并协助反攻①。

在接下来的几年中,柳元景和沈庆之以及其他军事幕僚队伍的长期成员们并肩合力与蛮族作战。当448年刘骏迁镇徐州时(《宋书·孝武帝纪》:"(元嘉)二十五年,改授都督南兖徐兖青冀幽六州豫州之梁郡诸军事、安北将军、徐州刺史,持节如故,北镇彭城。寻领兖州刺史。"),柳元景随同前往,帮助刘骏处理安北将军府中军务(《宋书·柳元景传》:"除世祖安北府中兵参军。"),大致和此前沈庆之所担任的职务相同。亲随刘骏的这一变化想必是得到了刘义恭的首肯,当时他仍居太尉,也是柳元景长久以来的护主;诚然,这可以被理解为刘义恭将托庇于自己麾下的一位能人"送"(实际上是借)给自己的外甥,但柳元景仍然对刘义恭有着很强的义务关系,但同时也在发展和刘骏之间的重要关系。

与此同时,刘宋军队正在厉兵秣马,为数十年来的第一次大规模北伐做准备。襄阳司令部是北伐西线的起点,长江中游各州的人力和物质资源都被输送到襄阳储备。为了巩固襄阳指挥部,这个时候又进行了一次行政配置重组,从荆州割五郡纳入雍州管辖(见图2-1)。尽管这五个郡——襄阳、南阳、新野、顺阳和随郡——长期以来被纳入当地

---

① 《宋书》卷七七《柳元景传》第1982页,《沈庆之传》第1996—1997页;《宋书》卷九七《夷蛮列传》,第2396页。

军事指挥之下，它们是第一批"旧时(old-time)"行政区划——相对于侨置辖区而言——置于雍州的民政权力之下，并进一步展示襄阳地区与日俱增的重要性，尤其是作为制衡存在已久的江陵指挥部的砝码。

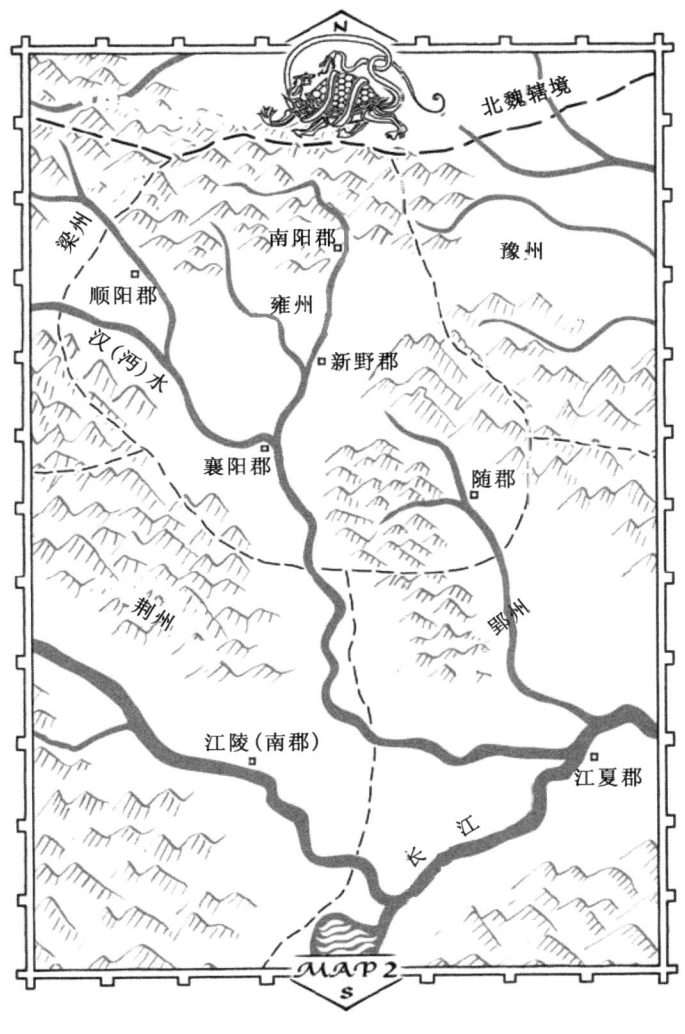

图2-1　重组前的雍州

在449年秋天，襄阳指挥部被分派给了宋文帝刘义隆的第六个儿子、时年十六岁的随郡王刘诞。像往常一样，真正的战斗需要依靠他的幕僚队伍,当中包括了沈庆之,这时他官任北中郎中兵参军(Northern Leader of Court Gentlemen),柳元景则是后军中兵参军(Head of the Central Forces of the Rear Army Military Staff),还有新任随郡太守宗悫及其他人员①。宗悫来自一个古老的南阳学术家庭,后迁至江陵定居,他与乡亲不和,投身军旅(译者按:作者原文用了"clan",意指宗亲,但据《宋书·宗悫传》:"时天下无事,士人并以文义为业,炳素高节,诸子群从皆好学,而悫独任气好武,故不为乡曲所称。"原文表述似乎并不准确,故据改为"乡亲")。和柳元景一样,宗悫也是刘义恭一手提拔的,那是二十年前,当时刘义恭坐镇江陵②。另一位参加此次北伐的人物是薛安都,他来自河东一支著名而有权势的氏族,那也是柳元景家族的祖源地。薛安都因反叛拓跋政权而被迫南逃,他受到了时为皇子的刘骏的热情接纳,并被纳入了当地驻戍部队的指挥组织架构之中③。在沈庆之的全局筹划之下,作为"热身",这群人于449—450年秋冬开展了一系列深入蛮地的猛烈进攻,修建进山道路,斩杀数千,俘虏数万,并获得了大量补给。

在这些征战获得成功之后,沈庆之被召回了朝廷以辅助东线北伐,柳元景则被任命为西线北伐的行动指挥官,坐镇襄阳。北伐于450年仲秋展开,在柳元景的传记中有详实的记载。简言之,柳元景的部队攻取了弘农地区以及洛阳通往关中的要道,随后西进拿下了进入关中平原的关隘。尽管柳元景的军队取得了巨大成功,但由于东线北伐彻底失利,朝廷在次年初春将柳元景的军队召回了襄阳,北伐至此还未满六个月。根据柳元景的传记,他的军队在与勇猛的拓跋军队作战中取得佳绩,因此大获嘉奖。"……并有功而入,士马旌旗甚盛。(刘)诞登城望之,以鞍下马迎元景。"(译者按:载《宋书·柳元景传》)作为奖赏,柳

---

① 《宋书》卷七七《沈庆之传》,第1997页。
② 《宋书》卷七六《王玄谟传》,第1971—1972页。
③ 《宋书》卷八八《薛安都传》,第2215—2216页。

元景获封京兆、广平这两个强大侨郡的太守,并于和襄阳隔水相望的樊城设立府舍,"统行北蛮事"。在他麾下作战的人们也都得到了晋封,大多数仍在当地军事系统内部①。

虽然450—451年的北伐巩固了柳元景的威望,但他从来没有担任过地方郡守管治或军事幕僚以外的官职。诚然,如果他的职业生涯没有更进一步,那么他就不大可能在正史中拥有个人传记。当新任雍州刺史臧质到任时,柳元景加领襄阳太守一职(译者按《宋书·柳元景传》:"臧质为雍州,除元景为冠军司马、襄阳太守,将军如故。"),但仍旧在北部与蛮人作战。次年被调往江州辅助刘骏进行平蛮战役,在那里他得以与许多此前共同参与北伐的密友重新聚首,其中包括沈庆之、薛安都和宗悫。事实证明,这是他职业生涯中的转捩点,因为在这一年内,羸病的皇帝被自己的亲生长子刘劭杀害,后者在可怕的政变中夺取了皇位。此时已经二十三岁的刘骏身边迅速集结了反对刘劭政变的义军,其中柳元景率领一支万人先锋队顺流而下。他在建康上游安营扎寨,并在属下将帅的反对声中,驻军静候刘劭方面军的反攻。刘劭军453年5月1日(元嘉三十年四月甲子)出城进攻,结果大败。刘义恭上表请刘骏进京师建康,刘骏于四日后进城即王位,即刘宋孝武帝;他将统治接下来的十二年②。

刘骏欠了他的支持者们很大的人情,而他也动作迅速地给予嘉奖:柳元景、沈庆之和臧质各获封爵及食邑三千户,这会生成一笔可观的收入;宗悫获封邑三千户;其他人的奖励更少一些③。更大的难题是封赏

---

① 《宋书》卷七七《柳元景传》,第1986页。薛安都为刘诞所辟,并随他往别处赴任。

② 《宋书》卷六《孝武帝纪》,第110—111页;《宋书》卷七七《柳元景传》,第1986—1988页。

③ 《宋书》卷七七《沈庆之传》,第2001页;《宋书》卷七四《鲁爽传附鲁宗之传》,第1914页。另,举一个回报较少的例子,臧质的"斋帅"黄回出生在襄阳以南竟陵郡的一个军户,得到的奖赏是"免军户",见《宋书》卷八三《黄回传》,第2122页。

什么官职给他们，而在这个问题上，柳元景是最大的挑战，因为他比任何人都付出更多。柳元景传记中有一则故事简要概括了这一情况：刘骏问柳元景："事平，何所欲？"对曰："若有过恩，愿还乡里。"①这并不是说柳元景想要告老还乡，而只是表示他想要得到战略意义重大的襄阳的指挥权（译者按：《宋书·柳元景传》载："上至新亭即位，以元景为侍中，领左卫将军，转使持节、监雍梁南北秦四州荆州之竟陵随二郡诸军事、前将军、宁蛮校尉、雍州刺史。上在巴口，问元景：'事平，何所欲？'对曰：'若有过恩，愿还乡里。'故有此授。"）。

刘骏显然为此感到十分为难；他那令人困惑的本纪显示出，在接下来的几个月中，他重复授予并收回柳元景的襄阳指挥权。对于刘骏为何抗拒作此封赏——这是他决策中的一个重要考虑因素——至少有三个解释：首先，柳元景证明了自己是出色的国都守卫者。如果要强调这一点的话，柳元景于454年（孝建元年）初再一次证明了自己的不可替代性，当时刘骏的叔叔刘义宣联合臧质在荆州起兵反叛，欲驱逐年轻的新君，柳元景击溃了他们。臧质曾秘密劝阻刘骏，让他不要把襄阳的指挥权委派给柳元景。臧质可能猜测柳元景和沈庆之会加入他的叛乱，因为他们都是臧质的"故人"，而柳元景更因为没有得到想要的封赏而不满②。在这个问题上他估计严重错误，柳元景与刘骏、刘义恭之间依旧保持着紧密的同盟关系。

然而，另外两个解释却告诉我们，刘骏对于柳元景的可靠性并不特别有信心。一方面，柳元景在襄阳城极有影响力，那里全是他在过去的十年内曾经亲密共事过的人，包括柳元景自己的亲属。接下来的十年中所发生的事情恰恰就能证明，这样的情况可以为皇帝带来多大的麻

---

① 《宋书》卷七七《柳元景传附柳纯传》，第1988页。
② 臧质在给刘义宣的私密信件中表达了这一心愿，此事见载于《资治通鉴》卷一二八《宋纪十》"孝武帝孝建元年"，北京：中华书局，1956年，第4078—4079页；《宋书》卷六八《南郡王义宣传》（第1800页）和《宋书》卷七十四《臧质传》（第1915页）均对臧质密信有所节录，但没有提到这一部分。

烦。另一方面,刘骏有理由怀疑柳元景的忠心更多地是向着江夏王刘义恭,因为他长期以来是柳元景的护主,并稳坐权势通天的太尉之位。尽管没有历史记录直言刘骏和他叔叔刘义恭之间决裂,但是他另一位叔叔刘义宣的叛乱,无疑给了他小心提防的理由。在接下来十年中所展开的针对众多皇室成员的暴力清洗,显示了这是他的本性。

在接下来的十年中,柳元景和他的护主(译者按:此处指孝武帝刘骏)玩了一个格外谨小慎微的猫鼠游戏。尽管他没能得到最想要的职位,但也并不能来去自如地不再为皇帝效力,否则就会被冠以不忠的罪名,那样他只有造反和被处决两条路可以走。诚然,刘骏后来显露了暴力嗜杀的本性,作为一位统治者,属下的人甚至害怕单独觐见他。与怀恨去职相反,柳元景和他的亲密同侪沈庆之接受了大多数的赐封官职,但谢绝了最高级别的"三公"之位。二人都声称此举是追随晋密陵侯郑袤不拜晋武帝司马炎于265年立朝后所授三公职位的先例。根据他的传记,郑袤对此作了如下解释:"三公当上应天心,苟非其人,实伤和气,不敢以垂死之年,累辱朝廷也(译者按:此前半句是郑袤转述徐邈辞曹魏司空职语,原文并作郑袤原话)……遵大雅君子之迹,可不务乎。"①当时郑袤已经年届八旬,相比较而言,454年,沈庆之才六十四岁,柳元景只不过四十八岁而已。显然他们并不是真的因为年龄而推辞高位,他们之所以会谢绝这样的封授,是因为他们基于抗议而不能够"上应"君心。这样的抗议并没有激烈到会招惹杀身之祸,但却标志着他们与皇帝保持距离的心愿②。

更为激进的抗议却是来自出了名难以管治的襄阳城。在刘骏即位后的八年中,朝廷委派管治襄阳城的三位官员不是被杀就是在当地人的逼迫下离职,而所推行的一系列绥靖政策似乎也没能安抚动荡。柳元景在协调其襄阳同胞(compatriots)的努力中扮演了关键角色,但他只

---

① 《晋书》卷四四《郑袤传》,第1250页。
② 《宋书》卷七七《柳元景传》,第1989页。

能够在朝廷和地方的复杂动态关系中勉力为之,这种复杂的动态关系根植于地方社会本身的属性,以及襄阳地方因朝廷的依赖而新获得的权力。为此,我们有必要更仔细地考察自刘裕改制以来襄阳社会文化的发展。

襄阳在地文化:荣誉、复仇与暴力
XIANGYANG LOCAL CULTURE: HONOR, VENGEANCE, AND VIOLENCE

如前所述,襄阳地方社会的组成十分复杂,而且因为没有任何出自其社会内部成员之手的记载传世,相关证据显得十分概略。幸而由于柳元景及其同胞的发迹并拥有国家级的突出性,《宋书》中有一些传记,就襄阳社会养育着什么样的人,以及这些人持何种价值观,为我们提供了外部的观察①。在这些传记中最突出的是个人荣誉、复仇以及亲身参与战斗与杀戮的意愿。另一个值得提到的元素就是该群体在教育上的相对缺乏,至少在更高的文学追求上(higher literary pursuits)是如此,且一致强调口头文化的重要性。基于这一点,特殊类型的音乐和舞蹈的发展为我们观察其社会文化提供了一个新异的视角。尽管这还远不足以构成一幅完整的画面,这些粗描仍然可以帮助我们照亮这一富有生命力的社交世界的某些方面。

武念是刘宋军事系统为来自襄阳的低层人士提供晋升机遇的最好

---

① 《宋书》的修纂者沈约对于其笔下的襄阳社会和人属有第一手的认识。他的父亲是军人,于453年在刘骏政变中被杀,当时沈约才十二岁。沈约的职业生涯早期是在地方州郡效劳,包括出任襄阳县令。在对王朝历史的书写中,他试图点明军事服务和与皇室宗亲交往太近的危险。他对于襄阳军人的记载,应该用这样的角度去看待。参见 Richard Mather, *The Poet Shen Yue (441–513): The Reticent Marquis* (Princeton: Princeton University Press, 1988), 19–22(关于早期州郡职业生涯), 11(对于他个人历史视角的影响)。

例子。作为新野人氏,其传记指出他出身于一个需要服徭役的家庭,这意味着他没有曾在朝为官或值得在王朝传记里被提到的直系先祖。武念本为郡将,在六门田服务,负责宜城外的军屯灌溉。尽管出身低微,武念家中却富有,且拥有马匹,因此当时的雍州刺史萧思话(443—445年在任)将他提拔为州将。445年,武念率队出城奉迎刘骏驾临,发现他们被蛮兵千人围困崖下、居高射击。武念率军击退了蛮兵("驰赴奋击,应时摧退"),结果得到了刘骏的注意,并被选入其私人军事队伍("即擢为参军督护")。他成为平蛮作战中的中坚力量,也是柳元景顺流而下与建康作战时的头等将领。武念后于江夏王刘义恭麾下供职,到五世纪六十年代初期又回到襄阳地区,任南阳太守,而这是一个待遇很好的皇室任命①。

武念并不是当时唯一一个出身低微、家境富有、经由军旅发迹的襄阳人。来自南阳冠军的蔡氏家族相传长期富裕,他们在襄阳南面的产业非常惊人,全是瓦屋②("韦睿少时,有南阳人蔡那善相,相睿宅应出三公、刺史,贵不可言。时睿宅上有草房十间,那宅在城南,悉是瓦屋,求睿换宅,疑而不许。")。和武念家一样,蔡氏也对地方行政有着赋税和徭役义务,但后来获免除。当时蔡氏兄弟中最年长的蔡局,利用家族的财富聘养大量门客,也就是托庇于其家屋檐下的拥有军事或其他才能的人。蔡局之弟蔡那在州军政系统中工作;他因作战勇猛异常而出名,最终被选拔进入刘骏弟弟建安王刘休仁麾下任职③。

然而,家族的财富并不是官阶上升的先决条件,宗越的例子就证明了这一点。宗越的家族在赵伦之主持的门第划分中被归为需要承担赋

---

① 《宋书》卷八三《武念传》,第 2112—2113 页;《南史》卷四十《宗越传》,第 1030 页。另,关于他作为柳元景属下将领的经历,见《宋书》卷七七《柳元景传》,第 1989 页。

② (宋)李昉等撰《太平御览》卷一八〇引《襄沔记》,北京:中华书局,1960 年,第 878 页。

③ 《宋书》卷八三《宗越传附蔡那传》,第 2113 页。

税徭役的"役门",而宗越出身补郡吏(译者按:原文认为,宗越是补南阳郡吏,但据《宋书·宗越传》上下文,宗越家族于晋乱中徙居南阳宛县,后经土断著籍南阳叶县,自此为"南阳次门",而经赵伦之、范觊之黜为"役门"之时,应该已经徙居襄阳,加之下文于市中弑凶报父仇也是发生在襄阳,因此理当是在襄阳补郡吏出身),大约在442年,他的父亲为蛮人所杀,而宗越在襄阳市中刺杀元凶。当时的襄阳太守"嘉其意",并没有将他处决或收押,反而"擢为队主",让他参与平蛮作战。由于宗越来自一个贫穷家庭,他无法承担购置战马的昂贵费用,所以他勇敢地徒步作战("刀楯步出,单身挺战")。后来,因为每次战捷,郡府都会赏钱五千,宗越才有经济能力购买战马。最终他得到了进一步的擢升,成为州将,之后又在刘骏主持襄阳的时候升为"扬武将军,领台队"。他追随柳元景与蛮兵作战,曾在刘诞麾下供职,又和他的同胞一起支持刘骏的政变,于下游作战。后来他被选入刘义恭麾下,并在平定刘义宣反叛的战斗中功绩彪炳,因此获封邑四百户,虽然比柳元景少很多,但对于一个出身谦逊质朴的人而言仍然是一笔可观的财富。他也曾请求恢复能免除徭役的"次门"身份,并得到恩许,令家门地位恢复到赵伦之改制之前的状态("元嘉二十四年,启太祖求复次门,移户属冠军县,许之")①。

这些人职业生涯的某些方面和柳元景形成鲜明对比。首先,他们全部来自一些需要承担赋税和徭役义务的家庭——不论贫富——且没有杰出的先祖。相较而言,柳元景有一位官至本地郡守的父亲,而他所出身的家庭地位也高到足以免除赋税和徭役义务。其次,尽管他们可能受过教育,但他们全部是低级行伍出身,在前线参与实际的战斗而不是在后方指挥。没有可供比较的记录显示柳元景通过这样的方式在州郡军队中服务、向上爬升;可以想象,他的人脉有助于他得到刘道产或刘义恭这样的人的关注,从而直接得到了幕僚官职。

在和柳元景同为河东显族的薛安都的职业生涯中能找到一个平行

---

① 《宋书》卷八三《宗越传》,第2109页。

的事例。尽管薛安都相对晚渡,在襄阳地区也没有可观的根基,但他和他的叔父于 449 年甫到襄阳就被授以郡守官职,这意味着他们的家族门第比宗越这样的低等阶层要高得多。薛安都与宗越一起在柳元景麾下并肩参与了 453 年政变及其余波的战斗,薛安都获封邑千户——这比宗越所得多很多——以及在刘骏长子、王储刘子业的亲卫中任职的机会。换言之,尽管个人纽带与军事功绩无疑是这些人职业轨迹的决定因素,但家世门第,尤其对北方的侨民而言,似乎同样扮演着重要的角色。

尽管如此,这些人职业生涯和个人态度中的相似性远比差异性来得引人注目。每个人都通过证明自己的战斗能力来获得职业上的进步,并最终通过得到王室宗亲的青睐、加入其个人军事团队的方式实现职业生涯上最重要的飞跃。一旦在王室中锁定一位护主,他们的主要任务就是向其展示自己的忠诚以及在维护其利益方面所能起到的作用。由此,他们就会因为忠心和勇猛而被亲王们选中。所有这些列传都显示着个人参与暴力行动所扮演的核心角色。南阳冠军人张敬儿——我们在下一章会更多地谈到他——相传在一次对蛮作战中亲身杀敌数十。他的传记中称,南阳、新野一带多能培养善骑射之人,而张敬儿自己——正如柳元景那样——也是骑射俱佳,相传他尤其擅于射虎①。当然,宗越是因为在市中杀人为父报仇,及其以血还血、以牙还牙的行事风格而实现职业上的起步。在日后的职业生涯中,他参与镇压了广陵的一次叛乱,事后他监斩了所有敌方士兵,共计数千人②。

在许多关于个人荣誉和复仇的事件中,暴力的使用尤其值得注意,这些情况下所使用的暴力是得到亲王和其他朝廷权力机构的容忍甚至鼓励的(译者按:其实既然得到外部认可,这就不属于襄阳当地的风俗,而是当时历史背景下的普遍观念)。最突出的例子就是宗越为父报仇,

---

① 《南齐书》卷二五《张敬儿传》,第 464 页。
② 《宋书》卷八三《宗越传》,第 2110 页。

当地郡守不仅没有依法治罪,还把这件事看作宗越适合军旅的证明①。另一件事是关于宗悫(和宗越没有亲缘关系),他虽然在江陵长大,但也曾与柳元景亲密共事多年。在刘义恭麾下时,他发现一位僚友与其从兄宗绮(译者按:同在刘义恭府中效力)的小妾有染,因此杀了对方。刘义恭没有治其谋杀罪,反而赞赏其义举,并将宗悫提拔为自己江夏封邑的将军首领②。这一事例明显证明了这些有关暴力、个人荣誉、复仇的特质,尽管可能对于建康贵族精英而言是令人震惊的[译者按:这里并没有援引足以证明这一点(即手刃仇人而不容于建康社会)的史例],但恰恰是藩王们所寻找的可收为己用的荫客的品质③。

在这个问题上,薛安都和柳元景却有着不同的故事,虽然未能尽信,但这个故事捕捉到了这些人所奉行的复仇法则的端倪及其可能造成的问题。根据故事的记载,一位建康郊区的县令鞭打了薛安都犯了罪的从弟,而薛安都的反应是聚集数十人携武装要杀该县令。走到河边的时候他遇到了柳元景,并告诉对方自己要去干什么。柳元景想制止他惹麻烦,于是笑他行事轻率,并让他进到自己车内详谈,商量更好的处理方法。柳元景指出,地方长官处罚犯罪的人是理所应当,而合理的申诉方式是向朝廷请愿;相对而言,杀害县官是违反国家法律和更高的道德准则的。在故事中,柳元景叹曰:"云何放恣,辄欲于都邑杀人!"显然,在当时人的理解中,这种行为如果发生在地方州郡,就会少很多

---

① 有一条相似的记录,关于一个六世纪的襄阳人张景仁,他在《南史·孝义传》中因为手刃杀父仇人而受到颂扬。在自首请罪之后,他的罪行获得了当时坐镇襄阳的宗王的赦免,并令当地官署免其赋役,以为嘉奖,见《南史》卷七四《张景仁传》,第1843页。

② 《南史》卷三七《宗悫传》,第971页;同样记载此事的还有《宋书》卷七六《王玄谟传》,第1971页,但只说他的从兄宗绮没有怪罪他,这显然不合逻辑。

③ 中古时期襄阳人的这些操作和后汉时期人们的做法有很多相似之处,参见[美]Mark Edward Lewis(陆威仪), *Sanctioned Violence in Early China* (Albany: State University of New York Press, 1990), 39-42, 80-94.

麻烦①。

在这则故事中,柳元景是代表秩序和理智发声(当然还有国家利益),但无法否认,薛安都的反应是普遍的、得到认可的,甚至有时(如宗悫的事例)能得到嘉奖。藩王选取荫客时,会考虑他们在个人忠诚的名义下实践暴力行为的意愿。宗越或许是体现这些品质的最佳例子,关于他,沈约写道:"越等武人,粗强识不及远,咸一往意气,皆无复二心。"(《宋书·宗越传》)宗越和另外二人——童太一和谭金——过从甚密,三人都因为先后对刘骏、刘子业父子的忠心耿耿而著名;后者则通过美女和财富的奖励维系其忠诚,而他们就成为了其"爪牙"②。一位皇子想要在王朝政治的残酷世界中生存,像宗越这样的人确实是个宝。

襄阳在地文化:音乐和舞蹈
XIANGYANG LOCAL CULTURE: MUSIC AND DANCE

这群襄阳人的传记中有一点值得我们注意,就是没有任何关于学术传统的记载。他们中的有一些人是彻底的文盲,比如张敬儿,史称其晚年才学会识字,以及沈庆之——他的职业和这些襄阳人的职业生涯紧密关联——也是被归为完全未受教育的人。或许文盲并不是从来如此;在柳元景的事迹中有一些颇为有用的备注,而他显然比他大多数的斗士伙伴们有着更高的文化水平。但是,没有任何文章、诗赋或经典注释是出自这群人之手;他们只会采取实际行动,而不是付诸文字,我们也不应该在没有证据的情况下假设他们中的任何人有读写能力。

这一时期,襄阳当地文化的特点不是学术书写,而是口头表现,尤其是音乐和舞蹈。这种传统被称为"西曲(western lyrics)",与长三角地区的"吴歌(Wu songs)"关系紧密,但仍有区别。王室成员赞助着此类表

---

① 《宋书》卷八八《薛安都传》,第 2216 页。
② 《宋书》卷八三《宗越传》,第 2110—2112 页。

演,就和他们推助属下荫客的暴力与报复行为一样。因为起初并不是一个书写的传统,因此流传下来的只是一些外部人士——宗王或其属下——对于其歌词的文学编写,以及一些因为曾在朝堂上表演而被记录下来的歌舞传统①。

然而,我们还是可以由此推测出一些关于此项传统的重要内容。西曲传统最初是为伴舞而演奏的。一群女性舞者——有时是奴婢——穿着有长长水袖的裙子,站成一条蜿蜒的长列跳舞。伴奏的主要是打击乐器,比如钟鼓——尤其是一种来自中亚地区的细腰鼓——并且有一种强烈的节奏元素。歌词通常是一些相对直白的主题,例如禁爱之恋、告别、分离以及商业经济中的工作。它们典型性地有常规的副歌,像是合唱团一样,并且使用一定种类的公式化语言,与宫廷诗的传统很不一样②。

留存下来的此类风格的歌词——尽管我们知道是经由受过经典教育的人编写并且是为了给宗王提供娱乐——频频选取商人或船夫的角色,暗示着其产生于西部边疆地区,根植于贸易经济中。我们知道他们中有人是很富有的,比如武念和蔡那,他们的家族通过为官食俸以外的方式积累了财富;他们很可能是以贸易的方式赚钱,或是通过积攒军旅生涯中所获得的奖赏。这类人应该会养着舞女来表演以娱乐宾客及护主,因此歌词自然要迎合他们的经历和口味③。宗王和有这些背景的

---

① [新加坡]Jui-lung Su(苏瑞隆), "Patron's Influence on Bao Zhao's Poetry," in *Studies in Early Medieval Chinese Literature and Cultural History in Honor of Richard B. Mather and Donald Holzman*, eds. Paul Kroll and David Knechtges (Provo: T'ang Studies Society, 2003), 303–330, 当中很好地描绘了因为皇室对此传统的荫护(赞助)而对宫廷诗作产生的影响。

② Chan Man Sing(陈万成), *The Western Songs (Xiqu) of the Southern Dynasties: A Critical Study* (Canberra: Australian National University Dissertation, 1984), 97–146.

③ Chan, *Western Songs*, 141–142. 另一位出身于军事家庭的襄阳人曹景宗——我们在第三、第四章会比较详细地谈到他——史称其扈从之中有此类女子数百人,见《梁书》卷九《曹景宗传》,第181页。

人混在一起，并把他们召入自己的亲卫队伍，这种文化影响也被吸纳，而这类歌词也开始被书写下来——尽管这一过程中混入了不少传统文学修辞。

在留存下来的这类歌词中，其中一个最早期的例子和襄阳地区的政治史紧密相连。传说刘诞在襄阳时（449—451）曾听一群当地女子唱后来被冠以"襄阳乐"（"Xiangyang music"）之名的歌谣，由此受启发，仿照其风格填了首词①。尽管他对这些歌词的文学继承并不能被视作襄阳口传文化的直接产物，但也能为我们提供一些管窥的体验（按郭茂倩《乐府诗集》"襄阳乐"条：《古今乐录》曰："《襄阳乐》者，宋随王诞之所作也。诞始为襄阳郡，元嘉二十六年仍为雍州刺史，夜闻诸女歌谣，因而作之，所以歌和中有'襄阳来夜乐'之语也。"旧舞十六人，梁八人。又有《大堤曲》，亦出于此。简文帝雍州十曲，有《六堤》《南湖》《北渚》等曲。《通典》曰："裴子野《宋略》称晋安侯刘道产为襄阳太守，有善政，百姓乐业，人户丰赡，蛮夷顺服，悉缘沔而居。由此歌之，号《襄阳乐》。"盖非此也）：

朝发襄阳城，暮至大堤宿。	At dawn depart from Xiangyang town, by evening lodge at Big Dike inn.
大堤诸女儿，花艳惊郎目。	All the girls of Big Dike bloom voluptuous, startling young men's eyes.
上水郎担篙，下水摇双橹。	Going upstream one's job is poling, downstream row a pair of oars;
四角龙子幡，环环江当柱。	Four-cornered dragon streamers encircle

---

① 参见 Chan, *Western Songs*，第 36—38 页中有关"襄阳乐"的序论。最早有关刘诞与此的关系见载于《宋书》卷一九《乐志一》，第 552 页，而关于这种联系的主要材料摘自成书于 568 年的《古今乐录》，参见 Chan, *Western Songs*，第 7 页。尽管不确定此诗作者是否佚名，只是署名"刘诞"，但其中的关联还是有可信之处的。尽管成书距此时已隔了一代人的时间，它还是能证明这一时期朝廷对于襄阳及其音乐传统的态度。

	the pole in the river's midst.
江陵三千三，西塞陌中央。	Jiangling's three thousand three hundred(li), midpoint of the west pass road.
但问相随否，何计道里长。	But whether it is clear or blocked—how can you figure how long it takes?
人言襄阳乐，乐作非侬处。	Men praise Xiangyang music, but the music made is not that of my country.
乘星冒风流，还侬扬州去。	Guided by stars, braving the wind, I'll sail back to my Yang Province.
烂漫女萝草，结曲绕长松。	Lustrous unrestrained girls like creeping vines tangle around the long-lived pine.
三春虽同色，岁寒非处侬。	Though their loveliness perseveres in spring, when the year is cold they are no use to me.
黄鹄参天飞，中道郁徘徊。	The yellow goose joins heaven to fly, anxiously pacing the middle way.
腹中车轮转，欢今定怜谁。	The cartwheels turn in my guts; whom must my love be with now?
扬州蒲锻环，百钱两三丛。	Yang Province rushes wrought in circles; a hundred cash buys two or three thickets' worth.
不能买将还，空手揽抱侬。	If I cannot buy then I will return; empty hands will clutch and embrace me.
女萝自微薄，寄托长松表。	Creeping vines arise from baseness; they rely on the surface of the long-lived pine.
何惜负霜死，贵得相缠绕。	Yet can one slight a death by frost? The noble becomes entangled with another.
恶见多情欢，罢侬不相语。	I hate to see so much lust and pleasure, stop me, don't speak to me.

莫作乌集林,忽如提侬去①。　　I won't be a crow that flocks in the forest;
　　　　　　　　　　　　　　　 suddenly I feel I am called to go.

　　这首诗歌中的一些元素显得像是在模仿声乐传统。最明显的例子就是对表示第一人称单数(first person singular)的"侬"字的使用。这是一种口语用法,在传统文言诗歌中几乎从来不会出现,但是在西曲和吴歌中却常见,而在这一篇中,被用到了六次。其他范式化的元素,比如"三春",同样体现了这种偏好②。刘诞尝试代入商贩的视角,顺着长江与汉水上下往返,从江陵到建康,进行着商品贸易,这也是一种基于当地音乐关怀市集公共生活的想象。

　　刘诞的诗作水准并不是特别高,其中"烂漫女萝草,结曲绕长松"的中心主题,以及在持身守正和向欲望屈服之间的过度摇摆,是文言诗词中平庸的陈词滥调③。然而,刘诞对于比喻的选择确实反映了他对当地社会的观察。他用"微薄(base)"和"烂漫(unrestrained)"的当地女子形象和扬州即帝都建康女子在文明社会中被恰如其分地塑造出来且受约束的"蒲锻环"式的形象作对比。后者是"昂贵"且不容易"买"到的,而刘诞在词中暗示,如果建康女子不要他,他总是可以回到上游来和相对"廉价"、不那么拘谨的襄阳女子寻欢作乐。刘诞对地方州郡人群尤其是混杂族群的情色化(exoticization)和性欲化(sexualization)的描写,明显体现了他作为典型建康精英对于襄阳地区的文化优越感④。

　　刘诞词中的最后一句提到"乌集林",这是特别有意思的。这样的

---

　　① [宋]郭茂倩编《乐府诗集》,北京:中华书局,1979年,第703页。诗文英译摘自原书。
　　② Chan, *Western Songs*, 77-78.
　　③ Chan, *Western Songs*, 16.
　　④ 有关类似的对于当代中国少数族人的情色化(exoticization)和性欲化(sexualization)的例子,参见[美]Dru Gladney(杜磊), "Representing Nationality in China: Refiguring Majority/Minority Identities," *Journal of Asian Studies* 53, no. 1 (February 1994): 92-123.

画面通常是用来形容一群人聚在一起以便作乱或干其他坏事。在此处用这样的说法,揭示了上文比喻襄阳女子如萝草"微薄"的深层用意:出身该地区、同样"微薄"的军士,诱使王室宗亲和自己建立一种相互"缠绕"着的危险关系。正如词中的那些襄阳女子一样,这些出身低微的男人作为荫客依赖宗王,但他们的个人意图和仇杀行为最终会招致杀身之祸,除非他们能够抵御诱惑、克制冲动。刘诞后来就于459年在广陵发动叛乱,却为宗越残酷平定。事实证明,他对于和"微薄"的襄阳当地社群"缠绕"在一起的危险的顾虑,对于包括他自己在内的人而言都是有先见之明的,在刘骏即位之后数年,地方上的纠缠最终引向了一位朝廷命官的败亡。

襄阳地区没有本土学者或史家对这些襄阳人及其战斗、歌谣文化感兴趣(因此缺乏来自内部的相关记载),所以我们对于其社会的刻画必然受到限制。来自外人——一位对此抱有浓厚兴趣的后世史学家,一位喜好异域风情的皇子——的观察至少可以告诉我们,外人是如何看待襄阳当地文化的:"未开化"却诱人,有用武之地却纠缠混乱。我们在下一节中将会讨论当地人是否有发展出他们自己独特地方认同的自觉意识。

地方社会的力量展示:刘骏政权下的襄阳
LOCAL SOCIETY SHOWS ITS STRENGTH: XIANGYANG UNDER LIU JUN'S REGIME

刘骏不允许柳元景出任襄阳太守一事存在着重要且或许无法逆料的后果。雍州满是将军以及拥有大量战斗经验的郡守,在刘骏登上帝位这件事上,他们都提供过帮助,他们中有许多人都和柳元景有私交,或是共同参与平蛮作战,或是450年北伐;他的几位兄弟和表亲也在襄阳地区担任要职。柳元景由此处于一个特殊地位,在襄阳当地人和刘骏新政权之间居中斡旋。柳元景和刘骏之间的嫌隙体现在之后十年中皇家代理人和襄阳本土社会元素之间的激烈且往往血腥的挣扎冲突。

这种冲突显示,尽管襄阳地区的人们有时可以为了自身利益协同行事,但离拥有牢固的本土认同感还有一段很长的距离。

孝武帝刘骏挑选自己的弟弟武昌王刘浑作为镇守襄阳的第一人选,而刘浑当时才十六岁。刘浑生性凶戾,曾经因为被手下激怒而拔防身短刀将对方刺杀。或许他这种不受摆布、面对威胁和反对会采取凶残手段的性格,正是他能够胜任雍州刺史、出镇襄阳这份艰难差事的原因之一。然而,他在454年夏天抵达襄阳之后,就"与左右人作文檄,自号楚王,号年为永光元年(译者按:后来有宋前废帝年号"永光"(465),据《宋书》校勘记:《资治通鉴》同作"永光",《南史》《建康实录》作"元光",《册府元龟》作"允光"),备置百官"。如果说他能够在没有得到至少部分当地官员合作的情况下尝试做这一切,会令人感到难以想象;但他显然也没有得到太多的支持,因为他的谋反行为没有取得任何实质进展(译者按:《宋书》原文是"……备置百官,以为戏笑",但作者大概忽略了这一句,把刘浑的荒唐狂妄之举当作是真的举兵谋反,故有此一语),正史蔑称其"疯癫"。无论如何,朝廷将刘浑贬为庶人,并遣使逼其自杀。他死后就葬在襄阳,这距离他出镇此处才一年而已①。

在这次失败的任命之后,朝廷派遣了另一外更重量级的候选人——王玄谟(388—468),出身显赫(太原王氏),曾在450年(元嘉二十七年)的北伐中担任右翼统帅,又于454年和柳元景并肩守卫建康,而且刚刚完成了一项在豫州平乱的艰巨任务(时为豫州刺史)。此时王玄谟已年届七十,处事严厉强硬("严克少恩"),属下即使犯小错也要受刑责。据说他从来不会放松或露出笑容,还传言他"眉头未曾伸"②。和刘浑的情况类似,大概也是他的为人和行事风格让刘骏放心派他往任西藩,镇守襄阳。

---

① 《宋书》卷七九《武昌王刘浑传》,第2042页。关于具体日期,参见《宋书》卷六《孝武帝纪》,第116—117页(译者按:原注还有一段关于此处汉译英问题的解释,但在中译稿中已无法体现,故省略)。

② 《宋书》卷七六《王玄谟传》,第1975—1976页。

王玄谟于455—456年的那个冬天抵达襄阳,并在接下来的一年中发现雍州的行政和税收状况糟糕透顶。在当时,雍州有四郡领有实土,共辖三十五县;但其境内同时有至少十个侨郡,三十余个侨县;侨置行政区划下的民户按流民处理(classified under the exiled jurisdictions),有些家庭已经数代人在该区域生活,却依然没有正式著籍,也不承担赋税或劳役。于是王玄谟决定在457年(孝武帝大明元年)春开展一项意义深远的改革。他在疏奏中说:"侨郡县无有境土,新旧错乱,租课不时,请皆土断。"王玄谟的主要目标是裁汰绝大多数侨县以及所有的侨郡——只有一郡除外,再将剩余的侨县置于仅存的这一个侨郡的管辖之下。这个新郡将会辖四县,很可能会在大多数侨庄聚居的襄阳北部和西部地区领有实土①。王玄谟还想要确保所有民户都进行常规的户籍注册,并坚持九品以上(基本上就是所有户籍,包括许多此前获免赋役的家庭)都承担赋税②。

当地士绅都强烈反对这个改革计划,原因显而易见。首先,他们当然不愿意承担赋税。其次,他们不愿意被属籍成为朝廷编户;他们倾向于只在地方上登记户口,或完全不登记,从而保证他们的家庭规模(包括佃客、随从和奴婢等等)得以隐藏,这样就无从征派赋税徭役③。再

---

① 引自《宋书》卷七六《王玄谟传》,第1975页;关于此次土断的其他信息,参见《宋书》卷六《孝武帝纪》,第120页;《宋书》卷三七《州郡志第三》,第1138页;(唐)许嵩撰《建康实录》卷一三,张忱石点校,北京:中华书局,1986年,第478页;《资治通鉴》卷一二八《宋纪八》文帝元嘉二十八年,第4031页。最后两则史料道明了此次土断的目的是"以(并、雍)二州三郡十六县开一郡,郡四县"(《资治通鉴》作"并雍州三郡十六县为一郡")。根据《宋书》卷三七有关哪些县在大明元年被撤、哪些于大明后期被划进新的行政区域的内容(安田二朗"Changing Aristocratic Society"第41页注意到了这个区别),以及京兆郡所覆盖的广袤境域,计划设置的"新"郡很可能就是京兆郡,那是有最强大的侨流世族的寓所。郡所辖四县可能就是杜陵、广平、始平和郿县(来自扶风郡),这样就为四个最显赫的侨郡保留了主要的县。在此问题的最终解决方案中,所有这些区划都按照地理形势聚集在襄阳的北部和西部;因为这些地区大概和侨民的居住地毗邻,所以如果这些侨民被并入了与之接壤的单一行政区划,也是完全可能的。
② 《宋书》卷七六《王玄谟传》,第1975页。
③ 《宋书》卷七六《王玄谟传》,第1975页直言当地百姓"不愿属籍"。

者,他们不愿意看到如此多的行政区划被裁汰,当中有些是在刘宋建立之时或之后设置、用来奖励一众侨流群体,让他们在地方行政中享有特权,并有更好的机会获得食官府俸禄的职位。在王玄谟的提议中,只剩下一个俸禄优厚、声威并著的郡守职位可供授予当地人,而不是原来的四个甚至更多;同时也会相应地减少郡属机构中可供用于荫护关系的职位以及向中央提名孝廉的名额,等等①。

根据王玄谟的传记,当地社群为了反对其改制而团结在一起,"使贫富相通,境内莫不嗟怨"(译者按:原书将"使贫富相通"译作"poor and rich were caused to talk to one another",按《宋书·王玄谟传》:"其年,玄谟又令九品以上租,使贫富相通,境内莫不嗟怨。"这里"贫富相通"应当是王玄谟"令九品以上租"的目的,而不是贫富之间因此而开始互相沟通)。于是开始有谣言说王玄谟欲反。从前任雍州刺史的下场就可以想见,这是一个极其危险的指控,而且王玄谟三年前才刚刚在相似的指控下逃过一劫,但却被免官(《宋书·王玄谟传》:"元凶弑立,玄谟为冀州刺史。孝武伐逆,玄谟遣济南太守垣护之将兵赴义。事平,除徐州刺史,加都督。及南郡王义宣与江州刺史臧质反,朝庭假玄谟辅国将军,拜豫州刺史,与柳元景南讨,军屯梁山,夹岸筑偃月垒,水陆待之。义宣遣刘谌之就臧质,陈军城南,玄谟留老弱守城,悉精兵接战,贼遂大溃。加都督、前将军,封曲江县侯。中军司马刘冲之白孝武,言:'玄谟在梁山,与义宣通谋。'上意不能明,使有司奏玄谟多取宝货,虚张战簿,与徐州刺史垣护之并免官。")。当时在该地区"当权"的柳元景令其弟新城太守柳僧景联合另外三郡(南阳、顺阳、上庸)太守发兵讨伐王玄谟,欲平定其所谓的叛乱,这令流言对于王玄谟而言更具威胁性。虽然我们不知道其他郡守的姓名,但他们很可能就是柳元景昔日在平蛮作战和450年北伐中结识的旧时密友,因为大多数官封郡守的人都参与了那

---

① 对于这一点,并没有史料支持,但事实上关于此问题的最终解决方案令如此众多的行政区划得以保留甚至扩充,这显示出,这一点是当地人的考量之一。

些战役。王玄谟慑于武力,很快中止了他的改革(译者按:原文此处用"reforms",但其实王玄谟的土断计划在之前就已经因为"当时百姓不愿属籍"而"罢之",而令"境内莫不嗟怨"致有"民间讹言玄谟欲反"的只是其"令九品以上租"这一项政策),并派人"驰启孝武,具陈本末",向刘骏表示自己清白无罪。刘骏藉此趁着王玄谟的尴尬处境取笑了他一番,遣使抚慰并于458年初召其回京师建康任职①。

王玄谟尝试"土断"的结果和原计划完全不同。原计划要对侨置区划进行裁汰与合并,然而朝廷设计了另一套方案,保留了所有的现存侨郡,并通过两个古老的县领有实土。这些县被从原属郡中割离出来,作为新设计各郡的官方行政治所,从而令他们(指新郡)真正领有实土。一些侨县也被重新归到"真的"郡辖下,可能同样被赠予了领地。由于细节过于复杂,重建工作并不太令人有很大的信心,但是其整体方向是清晰的:雍州在这之前只辖四郡领有实土(因为在几年前失去对随郡的控制),现在却在同样的空间内硬塞了十四个郡,县的数量可能翻倍(参见图2-2)。结果该地区就拥有了全国范围内最高的行政密度,远高于其他州,因此也就有着更多的在地荫护公职(local patronage jobs)可供摊派;雍州的行政区划还有着规模相对较小的在籍人口,因此赋税和徭役也较少。没有证据显示在此过程中政府成功为任何侨民家庭著籍。换言之,这次"改革"已经不再是一次为了使行政合理化而采取的措施,而是纯粹出于政治谈判性质的和解。和解的内容并没有体现朝廷的意愿,反而助长了襄阳本土显族的势力,展现了他们与朝廷讨价还价的能力②。

此次失败之后,孝武帝派遣另一位弟弟——海陵王刘休茂去接任地方首长一职。刘休茂此时十四岁,这也是他的第一个州刺史官职。

---

① 《宋书》卷七六《王玄谟传》,第1975页。
② 《宋书·州郡志》中的讨论主要以464年的情形为基础,参见《宋书》卷三七《州郡志三》,第1135—1144页,当时土断刚刚结束,其中有两个郡是此后添加上去的。

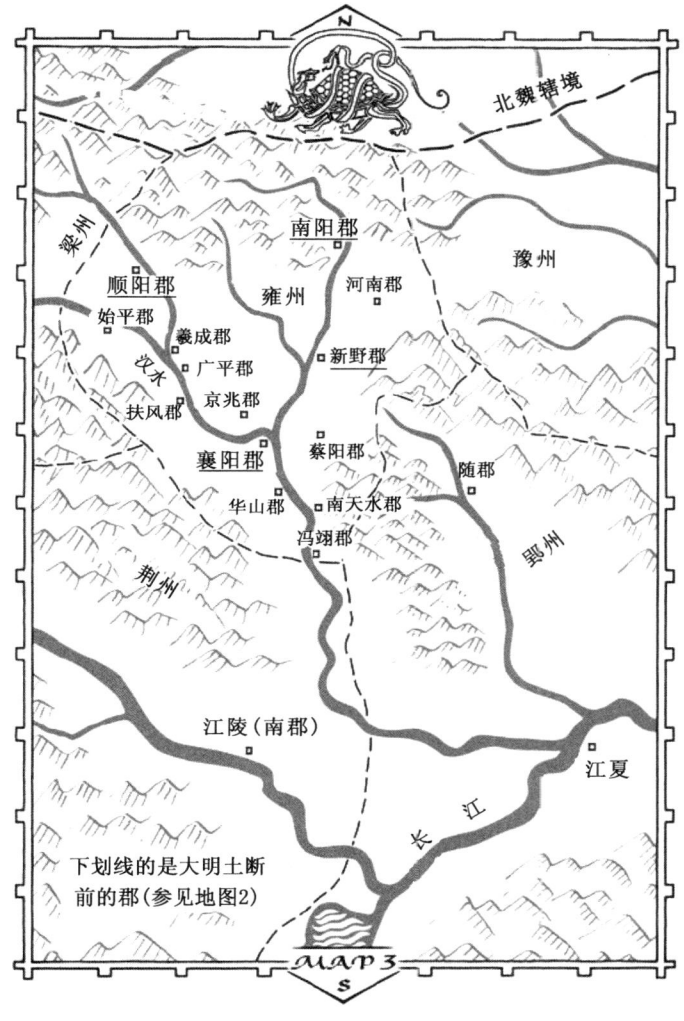

图 2-2 重组后的雍州

沈约在他的传记中提到,当时在襄阳的事务都是由海陵王司马(Assistant Commander)、出身新野郡的本土士人庾深之代为处理;他和地方将领自行其是,经常拒绝刘休茂的指令(译者按:此处原文说庾深之等人代主雍州/襄阳政事之时"did as they pleased",暗示一种侮主权臣的形象,然据《宋书·文五王传》云:"时司马庾深之行府事,休茂性急疾，欲自专，深之及主帅每禁之，常怀忿怒。"可知庾深之等人实际上只是持重制衡刘休茂少年妄行。深之死后尚获朝廷追赠冠军将军、雍州刺史，可证其忠义形象）。史传中想把主要责任推到刘休茂及其亲随身上，称刘休茂对于襄阳城的自治感到很生气，同时也被自己的属下激怒，因此于461年初夏下令将庾深之及其他为首的襄阳将领杀害。不管冲突的根本原因是什么，当时，在襄阳本土势力和刘休茂的亲随之间无疑爆发了一场内战。后来，当刘休茂率队出城，一位官员从内关闭城门，拒绝放刘休茂回城，由此产生了一个怪异的情况，坐镇襄阳的刘休茂不得不攻打自己的城池。在破城而入、杀害主谋之后，刘休茂却被另一支起义的城守势力斩首。他的母亲和妻子——显然她们都随刘休茂来到襄阳——也都被处决（译者按：《宋书》休茂死后，"母妻皆自杀"，并非遭到处决），其同党也都伏诛①。

当时群龙无首，襄阳城的人们就自行推举统领。他们选择了刘恭之——曾是刘休茂的中兵参军(commander of Xiumao's central forces)，但据我们所知，并没有积极参与休茂的军事政变(coup)（刘休茂杀庾深之等人，虽滥杀暴虐，但休茂身为海陵王、雍州刺史，大抵还称不上政变。原文叙事简略，没有提到始作俑者张伯超，休茂杀深之等人，就是在这位近谗的挑拨之下发生。这里的"政变"当指张伯超谓刘休茂语："主帅密疏官罪过，欲以启闻，如此恐无好。……唯当杀行事及主帅，且举兵自卫。此去都数千里，纵大事不成，不失入房中为王。"）②。显然，刘恭之的一大靠山就是他的兄长刘秀之，在五世纪四十年代他曾是刘骏麾下备受敬重的襄阳县令。刘秀之当时主持地方灌溉工作，修固堤坝（六门堰）有功，由此升为当地郡守（广平太守，但属于侨置，实治襄阳），再迁梁（南）秦州刺史，在任上，他因整顿经济颇见成效而获治名。在453年（元嘉三十年）的战役中，他一直站在刘骏一方，接着在别处任

---

① 《宋书》卷七九《海陵王刘休茂传》，第2043—2045页。
② 《宋书》卷七九《海陵王刘休茂传》，第2044页。

职后,又被调回首都建康(为尚书右仆射)①。朝廷很快对雍州军民的愿望表示理解和体谅,并派遣刘秀之亲身接任刺史。

刘秀之在襄阳的四年为官生涯为该地区带来了近二十年以来的首次安宁。尽管(史书中)没有提到在秀之坐镇襄阳的这几年中有什么特别的事,但464年他死后的一篇悼文却告诉我们,他延续了自己此前担任其他州刺史时宽大为怀、着眼经济的施政方针②。其他证据显示,朝廷在这个时候对该地区同样采取了远较此前宽大的态度。例如,朝廷于461年秋对雍州进行了一次大赦,主要是宽恕自作主张杀害皇帝弟弟的当地人③;接下来的一年中,朝廷敕谕免除当地截至460年所欠的赋税④。后者暗示着,雍州可能至迟从王玄谟土断的混乱后就没有再缴纳过赋税,更可能是从刘骏即位后就一直如此。

朝廷与襄阳之间紧张关系的降温和459年广陵的先例形成鲜明对比。在成功平定孝武帝之弟刘诞的叛乱后,宗越率领的王师有系统地将对方军旅中的年轻将士集中处决,合共数千人。北府兵(Northern Army)总部所在的广陵城曾是刘裕迈向权力巅峰之路、建立刘宋政权的基石(译者按:谢玄于淝水之战前已经移镇京口,刘裕的发迹也主要是在京口北府),但经过这次血腥残忍的报复性洗礼后,广陵被大大削弱,不能够再在南方政权的军事角力中扮演重要角色。在襄阳城,曾于461年起义反抗刘休茂的人当时肯定也知道存在着要面对同等严酷报复的可能性。由此观之,他们对于刘休茂的反抗,以及他们推选一位既为自己所爱戴、又能获朝廷认可的新统领的做法,可能都是为了维护自己对朝廷忠诚的努力,并由此保住自己的性命。

在刘骏即位后的十年中,襄阳本地社会在以自身利益抗衡朝廷的意愿这方面表现出整个南朝时期最为凝聚团结的努力。先是在柳元景

---

① 《宋书》卷八一《刘秀之传》,第 2073—2075 页。
② 《宋书》卷八一《刘秀之传》,第 2075—2076 页。
③ 《宋书》卷六《孝武帝纪》,第 127 页。
④ 《宋书》卷六《孝武帝纪》,第 130 页。

与其家人、僚属以及襄阳旧部的带领下，襄阳社群协助铲除了三位朝廷任命的地方大员，这些人企图统治襄阳地区、攫取资源或动摇襄阳社群力量和特权的根基。毫无疑问，刘宋建立以来这些年的相对和平安定，以及成功对蛮作战、北伐、讨逆建康等具有团结意义的经验，这些都有助于生成社会凝聚力(social cohesiveness)。尽管没有内部成员对于该社会的记录，但它强大的歌谣传统还是为我们提供了有限但又有提示性的证据，显示出当时存在着一种在不断发展、滋长的文化独特感(sense of cultural distinctiveness)。

但是我们还不能说这里的社会成员已经发展出一种强大到足够维持并与建康朝廷抗衡的政治化的本土认同。最重要的是，该地区并不能产生并支持自己的领导层。在刘休茂之乱的余波中，襄阳城的人推选了一位外人来领导他们，也很快接受了新任长官刘秀之。这说明了他们的首要动机并不是实现本土统治，也不是要求某程度的自治，而是展示足够的忠诚，从而维持与朝廷之间的良好关系，同时又设法保持他们早已习以为常的赋税和行政上的特权。当地人的职业生涯说明了，他们相信通往权力和富贵之路的关键在于通过效力服劳，将自身与更有权势的、建康派遣来的外人绑定起来，这曾是柳元景上位的关键，即使是在他请求被派回襄阳坐镇的时候，他也明白如果想要获得这样的任命，就必须得到那些襄阳社会以外的人的授权与批准。这些纵向纽带颇具吸引力，又没有面对任何强烈的制裁，因此，即使在当时社群激进主义(community activism)的水位高点，这种为外人效劳可能包括要"出卖"本土地区的想法似乎也是相当普遍的。当时或许有当地人不这么想，但他们既不是历史的书写者，也未曾组织起一群足够强大的追随者，从而强迫历史把他们记录下来。

小结:权力的风险
CONCLUSION: THE PERILS OF POWER

刘宋的政策为襄阳人打开了一个充满机遇的世界。在柳元景建功立业期间,该地区的多元化居民发展出一种相对独特的军事和口头次文化。起初,当地人只在当地的军事和民政官署中任职;他们中最幸运的人吸引到了一位藩王的注意,并成为他亲卫队中的一位底层成员。然而,随着刘骏即位称帝,柳元景和其他襄阳人首次在实质上参与到国家层面的政治事务。他在位期间的证据显示,他们与家乡地区合作行事,以捍卫自己的特权并向朝廷争取更多的优待。

这种纠缠既是有利可图的,也是危险的,柳元景的职业生涯就足以为证。柳元景和刘骏之间的关系给他带来了事业和财富,因为他在刘骏在位期间享受了极大的荣宠,且有着不容置疑(unassailable)的地位,因此能够根据原则反复拒绝最高级别的官职。他的位置还是有利可图的(lucrative);靠着他的三千户食邑以及高级官员的俸禄,柳元景有经济能力在建康城外筑造偌大的庄园,甚至足够供他剩下的九个儿子(一位早逝)、六位兄弟中的几位以及数量未知的侄辈、表亲和其他亲戚一起居住。那里还有一个很大的园子,所出产的作物甚至有富余可以拿去市场卖,尽管(根据故事所述)柳元景因为正直高洁而禁止其家眷通过如此铜臭的方式(so mercantile an endeavor)营利①。

当孝武帝刘骏于464年驾崩时,柳元景已经五十八岁;在此前的三十二年中,除了当中六年时间以外,他都在远离襄阳的地方——主要是在京师建康——生活和工作,这基本上就是他的整个成年人生阶段。没有证据显示柳元景于453年的"政变"后回去过襄阳,但很显然他通过自己的家族成员以及和襄阳城众多人士之间的私人联系,维持着与

---

① 《宋书》卷七七《柳元景传》,第1990页。

当地社会之间的强韧纽带。然而他的子侄们可能有着不同的经历,由于多数在京师长大,与在襄阳的可能性相比,他们得以和一个受过更多教育、更富有、更具影响力的阶层建立联系,而且他们能接触到的书籍和老师也给他们提供了在军旅以外发展事业的机会。他们正走在成为建康新移民的路上①。

据说柳元景、刘义恭以及其他一些人在刘骏死后吁了一口气,因为他们好不容易在他危险又小心眼的统治下存活下来。年长的政治家开始辅佐刘骏的长子刘子业,当时他才十五岁,因此这些顾命大臣都放松了警惕。据沈约的记载,他们夙夜饮酒唱歌——很可能唱的就是他们早年在襄阳战斗的时候学会的歌谣。然而刘子业却比他的父亲更加凶残,利用他父亲留下的最忠心耿耿又出身低微的臣属——包括宗越——实行了一系列恶毒的镇压。465 年秋,在这位年少君主下令执行一项格外容易引起反对的死刑之后,柳元景开始和其他人计划发动一场政变,拥护时年五十二岁的刘义恭为帝。然而不到半个月时间(原文作"within two weeks",这里改为适合中国古代的时间表述),他们的密谋就被发现了,柳元景被传召上殿。自知此行必死,他的兄弟和下属催促他集兵抗战,但柳元景不愿意这么做。柳元景和刘义恭被处死,同谋者也无人生还,包括柳元景九个儿子中的八位、两个兄弟以及他们的所有子嗣;只有在事发时离朝堂较远的家庭成员得以逃生②。在那个时代,拥有权力危险至此。

---

① 最值得注意的是他的侄子柳世隆,在下一章中会详细谈到他。
② 《宋书》卷七七《柳元景传》,第 1990 页;《宋书》卷六一《江夏王刘义恭传》,第 1651 页。

第三章 碎裂（465—500）
FRAGMENTATION, 465-500

可以说，襄阳社会及其影响力在柳元景的领导下到达了一个早期高峰，但在柳元景被处死后的下一代中，却显示出了相当程度的分裂(fragmentation)。这背后有几个原因。首先，简单明了，是荫护机制的成果。人们的忠诚被纵向牵引，上奉于护主，而不是横向效忠于他们的当地同胞。作为结果，王族宗室成员之间的派系斗争很快转嫁到了地方上。这从465—466年的皇位争夺中就能够看出，在五世纪四十至六十年代与王室成员发展出托庇关系的当地人各为其主，埋下不和的种子，最终演变成残忍的屠杀。

然而，作为那次内战的结果，有一个当地军事派系得以剪除其竞争对手，并随后组成了一个精英集团，既在襄阳城中根深蒂固，又能得到王室成员的信任。在他们的统治下，襄阳城与朝廷之间关系和睦，在478年宋齐换代的时候依然在向王朝机构输送战斗人才。随着该集团最重要的成员突如其来地被萧齐第二任君主处死，襄阳人参与王朝事务的程度急转直下，而该地区也重新成为了滋生麻烦与摩擦的温床。

其次，也是更为恒常的引致当地社群碎裂的原因，就是大量相对疏离的侨徙民户的存在。这些民户——许多都已世代在襄阳生活——形成了社交群簇(social "clusters")，这些群簇凭藉内部婚姻纽带(exclusive marital ties)和文化态度得到固化存续，又因其所属侨置行政区划的特权而被进一步刻画(further delineated)。由于这些侨徙群簇的成员通常来自有北方家系渊源的世族，他们更有理由去鄙视那些未受教育而掌控戍卫政治的斗士们。他们通常驻留在其所属侨置区划的政治活动内,尽管他们有时候会被抽调成为帝国亲王的随从(retinue)或参与雍州的民政管理。

引起碎裂的第三个原因则是得以从襄阳迁离的诱惑。荫护机制所提供的地位和财富预期主要是通过与掌权者面对面的社交接触,而此类机会显然在建康要比在襄阳多得多。更为成功的(襄阳)人惯常性地将成年职业生涯的大部分时间用在追随出居藩镇的宗王们,但标志着他们成就巅峰的却是徙居首都,就像柳元景那样。他的侄子柳世隆及其子嗣完成了徙居的进程,为京师考究的文化氛围(rarefied cultural milieu)所接纳,而这也是"士绅化(gentrification)"的其中一项进展。拥有显赫家世背景和家学传统的侨流民户在这一进程中具有优势。本地士家(military families)同样在他们的护主那里追求高官厚禄,也有一些证据显示,他们利用这些(荫护关系)成功在京师定居,但他们的士绅化道路却要崎岖(rockier)得多。证据显示,他们中的大多数即使当机遇摆在眼前的时候,也并没有好好利用。他们恰如其分地意识到,对于家世门第不显赫或缺乏家学传统的人而言,军事上的英勇(以及挑选正确的护主)能够为他们带来更大的机会去骤然获得财富和影响力。

公元465—466年内战时期的襄阳人
XIANGYANG MEN IN THE CIVIL WAR OF 465－466

刘骏当政时期,襄阳城中人们所维系的那种相对团结的表象(façade of relative unity)在刘子业政治清洗后演变出现的对于王位继承的恶意争夺中土崩瓦解(disintegrated)。在卫戍战斗中成长起来的人们发现自己在随后的内战中分立两派,他们效力的对象由个人荫护关系及他们就个人利益所作出的机会主义的算计(opportunistic calculations)而决定,而不是基于对襄阳或城内同胞的忠诚感(sense of loyalty)。结果是,朝廷上的派系斗争很快向下转嫁到地方社群的层面,令地方局势的张力和社会碎化倾向进一步恶化。

第三章　碎裂（465—500）

刘子业于465年秋对江夏王刘义恭、柳元景和其他相关人员发动的清洗引起了一系列持续超过一年的内斗。刘子业在很大程度上依赖手下的一班出身低微的战斗人员，号为其"爪牙"。尽管他们中有些人——例如宗越和薛安都——起家于襄阳城，但他们在刘子业残忍处死柳元景及其家人之后，依然向其效忠。其他人则因憎恶刘子业的残暴而想要转向支持另一位皇室成员，这也是此前的王位继承权争夺战中早就谱定的模式。到同年仲冬，刘子业的叔父刘彧——刘骏众多弟弟中的一位——拥有了足够多的支持去发动一场政变，处死了那令人绝望的皇帝（刘子业），并自己即位，是为宋明帝（465—472在位）。刘彧在即位后马上处决了刘子业的一些近臣，包括宗越在内；薛安都则逃往北方的拓跋政权①。

然而，刘彧巩固权力的过程远谈不上轻易，因为在刘子业十岁的弟弟、江州刺史、晋安王刘子勋的名义下展开了一场分布广泛的抵抗战役。刘子勋有很多当时出为方镇的兄弟都选择加入他的阵营；因为刘彧自己的兄弟，即刘义恭（文帝）诸子都倒向刘彧一方，所以这一冲突被形容为"叔侄之战"（译者按：此处无引注出处，但此事习称"义嘉之难"）。对于刘子勋及其兄弟而言，他们发动此次叛乱的动机事实上可能是为了反对王位继承自其父系偏离。然而，更具有决定性的是一大群曾在刘子业麾下共事、担心在刘彧统治之下权位和性命不保的人们之间的勾结，并希冀在弱小的刘子勋统治之下能够获得更大的个人利益②（译者按：邓琬、袁𫖮等人拥戴刘子勋起兵，最初是为讨伐刘子业；只是大军未入建康，刘子业便死于宫廷政变）。这场叛乱很快演变成一场以长江流域约位于建康与叛乱中心浔阳两地中点的赭圻和鹊尾的防御工事为中心的僵局。

---

①　《宋书》卷七《前废帝纪》，第144—146页；《宋书》卷八八《薛安都传》，第2218—2221页。

②　王仲荦：《魏晋南北朝史》，上海：上海人民出版社，1994年，第395—396页。

证据显示，襄阳人在这场危机中并未展示出多少凝聚力。他们对于效忠对象的选择无法用地域认同联系(bonds of regional identity)甚或一个清晰的家族纽带来解释，相反，他们追随着各自的直接护主(immediate patrons)，或是基于其他个人理由。作为结果，他们在叛乱两方都扮演着关键的角色。在诸"侄"的一方，他们最重要的护主是袁颛，他出身自一个显赫的朝宦世家，并于刘子业在位期间被任命为雍州刺史和襄阳统帅。此前他曾在刘子勋亲卫队伍中效力，也曾在叛乱的联结点浔阳呆过一段日子。因此，尽管刘彧试图通过加官进爵来吸引其效忠，他还是自愿加入刘子勋的麾下。他还带了一位襄阳城中的头目刘胡作为随从。刘胡是南阳土著，史称其面容丑陋、黝黑且有凹痕(pockmarked)〔译者按：史称刘胡"颜面坳黑似胡"，此处"坳黑"即"黝黑"，并非面容凹陷（面部凹陷原也不是胡人的容貌特征）〕，像是胡人；考虑到他家乡族群杂处的特点，这很可能表示他是混血儿。与他的许多同胞一样，刘胡也是通过在南阳郡和襄阳城的军事服务而逐步攀升，曾参与对蛮作战，也曾在加入袁颛一系、回襄阳地区担任冯翊太守之前在多位藩王帐下效力。他在内战中追随袁颛投入刘子勋一方，这一决定唯一的合理性在于证明他对袁颛的个人忠诚，因为我们看不到任何关于他在此前曾与刘子勋相识的记载，也没有任何已知的原因令他认为刘子勋一方比刘彧一方占优势。作战勇猛的声名很快令刘胡成为叛军前线统帅①。

在以刘彧为首的诸"叔"一方，有许多出身背景与刘胡相似、已为众多王室成员纳为荫客的人。例如武念，在此前的十年中他曾于刘骏政权下的不同岗位效力，后为刘彧朝廷遣任南阳太守，以制衡袁颛；他因遭叛军间谍出卖，被捕处斩。其他诸如蔡那、张敬儿、交（佼）长生等等，

---

① 《宋书》卷八四《袁颛传》，第2147页。

都是曾在刘骏政权效力、后向刘彧效忠的襄阳人①。

有一个特别有趣的例子向我们展示了个人忠诚的力量是如何凌驾于家族纽带之上的。柳元景的侄子柳世隆（443—492）是柳元景在首都建康抚养长大的，后被派回其出生地任上庸太守，归柳元景的从兄、时任梁秦两州刺史的柳元怙统属。结果他避开了降临在其留守京师的兄弟身上的可怕命运。柳元怙选择在内战中加入袁顗一方，并且派遣了一支数量可观的军队支援反叛，交由柳登指挥——这很可能也是他的亲属②。而柳世隆则决定和反叛势力对抗，并率所统郡军试图从袁顗的盟友手上夺回襄阳。战败之后，他逃入山林直至战乱结束。在他的传记中，柳世隆因其对刘彧——那个为他被处死的叔父柳元景复仇的人——的个人感激之情而被褒扬③。无论此事真相如何，同样的理由似乎并没有驱动柳元怙或其他柳氏家族成员（向刘彧效忠），他们都选择投向了敌对阵营。上述情形向我们演示了在人们选择效忠对象的时候个人志愿所扮演的重要角色，以及家族团结的相对脆弱。

沈约叙述的一桩轶事进一步阐释了荫护忠诚和地域忠诚之间的张力。根据他的描述，当刘胡初到鹊尾的时候，曾致书（很可惜，书信的内容没有被记录下来）蔡那、张敬儿和其他来自襄阳、为刘彧一方而战的人，意欲招降来己方阵营。被他们拒绝之后，刘胡提出想要私下会面；当再次回绝的时候，他们嘲笑了刘胡，并提出让他投诚④（《宋书·邓琬传》："琬又遣辅国将军、豫州刺史刘胡率众三万，铁骑二千，来屯鹊尾。胡宿将，屡有战功，素多狡诈，为众推伏，攸之等甚惮之。时胡乡人蔡那、佼长生、张敬儿各领军隶攸之在赭圻，胡以书招之，那等并拒绝。胡

---

① 《宋书》卷八四《邓琬传》，第 2138 页；《宋书》卷八三《宗越传》，第 2112—2113 页；《南齐书》卷二五《张敬儿传》，第 464 页。

② 《宋书》卷七七《柳元景传》，第 1990 页；《宋书》卷八四《邓琬传》，第 2137 页。

③ 《南齐书》卷二四《柳世隆传》，第 445 页；《南史》卷三八《柳元景传附柳世隆传》，第 982 页。

④ 《宋书》卷八四《邓琬传》，第 2138 页。

因要那等共语,陈说平生,那等诘诮,说令归顺。胡回军入鹊尾,无他权略。")。刘胡会向且仅向他的襄阳同胞提出招安,说明在他的预期中,这些人对于襄阳的地域忠诚以及和他与其他来自襄阳的人之间长久存在的个人纽带,会比他们和自己王朝护主之间的关系更为强固。而蔡那等人回绝了刘胡的提议,这又显示出,取决于个人利益计算的对护主的忠诚,比基于任何共同地域起源的情感纽带而言,有过之而无不及。

另一则有关刘胡的故事进一步展示了在上述对于王朝护主的个人效忠过程中衍生的竞争是如何影响当地关系的。当他在鹊尾的招安遭到拒绝之后,史书记载刘胡收押了蔡那在襄阳的众多兄弟子侄,并且有组织地加以处决,悬其首级于城门外。这令蔡那在战斗中更为英勇猛烈,且无疑在刘、蔡两家之间埋下了仇恨(译者按:原书作"emnity",当系手民之误,应为"enmity")的种子[①]。当地有权势的家族之间的碎裂和异议或许并不仅仅是由此类行为产生(考虑到蔡氏特别富有,这可能也令他们成为众矢之的),但他们在一场涉及众多皇室成员、个人化的激烈内战中长期分处敌对双方,这几乎无疑地在襄阳城的成员之间播下了不合的种子。

要解决这种长期争斗,只能靠其中一方的军事胜利,以及随之而来的对另一方头目的毫无慈悲之心的报复性清洗。当刘胡在鹊尾的大军被击溃之后,刘子勋的叛乱迅速溃散,所有关键参与者都被处决,包括刘子勋本人、他尚存的兄弟(即刘骏诸子)、袁𫖮、刘胡及其族人。从襄阳城内政局的角度来看,这令获胜的一方得以在张敬儿、蔡那和其他人的带领下铲除刘胡及曾追随他或曾公开批判胜方统治的襄阳人。在这次血流成河之后的几年中,襄阳城内权力的个人等级重获了稳定。

---

① 《宋书》卷八三《宗越传附蔡那传》,第2113页。

朝廷与襄阳城之间关系结构的演化(466—483)
THE EVOLVING STRUCTURE OF RELATIONS BETWEEN COURT AND GARRISON, 466–483

尽管襄阳人在465—466年的内战中并未展示出多少内部凝聚力,但他们却在更广泛的权力挣扎中表现出了他们的功用(utility)。在随后的几十年中,胜利的一方将有条件调整(broker)这一功用,不仅令自身所得(经济上的)更为丰厚,同时也为了获得更高的官位,以及对襄阳城的事务取得更大的控制权。他们的成功体现在襄阳城最高官职任命的独特模式上:雍州刺史及都督军事成为朝廷指派官员的虚衔,而在地官员中的最高职衔和(或)郡守官位则授予一位在内战中证明其对皇帝忠心的襄阳土著战将。这一模式暗示着一种实际认知(de facto understanding),即襄阳城的忠诚和纪律需要一位植根于当地并且逐步升擢的武将来维持和保证,即使有藩王或其他朝廷指派的高官对该地区掌握着法理上的治权(de jure authority)。

上述模式在(海陵王)刘休茂时期就已经出现,当时实际处理地方事务的是一位叫庾深之的土著,而刘休茂则作为名誉统帅(figurehead)。随着当地首领们在处理刘休茂叛乱时所展现出来的制约能力,朝廷开始指派襄阳人在该地区担任更高的职位。刘秀之在襄阳的时候,柳元景的弟弟柳叔仁及其从兄柳元怙相继出任梁秦两州刺史①。在刘子业治下,雍州刺史和襄阳军事首长的最高官位曾短暂地授予宗越,他虽然不是当地土著,但还是具有当地祖源,并曾和柳元景等人并肩作战多年②。到刘彧时,又试图在内战中通过任命武念——一个真正从襄阳

---

① 《宋书》卷六《孝武帝纪》,第125、132页;《宋书》卷七七《柳元景传》,第1991页。

② 《宋书》卷七六《王玄谟传》,第1972页。

城内底层逐步升擢的人——为南阳太守,制衡袁𫖮和刘胡,从而控制襄阳地区。

一旦刘彧的统治得到稳固确立,上述策略就成了常规操作。第一位因此得益的当地人是张敬儿,他在内战中作为襄阳方面的统帅之一而崭露头角。此前在五世纪六十年代初期,他在刘胡帐下参与平蛮作战,表现骁勇,也因此和刘胡一样赢得了勇猛的名声。他被刘彧的弟弟、宁蛮校尉、始安王刘休仁选中,并在这样的位置上发现自己要和昔日上司在鹊尾对战。藉由此战之胜,张敬儿很明显得到了刘彧的赏识和信任,因为当他提出希望接替武念任其本郡南阳太守的时候,刘彧予以批准,并派他前去辅佐比自己年长十八岁的兄长巴陵王刘休若理事。为了以皇帝之名平定家乡地区,张敬儿投身于相当旷日持久的一众战役之中,包括进一步平定"蛮"族叛乱的作战,以及来自已经投身北魏拓跋政权的薛安都二子的挑战①。他还利用新掌握的权力把在王玄谟主持的土断中所定的自家著籍改回了冠军县②。尽管我们并不明确他这样做能给自己或家族带来什么样的好处,但是这一行为展示了他为自身利益运用地方官署权力的能力。他的母亲大约在这段时间去世,这令他退离官署,但他依旧生活在襄阳地区,并且很可能依然保持着相当的影响力。

继张敬儿成为襄阳城土著"首领(boss)"的是佼长生,他不仅任司马(assistant commander)一职,同时还兼任宁蛮校尉(Commandant for Pacifying the Man),这是该官职几十年来第一次不由雍州刺史兼任。这时的雍州刺史是一个朝廷指派的小人物(minor court figure),名叫张悦(和张敬儿没有亲缘关系)(译者按:刘子勋称帝,张悦与邓琬共同辅政,后见势不利而杀邓琬归降)。469年佼长生去世,默认对外宣称的是他

---

① 《南齐书》卷二五《张敬儿传》,第465页;《宋书》卷八八《薛安都传》,第2221页;《宋书》卷八《明帝纪》,第161页。

② 《南齐书》卷二五《天文志三》,第464页。

死后追赠的雍州刺史职衔(译者按:以及征房将军衔)①。与此同时,张悦之职由王室疏亲刘韫继任,而佼长生对襄阳城的实际执掌则转交给蔡那,另一位在内战中证明自己对王室(imperial house)忠心耿耿(译者按:义嘉之难双方都是"imperial house"成员,此处应特指对于刘彧一方)的襄阳土著②。某种程度上来说,他和佼长生或许都曾对张敬儿有过一些忠诚感,也是因后者的推荐才得以继任。目前没有直接证据证明这一点,但是张敬儿曾在内战中指挥这些人,而他和皇帝之间的紧密联系也暗示着他或许在保证上述操作顺利执行的过程中扮演着一个关键的幕后角色。

事实证明,刘彧和他前任帝王一样嗜血残暴。在诛戮所有刘骏后裔之后,他又在接下来的几年统治中——直到他死于公元472年,终年34岁——杀害了自己仅存五位兄弟中的四人。他的长子当时年方九岁,在整个刘宋时代最有序的皇位传承中继位为帝,这主要是因为支持他父亲的集团成员们牢牢掌握着权柄,并且乐于有一位年幼君主。该集团中有两位特别显耀的人物。一位是沈攸之,他是沈庆之的堂侄("从子"),(沈攸之)也是刘子业的"爪牙"之一,但成功避过了刘彧夺位时的清洗,在刘休仁手下迅速攀升,成为其首要将领和内战的军事统帅之一。由于他历任州郡军事要职,在刘彧去世后,获得生平最高官位江陵指挥(译者按:指荆州刺史)③。另一位是萧道成,他是刘宋开国君主其中一位后妃的后人,在刘骏在位期间任建康令,并协助镇压了一场以悯刘子勋为名的叛乱。刘彧在位时,萧道成获升擢为淮河流域北部边境军队统帅,直至他返回朝廷安排刘彧死后(皇子)的继位流程④。

---

① 《宋书》卷五九《张畅传附张悦传》,第1607页;卷八三《宗越传附佼长生传》,第2113页。
② 《宋书》卷五一《长沙景王道怜传附刘韫传》,第1466页;卷八三《宗越传附蔡那传》,第2113页。
③ 《宋书》卷七四《沈攸之传》,第1927—1929页。
④ 《南齐书》卷一《高帝纪》,第3—7页。

这两个人都尝试开发出一个强大的荫护网络，以逐除对方并垄断凌驾于弱小王位之上的摄政大权(control over the enervated throne)。这一系列竞逐中的第一个重要测验就是剪除刘彧这一辈的最后一位宗王，桂阳王刘休范，因其被指控在474年夏策划谋反。沈攸之为此募集襄阳武人，令他在此事上占据优势。他在465—466年的战争中任军事指挥官职，许多襄阳人都是他的同僚或下属。作为江陵军事统帅和荆州刺史，他有能力让其中一位旧部属张兴世被任命为襄阳城的统帅〔"泰豫元年(472)，为持节、督雍梁南北秦和郢州竟陵随二郡诸军事、冠军将军、雍州刺史，寻加授宁蛮校尉"〕。张兴世是一位来自江陵、出身低微的军人，也是在和他类似出身背景的人当中第一个获得襄阳最高官职的；从内战时起他就是沈攸之的荫客和追随者。当清剿刘休范的竞争开始时，张兴世立马派遣麾下的襄阳军队往下游与沈攸之大军会合①。

萧道成在该区域则没有这样重要的支持网络，但是他设法得到了一位非常有意义的荫客张敬儿，后者从退休生活（译者按：此前张敬儿丁母忧去官，并非正式乞骸骨终结政治生涯）中被引诱复出，在京师建康上游不远、作为朝廷第一道防线的新亭为萧道成效命。我们无法明确知道为什么萧道成能得到张敬儿效忠，没有证据显示他们二人之间彼此有过交集，尽管萧道成曾于440年前后在襄阳地区呆过一段不短的时间，或许他是在那段时间里结识了张敬儿②。无论如何，在沈攸之的部队挺进战场之前，张敬儿和一位来自襄阳城的私交——黄回——策划了一场密谋，假意向刘休范投诚，然后伺机斩其首级。这令此次叛乱被迅速扼杀，防止了沈攸之通过军事清剿而获得任何威望或军事

---

① 《宋书》卷五十《张兴世传》，第1452—1455页。
② 《南齐书》卷一《高帝纪》，第3页。如果沈攸之或张兴世有一位不为我们所知的对手或敌人，那么也能够解释这一决定。

优势①。

这一行为自然让张敬儿从萧道成那里获得了巨大的感激之情，而他也立刻就想让对方还这个人情(sought to cash in the favor)，遂请求萧道成授予他和张兴世同样的首要官位(premiere posting)，也就是柳元景在一个世代之前(a generation earlier)请求的：雍州刺史和襄阳城军事首长。以下的故事则进一步确认了我们已经在任命模式中发现的东西：襄阳城的最高官职一般预留给地位高于张敬儿的人。

> 太祖(萧道成)以敬儿人位既轻，不欲便使为襄阳重镇，敬儿求之不已，乃微动太祖曰："沈攸之在荆州，公知其欲何所作？不出敬儿以防之，恐非公之利也。"太祖笑而无言……②

萧道成此时正试图去做一件过去许多人都会想做的事情：铲除竞争对手，垄断王朝荫护体系，最终迫使年少的皇帝退位禅让。对于上述野心而言，沈攸之一直是最重要的军事威胁；通过任命张敬儿为襄阳城守，萧道成可以获得一个制衡沈攸之在江陵根深蒂固的势力的砝码。最后，萧道成决定赌一赌张敬儿的忠心，就授予了他所求职位（"……太祖笑而无言，乃以敬儿为持节、督雍梁二州郢司二郡军事、雍州刺史，将军如故，封襄阳县侯，二千户。"），并额外加封他为襄阳县侯，食邑二千户，令这个以封赏换忠心的交易显得更为甜美(to sweeten the deal)。张敬儿对于萧道成的荫赏作出了丰厚的回赠，他用接下来的两年时间修城筑防，并向萧道成报告沈攸之的动向，与此同时，设法令沈攸之相信自己没有任何不轨企图。当萧道成于478年杀害了年少的皇帝（译者按：指后废帝刘昱），并安排刘昱更为年幼、顺从的弟弟宋顺帝刘准继

---

① 《宋书》卷七九《桂阳王休范传》，第2051；《南齐书》卷二五《张敬儿传》，第465页。

② 《南齐书》卷二五《张敬儿传》，第465页。

位,沈攸之自然发起反叛,而张敬儿迅速进军江陵,将其处死①。同年,萧道成就将皇位据为己有,成为齐高帝(译者按:如前所述,"高皇帝"是萧道成死后群臣所上谥号,并非即位时的帝号)。

这与柳元景经历之间的对比反差是具有指导意义的。当刘骏拒绝任命柳元景为襄阳指挥官的时候,他制造了一个在某程度上不满和疏远的下属(a somewhat disgruntled and distant subordinate),和一个持续反抗、难以控制的要塞(a perpetually rebellious garrison)。在中间的一代人(当指柳元景和张敬儿之间)中,来自襄阳的人在宗王之间的内战中所表现出来与日俱增的重要性令他们的忠诚得以被更完备地检验和依赖。控制襄阳城的难处在很大程度上可以通过委任一个来自襄阳城的人去管治的方式得到解决,无论是实际上的还是名义上的。这两门课萧道成都学得很好;通过对张敬儿的信赖,他得到了一位拥有私人关系去有效控制襄阳城以及(至少在当时而言)对萧道成具有足够忠诚以按照符合其护主(即萧道成)利益的方式去实践这种控制的人。

尽管张敬儿的家族出身背景远比柳元景低,但是他们经历之间的平行状态(即相同或相类似之处)多半比差异性要强大。对于二人而言,向权力高处攀爬的过程都包含了巨大的利益与极端的危险。张敬儿在襄阳城西为自己修建了一处奢华的房产,但他美丽的第二任妻子并不太在乎,因此他搬到京师。在那里他抚养了他的五个儿子,并开始读书习字,从诸如《论语》《孝经》这样较简单的文本起步。他的食邑数量获增至四千户,而他的荣誉最终达到了最高级别的"三公",对此张敬儿——与柳元景不同——马上接受了封赏,而没有表示任何礼貌性的谢绝。尽管如此,当萧道成于482年去世,其长子萧赜即位(齐武帝,483—493年在位),张敬儿开始担心了,因为他和萧道成的儿子之间没有发展出任何像他和皇子父亲之间曾拥有过的那种令彼此信任的私人关系纽带。理所当然地,萧赜很快开始怀疑张敬儿的权力和他的忠诚,

---

① 《南齐书》卷二五《张敬儿传》,第465—466、472页。

并且——就像之前的刘子业——召唤了其父亲的旧将,于483年夏天将他处死。张敬儿诸子中只有一子得免,其余皆被杀害,从此再没有关于其宗族的任何消息①。

张敬儿被处死是襄阳城与朝廷关系的一个重要转捩点。张敬儿是襄阳一代人中的领袖;针对他及其家人的鸟尽弓藏的行为(capricious action),很容易在以桀骜闻名的(notoriously unruly)襄阳仕伍(rank and file)中引发一场严重的叛乱。张敬儿的传记中提到,有数十襄阳将领为表抗议而怒走奔蛮,也就是建康政权多年以来的对头②。当时的雍州刺史是萧赜的弟弟,年方十四岁的鄱阳王萧锵,这也是他第一次任指挥官职。他由张瓌陪同赴任,这是一位出身京都显族、富有经验的官员,时任冠军将军(译者按:原文作"the top military aide",不妥)、襄阳相,管理襄阳城和雍州事务[《南齐书·张瓌传》:"世祖(萧赜)即位,为冠军将军、鄱阳王北中郎长史、襄阳相、行雍州府州事,随府转征虏长史。(永明)四年,仍为持节、督雍梁南北秦四州郢州之竟陵司州之随郡军事、辅国将军、雍州刺史,寻领宁蛮校尉。还为左民尚书,领右军将军,迁冠军将军、大司马长史。"]。而襄阳地方上的关键人物则是曹景宗,他是萧道成其中一位支持者(曹欣之)的儿子,在479年其父死后回襄阳担任当地城守首领一职(the leading position in the local garrison staff)(译者按:据《梁书·曹景宗传》,曹景宗因父忧去官回襄阳,"服阕"丧期满后方再起用,"刺史萧赤斧板为冠军中兵参军,领天水太守",等萧锵出镇雍州时,才"复以为征虏中兵参军,带冯翊太守,督岘南诸军事,除屯骑校尉"),就像上一代张敬儿等人的操作模式一样。在483年(永明元年,即萧赜即位后),他担任萧锵部队的中军统帅[译者按:此处当指曹景宗所领"征虏中兵参军"职,但实际上萧锵于永明二年(484)才进号征虏将军,所以这里说"483年"似乎不妥],冯翊太守以及所有平蛮作战的总

---

① 《南齐书》卷二五《张敬儿传》,第473—475页。
② 《南齐书》卷二五《张敬儿传》,第475页。

指挥(the chief of all anti-Man campaigns)(译者按:此处当为"督岘南诸军事"之误解)①。

曹景宗显然在维系这群人之间的和平以及缓和反叛苗头的问题上扮演了关键的角色。他设法确保了张敬儿被杀害的儿子张道门的尸身被运回襄阳以进行得体的安葬,这一行为令他得到当地人的赞赏②。他展示榜样范例,引导当地人的忠诚向上集中,指向可以带给他们高官厚禄的护主们,而不是横向分散给他们亲近的当地伙伴。曹景宗与其父亲曾和张敬儿一起在襄阳的军事卫戍中共事多年,而且曹景宗和张敬儿的儿子们一起长大。相比之下,他理应没什么机会结交萧锵或张瑰;他原来只能够希望,通过好好效力,他们会授予他更高的官职,或许当他们调职别处的时候会带着他一起,并最终给予他重入京师建康的机会(renewed access to the capital)并获得张敬儿及曹景宗父亲曾享受过的那种财富和威望。因此,当皇帝处决了张敬儿及其整个族系的时候,曹景宗没有造反,而是利用他在当地的威望和权力去维持秩序,并安葬死者。他由此表现了对张敬儿的敬意,但并没有表现出对由其被处决而证明的暴政的反抗。

士绅化与侨寓
GENTRIFICATION AND EMIGRATION

到齐建立初期,来自襄阳地区的人们在王朝政治场上已经叱咤了超过一代人的时间,而第二代人业已成年。下一代中的这些人,例如柳元景和张敬儿的后人,享受到了与日俱增的机遇;他们来到京师,获得

---

① 《南齐书》卷三五《萧锵传》,第 627 页;《南齐书》卷二四《张瑰传》,第 453 页;《梁书》卷九《曹景宗传》,第 178 页。

② 《梁书》卷九《曹景宗传》,第 178 页;《南史》卷五五《曹景宗传》,第 1353—1354 页。其子的名字或许应作"道文",见《梁书》卷九《曹景宗传》,第 184 页校勘记[六]及《南齐书》卷二五《张敬儿传》,第 474—475 页。

王朝授予的荣衔,并以比他们原本更为迅猛的速度通过荫护机制步步高升。就像张敬儿似乎意识到的那样,为了把这些机遇利用至极,他们需要学会在"文雅"的建康社会中活动自如(function),而这又要求他们获得一些文化修养(cultural literacy)和礼仪浸润(ritual polish)。然而,就一般情况而言,来自襄阳军户的人们并未能获得在很大程度上实现"士绅化(gentrify)",而是维持着他们父辈的军事传统。其中一部分原因可能是机遇的有限:张敬儿被处死后的几十年,对于大多数襄阳武人而言是一段停滞的时期(a period of stagnation),他们没有获得任何类型的封邑或能让他们迁至京师的朝官职位。此外,或许也是因为当地人意识到,尽管"士绅化(gentrification)"或许能够帮助他们保住已经获得的财富和地位,但只有军事上的功绩以及选择正确的护主能帮助他们实现地位的上升①。

柳元景侄子柳世隆的职业生涯作为成功士绅化的楷模(paradigm)而脱颖而出。430年前后,他的父亲,柳元景的弟弟柳叔宗,可能在襄阳被抚养长大,而当其子柳世隆于443年出世的时候,他很可能正在沈庆之麾下效力,参与平蛮作战。因此,柳世隆的童年也极有可能是在襄阳度过②。柳世隆的父亲在他少时去世,而当他的伯父柳元景于453年搬去下游建康的时候,他带着年仅十岁却早熟(precocious)(译者按:《南齐书》本传作"少有风器")的侄子随行,宠溺尤胜亲生儿子。在他住在

---

① Pearce, Ebrey, and Spiro, *Culture and Power*, 29–31,其中讨论了南朝令军人"士绅化"的努力。他们点明了这一策略的一个潜在问题:士绅化的寒门不会再善于武斗。在此我想强调另一个更为重要的问题:因为士绅化之后的机遇有限、奖励更差,所以它注定失败。

② 我们知道柳叔宗在柳世隆年少时去世,可能是在440年左右。我们也知道柳叔宗的最高职任是建威参军(《南史》卷三八《柳元景传附柳世隆传》,第982页),而建威将军是沈庆之在440年前后大部分时间所任之职,直到他在450年的战役中下放给柳元景。因此,柳叔宗可能在是次战役中于其兄长麾下效命,但即使如此,他可能也曾在平蛮作战中在沈庆之麾下效命。

建康的这段持续五年的时间里,柳世隆曾与当时的皇帝刘骏私下会面①。因此,尽管史籍记载他出身襄阳,但当他十五岁时,已然成为一位侨寓者(expatriate),在京师享受着和他来自同样地区的人们所无从享受的"精修学校(finishing school)"体验(译者按:《南史》及《南齐书》本传均不见相关词语,盖非直接引用,而是作者的类比联想,指柳世隆随柳元景移居建康之后得享有各种资源和荣宠,与建康高门无异。按"精修学校"亦作"charm school",一般指富家子女接受礼仪教育的场所)。

本土根源与京师的浸润令柳世隆成为一个被选派回襄阳地区的理想人选,而他的第一个职位就是在海陵王刘休茂麾下,后者于458年被派往襄阳主持戍卫(《南齐书·柳世隆传》:"海陵王休茂为雍州,辟世隆为迎主簿。")。在刘休茂图谋不轨之前,柳世隆被调回京师,为另一位藩王服务("除西阳王抚军法曹行参军"),但很快又被派回襄阳地区任上庸太守(归他父亲的从兄柳元怙统属),在那里,他曾试图于465年保卫襄阳、抵御晋安王刘子勋的军队,但最终失败②。虽然我们不知道他为何未能成功(译者按:指守卫襄阳),但可以明确的是,直到此刻,他的为官生涯都侧重于战争的后勤与行政管理层面,而不是战场上的对阵杀敌。与在襄阳前线成长、一切围绕着骑马射箭和对抗蛮族的军事战争的柳元景不同,柳世隆的青年阶段未显示出任何有关实际战斗经验的证据。

经过刘子勋叛乱中的隐遁之后,柳世隆再次出仕,在京师建康任一个小官,藉此和其他在朝人员发展个人关系,而这些关系很可能是他此前就已经建立的。在470年至480年期间,他回到了军事职位上,这次是在郢州,他在那里结识了萧赜,也就是萧道成之子。在478年抵御沈攸之军队的郢城守卫战中,柳世隆是主持防事的领袖人物,并因此获得

---

① 《南史》卷三八《柳元景传附柳世隆传》,第983页;《南齐书》卷二四《柳世隆传》,第445页。

② 《南史》卷三八《柳元景传附柳世隆传》,第983页;《南齐书》卷二四《柳世隆传》,第445页。

二千户封邑和一连串中央朝廷的高级官位以及东部数州的刺史和都督军事职位作为封赏(译者按:据《南齐书》:"攸之已死,征为侍中。仍迁尚书右仆射,封贞阳县侯,邑二千户。出为左将军、吴郡太守,加秩中二千石。丁母忧。太祖践阼,起为使持节、都督南豫司二州诸军事、平南将军、南豫州刺史,进爵为公。"可见作者提到的这些官爵并不是一次性的战后封赏)。从那时开始直到492年去世,他都生活在建康,在那里他有着很好的产业,并抚养了他的十五个儿子(以及数目未知的女儿),并因擅清谈与弹琴而闻名。他曾说过著名的"马矟(译者按:原文作checkers,或为作者理解偏差)第一,清谈(pure conversation)第二,弹琴(zither)第三"①。所有这些都和他父亲与祖父所过的州郡军旅生涯大相径庭。

柳世隆诸子的早期职业生涯证明了其家族转变的完成。他们全部都是在京师被抚养长大,在那里,他们被介绍进入上层社会(high society),得到巨大的赞赏(great acclaim),并得以结识像琅邪王氏和陈郡谢氏这样显赫的朝宦世家(eminent court clans)。他们因为学术、文采、诗赋、乐律方面的才能而早早成名,却无一因军事本领而被关注。在政治生涯的开始,他们或为朝官,或任一些显赫宗王的亲随掾属,比如萧赜及其次子萧子良,后者曾赞助了一次范围甚广的文学沙龙。从那之后直到齐亡,他们的官衔可以被形容为尊荣而稳固(prestigious and secure),但并不特别有权势。与他们的父亲不同,他们的早年政治生涯没有展现出与襄阳之间的任何关联。简言之,柳世隆这一支柳氏本质上已经移居建康成为朝宦世家,并不能再被视作襄阳本土世族②。

在这一上升轨迹的初期,柳氏一族就有着种种优势,包括一个不错

---

① 《南史》卷三八《柳元景传附柳世隆传》,第985页;《南齐书》卷二四《柳世隆传》,第452页。

② 《南史》卷三八《柳元景传附柳恽、柳恽、柳偃、柳盼、柳憕、柳忱传》,第986—990页;同见《梁书》卷一二《柳惔传附柳忱传》,第217—219页;《梁书》卷二一《柳恽传附柳偃传》,第331—332页。

的家世以及柳元景所带来的仕宦上的早成（early success in officeholding），柳元景的声名也是极佳。而相对不那么显赫的襄阳武人就不能取得那样的成功，无法使自身及自己的家族融入建康精英社会。张敬儿似乎在这个方向上作出了最大的努力，因为他举家迁至建康，并努力学习识字，据说那是为了与他所拥有贵族头衔更为名实相副。我们不妨推测，他也曾试图让他的儿子们获得教育，或许意图令自己的家族走上和柳世隆家相似的道路。不幸的是，因为他和除一子以外的诸子均于483年被萧赜清除，我们无法论断他的策略原本是否能够开花结果。

张敬儿并不是襄阳当地唯一一个通过和萧道成的关系获得当朝机遇的人。曹欣之原本是雍州戍卫的低级头目（《宋书·曹欣之传》："曹欣之，新野人也。积勤劳，后废帝元徽初，为军主。以平桂阳王休范功，封新市县子，食邑五百户。为左军骁骑将军，加辅国将军。元徽四年，以本号为徐州刺史、钟离太守，进号冠军将军。顺帝昇明二年，征为散骑常侍、骁骑将军。三年，卒。"），但由于在474年平定桂阳王刘休范一役中的未知"功绩"，他得到了五百户的封邑。他的事业也从此起步；在不到两年的时间内，他任徐州刺史，这是一个非常有权势且俸禄优厚（well-remunerated）的官职。他育有至少十个儿子；他在长子曹景宗二十岁左右的时候带其入建康，安排他出任尚书左民郎（court gentleman in the census section of the imperial secretariat）的低级朝官。这对于一个来自地方州郡、此前经验除了打猎骑马就是杀蛮匪的年轻人来说，已经是一个相当不错的开始。然而，当曹欣之于479年去世，曹景宗回襄阳丁忧，出任戍卫首领（the lead position in the garrison）（译者按：即冠军中兵参军），的职位，并在张敬儿于483年被处决后维持着当地的和平（译者按：据《梁书·曹景宗传》："宋元徽中，随父出京师，为奉朝请、员外，迁尚书左民郎。寻以父忧去职，还乡里。服阕，刺史萧赤斧板为冠军中兵参军，领天水太守。"按曹景宗丁父忧去职还乡，必须等服阕才能再被起用，并不是原文所描述的那样顺风顺水）。尽管他努力向上级陈情，但他接下来的二十年职业生涯都是在襄阳度过,而没有机会再回建康朝堂①。

有些机遇也会随着被派来主持大局的王室宗亲而直接来到襄阳。萧赜的长子萧长懋(死后追尊为"齐文帝",尽管他未及即位便已去世)于479年来到襄阳,并且接受了几位襄阳武人的托庇,(将他们)纳为荫客。这些人包括蔡那之子蔡道恭及其兄弟(也可能是从兄弟)蔡道贵,华山太守(康元抚)之子康绚,以及其他几位无甚背景的襄阳人。他们于480年追随着萧长懋回到建康朝廷,并很可能在他于482年被选为王位法定继承人之后依然任其亲随。我们知道康绚在485年获得了皇帝的关注(imperial audience)(即奉朝请),但之后就因母亲去世而离职服丧;萧长懋自己于493年去世。康绚和蔡氏兄弟从那时开始就都寂寂无闻,直到5世纪末他们回到襄阳重投州郡军旅,而他们此前涉足京师的尝试显然没有被充分利用以形成任何长久的显赫身份。

这些人颠沛的职业轨迹——且不论早期的机遇——告诉我们,襄阳武人攀附南齐宗室的荫护并不是前途无量的,这令他们无甚机遇且更加没有动力去"士绅化"②。曹景宗主要以其战斗本领而闻名,并且持续在前线战斗岗位努力效命,直到四十出头;尽管他明显是识字的,而且他最爱读的是司马穰苴和乐毅的史传。蔡道贵很荣幸地被时人将他与张飞——一位军事英雄——相提并论(《南史·齐武帝诸子传》:"武人略阳垣历生、襄阳蔡道贵,拳勇秀出,当时以比关羽、张飞"),而蔡道恭在5世纪末依然以"素著威略"(原文作"an old-time general",《南史·蔡道恭传》只有此四字,或为原作者所本)为人所称道③。这些人显然通过其父辈的财富和地位而得到一些优势,并且在职业生涯早期就享受到了接触王朝护主(imperial patrons)的更佳机会(improved

---

① 《宋书》卷八三《宗越传附曹欣之传》,第2114页。
② 《南史》卷四四《文惠太子萧长懋传》,第1099页。
③ 《梁书》卷九《曹景宗传》,第178页;《南史》卷五五《曹景宗传》,第1353页;《梁书》卷一〇《蔡道恭传》,第193页;《南史》卷五五《蔡道恭传》,第1364页;《南史》(译者按:原注此处作《南齐书》,误)卷四四《文惠太子萧长懋传》,第1099页。

access);然而,他们没能像柳世隆及其诸子那样,成功地把这种机会变成更高级的官职、财富或在朝廷的社会接受度(social acceptance)。

但他们还是能够在襄阳地方社会好好利用这些优势,曹景宗和其弟曹义宗的一则故事就证明了这一点。南齐末年,曹景宗在襄阳地方领郡太守职,而他的家族被认为是该地区的"豪强之门(powerful household)"。当地有一个姓向的人非常富有,他试图招曹义宗为妹婿,欲赠钱百万、以妹适之。曹义宗虽然渴望财富,但还是在下决定之前咨询他的兄长;曹景宗并未反对,婚礼按协议贯彻。这则故事告诉我们,曹氏在地方上拥有一定的地位,是因为他们在襄阳卫戍中扮演了主要角色,又因此与王朝行政产生联系,而这种联系令他们能够获得参军(squadron leaders)、当地县令或郡守的职位,这些职位对于京师建康的精英而言没什么大不了,但是在襄阳地方社会中确实非常了不起的。另一方面,他们的地位未必表示他们比诸如向氏这样的家族富有,后者大概是通过贸易和土地占有而赚到那些钱。向氏和前代的蔡氏、武氏一样,拥有很大的财富,地位却很低,并试图通过花钱财令自己跻身曹氏家族所拥有的地位阶层。这后来被证明是一次非常划算的买卖,因为曹氏家族在王朝中的地位很快就得到了巨大的攀升,而向氏兄弟则凭借他们精挑细选的姻亲而成为高级官员①。

曹景宗与其他人的职业生涯为我们展示了荫护机制是如何鼓励地方武人去和潜在的护主发展纵向的从属关系,后者在迅速改进财富与地位方面具有非常巨大的积极作用。尽管一些宗王赞助了著名的文学沙龙,并资助州郡士人的文化学习,但以军事背景为主的人们没什么可能开发出融入到这群人当中所必须的博学艺业,无论他们多么勤奋刻苦地阅读《孝经》(Classic of Filial Piety)。事实上,建康地区最有权势的人们挑选荫客的时候最看重的是他们的战斗本领、忠诚和无畏,而不是他们的诗赋水平。结果是,来自当地军事家庭的人们,比如曹氏和蔡

---

① 《南史》卷五五《曹景宗传》,第1357页。

氏,在很大程度上而言没有士绅化。正如一位出身低等世族的、本身不识字却在南齐晚期升擢至最高级别官位的人巧妙地观察到的那样,如果他饱读诗书,那么他反而会绝无获得如此有权势官职的可能①。

侨民聚落
IMMIGRANT CLUSTERS

当地群体的碎裂也受到了另一重要的社交模式的影响:侨民各据本郡聚居,并在这样的聚落中发展出可持续数代人的个人与姻亲关系纽带。这种侨民聚落的模式在有关其他地区的研究中已经被注意到了,比如在山东地区,有北方侨民聚落到来之后控制了当地的权力架构②。襄阳侨民集团的聚居因为侨置行政区划的使用而被加重,从而为新兴的侨民认同(nascent immigrant identities)提供了制度性的强化(institutional reinforcement)。其他制度化的从属同样强化了社交区别和分类:州郡行政的民事职务(需要一定的教育背景)、低层的军事服务(包括实战)、高级的军事指挥官职(与王室宗亲和其他朝官关系紧密)。这些从属关系对于江陵的南阳侨民来说更为显著,在郢里,与佛寺之间的互动或许也扮演了一个重要的角色。这样的附属亚群体(affiliational subgroups),以及允许在其内部向上游动的纵向垂直关系纽带,很可能比地理上的邻近(geographical proximity)或"族群"关系纽带("ethnic" ties)

---

① 《南齐书》卷二六《王敬则传》,第 484—485 页。
② [美] Jennifer Holmgren, "The Making of an Elite: Local Politics and Social Relations in Northeastern China during the Fifth Century A.D.," Papers *on Far Eastern History* 30 (1984): 1–79.

要重要得多,尽管这些类别有时会重叠①。

过分强调"族群划分"("ethnicity")作为侨民聚落的认同标记(identifying marker)是错误的。众所周知,早期中国历史编纂者(historiographers)所使用的"族群"称号("ethnic" epithets)依照现在标准而言是站不住脚的,正如蛮族的例子所表现的那样②。那些会被现代史学家称为汉族的(Han ethnicity)的侨民群体通常会在迁至遥远异乡的时候发展出高度的排外性和氏族党派行为(clannish behaviors),藉此创造出一些与被早期文献描述为"族群的"("ethnic")特质相似甚至有过之而无不及的(more sharply marked)硬性区别。此类群聚行为(clustering behavior)背后的动机是多样化且复杂的。其中一个动机可能是实际上的文化差异,比如方言的不同(其中有许多延续到今天)或其他对于当时的人们而言是明显且重要的文化层面的区别,即使它们没有被记录下来③。另一个动机应该是地位上的差距(status differentials):家世渊远的以及在北方享有上等地位的宗族会力求使自身避免因与低等的襄阳本土民众混同而降等(degradation),同时却又没有本土的"上等"阶级供其混迹,因为襄阳地区有教育背景的精英们全部在公元四世纪的时候

---

① 关于"族群"区别的流动性,以及这些区别和侨民群体的关系,可以与当代苏北民众的案例作比较,参见[美]Emily Honig(韩启澜), *Creating Chinese Ethnicity: Subei People in Shanghai, 1850-1980* (New Haven: Yale University Press, 1992).从后汉三国时期传承下来的那些历史悠久、地位更高、受过良好教育的当地家族之中,没有一个在四世纪的动乱中存活下来,否则他们或许可以成为来自京兆和河东的高等侨民的理想通婚对象,这一点令襄阳的情况变得复杂化。相比之下,高等侨寓家族和低等、未受教育的当地军人之间的社交鸿沟要难以桥接得多。

② 这未必意味着他们没有偏见,例如汉水上游的氐人有着比蛮人更为清晰的认同边界,他们有自己的"王"和一个重要的国家,参见《南齐书》卷三十《焦度传》,第559页,《南史》卷四六《焦度传》,第1152页。关键在于,汉代史学家所使用的诨号未必可以区分拥有较强自我认同感的群组,这些诨号并没有用在它们身上。

③ 关于方言差别的讨论,见 Serruys, *The Chinese Dialects of Han Time According to Fang-yen*, 91-94; Coblin, "Migtation History and Dialect Development in the hower Yangtze Warershed," 530-531. 另,现代也有这种居于弱势但族属为"汉"的群体的隔离,参见 Honig, *Greating Chinese Ethnicity: Subei People in Shanghai, 1850—1980*.

或死或逃。侨置行政区划的特权状态同样也提供了一种被隔离的行政层级(segregated administrative hierarchy)，侨寓群体得以藉此保护自身的职位①。

上一章已经谈及公元四世纪初期襄阳地区的侨寓问题。为这些群体创造的侨置行政区划持续了几代人的时间，其中一些甚至在王玄谟被逐后的改革中割占了原有行政区划(preexisting jurisdictions)的领土。这些行政区划有一部分实际上成为了侨寓家族领袖的私邑，例如华山郡的太守一职就是世代由康氏子孙领属；因此，康绚在萧长懋的荫护下任朝官数年之后，就能够在其母亲去世后返回襄阳地区并继承其家族职位(his family's sinecure)(一如上文，丁母忧去职回乡，并不是直接接任新的官职)，康氏家族的祖先从中亚撒马尔罕康居迁徙而来，因此该郡可能是一块族群飞地(ethnic enclave)；另一方面，它的许多成员可能来自长安东南的蓝田，在搬到襄阳之前，康氏原本在那里定居了一段颇长的时间②。

襄阳地区侨民聚落最清晰的例子是来自古都长安郊区京兆郡的家族群体，其中以韦氏、杜氏和王氏为代表。正如在第二章中提到的那样，韦华在刘裕于417—418年攻入关中之后从陵县移居襄阳。尽管他的儿子韦玄留在关中，韦华带着两个孙子——韦祖征和韦祖归——同行，而他们当时很可能还只是小孩。虽然他们二人在正史中都没有传记，但我们知道韦祖征在五世纪六七十年代前曾任京兆太守，而当时京兆郡已经领有实土，位于汉水北岸，与襄阳相对；之后(很可能是死后)，他获得了一个荣誉性的朝廷官衔，光禄勋(Master for Imperial

---

① 侨寓群体——包括(可能尤其是)那些地位相对较高、经济条件相对较好的人——自我隔离的现象，在中国历史上的后汉时期也是常见的[例如湘潭的江西移民，参见 Purdue, Peter, "Insiders and Outsiders: The Xiangtan Riot of 1819 and Collective Action in Hunan," *Modern China* 12, no. 2 (1986): 166–201]，在全球的移民模式中也是如此(比如美国佛罗里达的古巴移民)。

② 《梁书》卷一八《康绚传》，第290页；《南史》卷五五《康绚传》，第1373页。

Entertainment)。他弟弟韦祖归的最高官衔是宁远将军长史(an aide to a Ningyuan general),而按照地方服务的惯常模式(the usual pattern of local service),当时的宁远将军是于468—469年任雍州刺史的张悦①。韦祖归有三子,大约和柳世隆同世代,以学问和孝义闻名。

韦氏家族与另一显赫世族杜氏关系密切,后者和韦氏同样来自京兆郡,也是在和韦华差不多的时间移居襄阳地区。他们中的一员,杜骥,当时已经娶了韦祖征、韦祖归的姐妹,并育有六子;其中最为杰出的杜幼文,因平定晋安王刘子勋叛乱有功而获封食邑三百户,继而出任梁、秦二州刺史,这一职位通常预留给襄阳的显赫家庭②。在韦祖归之子韦叡的正史传记中有一则故事,诠释了这些京兆侨寓家族是如何在重新定居襄阳地区之后保持彼此之间的亲密关系长达数代人的时间之久:

> 时叡内兄王憕、姨弟杜恽,并有乡里盛名。祖征谓叡曰:"汝自谓何如憕、恽?"叡谦不敢对。祖征曰:"汝文章或小减,学识当过之;然而干国家,成功业,皆莫汝逮也。"③

这一段记载,尽管显然是赞扬韦叡的溢美之词,却揭示了来自京兆各侨寓家族之间紧密的关系网络。首先,他们一般彼此存在姻亲关系(参见附录,表2)。韦祖归妻子的姐妹嫁给了京兆杜氏的一员,就像韦

---

① 《梁书》卷一二《韦叡传》,第220页;《南史》卷五八《韦叡传》,第1425页。关于张悦的信息,见《宋书》卷五九《张畅传附张悦传》,第1607页。

② 《梁书》卷一二《韦叡传》,第220页;《宋书》卷六五《杜骥传附杜幼文传》,第1722页。梁代的刺史职位因为能提供大量的腐败机会而著名,据说杜幼文尤其贪婪。韦叡(他有楷模式的传记)当然保持着纯洁与诚实,但杜幼文积聚了大量财富,"家累千金,女伎数十人,丝竹昼夜不绝(译者按:原文译作"silk and bamboo in abundance",是理解有误)"。再搬去京师之后,他和其他几位暴发户为伍,最后于476年和兄弟子侄一同被杀。

③ 《梁书》卷一二《韦叡传》,第220页;《南史》卷五八《韦叡传》,第1425页。

祖归自己的姐妹一样。同时,韦叡自己的妻子出自京兆王氏①。换言之,这一京兆侨民聚落在定居襄阳之后,通过彼此之间的婚姻关系纽带捍卫着一种排外性长达数个世代之久。

其次,这则故事展示了这些人认为自己属于一个群体,并以此展开自我评价,在彼此之间进行比较,并明显地与来自该地区和他们同时代的其他人区分开来。像张敬儿这样目不识丁的武人,当时虽然和韦叡年龄相仿,但会被排除在同侪之外,这一点儿也不令人感到惊讶;相比之下更值得注意的是,柳世隆既受过良好教育,人脉也广,但同样被排除在这样的品评比较之外。这清晰地为我们指出,京兆家族聚落被认为是一个彼此间常进行比较的独特类别(a distinct category for comparison)。这样的自我认同会因为长期作为京兆侨寓家族目的地的单独侨郡(a separate commandery-in-exile)而得到强化。郡内行政会被这些京兆精英世族所操控——别忘了韦祖征曾经担任该郡太守——这又进一步令他们得以发展出一种视自己为更广泛襄阳地区内的独特存在的意识。

尽管他们明显为自己的学术传统而感到骄傲,韦氏和杜氏并没有享受到柳世隆那样的与京师之人建立社交网络的机会,而除了杜幼文以外,他们中的其他人在宋、齐两朝的行政中,并没能够通过荫护机制而成功获得关注。韦祖归的第三子韦叡于465年从当时的雍州刺史袁顗手下的民事职务开始其政治生涯,虽然这样的职务更适合有文学功底的当地人,而不是一介武夫,但这并不算是卓尔不凡②。韦叡的远房族弟韦爱同样也在袁顗属下效力,他来自韦氏的另一支,直到四世纪晚

---

① 王氏来自京兆霸城,史籍中提到的最早的一位成员是王堉(译者按:原文作"堉",《晋书》作"堕"),他在前秦政权效命(《晋书》卷一一二《王堕传》,第2880页),另一位是王脩(《南史》卷一三《庐陵王刘义真传附王脩传》,第364页)。史称他们是六世纪初期时襄阳地区的显贵家族(《南史》卷七四《孝义·张景仁传附卫敬瑜妻王氏传》,第1843页)。

② 关于韦叡宅邸的信息来自《太平御览》卷一八〇引《襄沔记》,第878页。韦祖归诸子的事迹见《梁书》卷一二《韦叡传》,第220页及《南史》卷五八《韦叡传》,第1430页。

期才移居襄阳。韦爱曾游京师,并在年仅十二岁时就得到了皇帝的关注(译者按:《梁书·韦爱传》云:"年十二,尝游京师,值天子出游南苑,邑里喧哗,老幼争观,爱独端坐读书,手不释卷,宗族见者,莫不异焉。"据此,当时天子出游固然不可能注意到韦爱,甚至韦爱也没有关注天子行迹。此处应当是作者理解有误),但他显然没有给任何人留下深刻的印象,因为他的整个成年职业生涯都是在雍州官署中度过①。

韦叡之后的职业生涯同样也不是特别幸运。他因为没有随袁顗参加刘子勋的叛乱而逃过一劫,并在他表兄弟杜幼文位下谋得一职,而杜幼文因在梁、秦二州的腐朽统治而声名狼藉,最终引致了自己的被清算及处决(purge and execution)。韦叡同样避免了因此受到牵连,但他之后在两位厄运随身的宗王(doomed imperial princes)帐下任职,先是刘休祐["为晋平王左常侍",原文作"Liu Xiushi",当误(471年被处死)],之后是刘休范["迁司空桂阳王行参军"(474年因叛乱被杀)]。韦叡最后在比自己年轻一岁的柳世隆麾下效力,参与478年抵御沈攸之的郢城防卫战。此事令柳世隆的事业平步青云,但对韦叡的事业却没有什么大的帮助,韦叡未能藉此获封任何贵族名衔、封邑或朝廷高级官职。终南齐一朝,他都在王朝行政中担任一些不很重要的低级职位,尽管与他之前的许多仕历不同,并未局限在西土②(译者按:据《梁书·韦叡传》:"梁台建,征为大理。高祖即位,迁廷尉,封都梁子,邑三百户。天监二年,改封永昌,户邑如先。东宫建,迁太子右卫率,出为辅国将军、豫州刺史、领历阳太守。"由此可见,其实韦叡在南齐的待遇并不差)。他的兄长们也有一些在当朝精英面前表现自我的机会:其长兄韦纂为司徒记室(records clerk for the Ministry of Education),理论上曾给沈约留下深刻印象,而沈约后来成为京师文学精英中的代表人物③。然而,此类溢美

---

① 《梁书》卷一二《韦叡传附韦爱传》,第226—227页。
② 《梁书》卷一二《韦叡传》,第220—221页;《南史》卷五八《韦叡传》,第1425—1426页。
③ 《南史》卷五八《韦叡传附韦纂传》,第1430页。

之词的目的通常是为了弥补当事人实际官位并不十分令人印象深刻的不足。

像韦氏这样的家族传统上会把他们在获得物质层面上成功(material success)的失败描述成为一种美德,声称他们的教育传统并未得到粗鄙政权(uncouth regimes)的充分欣赏,而他们在政治事业上成功的缺乏则是因为他们在日常事务中的清白超然(unsullied aloofness)。一则稍晚时期的关于襄阳侨民的史料指示了他们是如何把这种风气(ethos)编织成自己的传奇:

> 辛居士名宣仲,陇西人。大明末,寓居襄阳县西六里(译者按:原文作"two miles",应系作者自行换算),多植松竹,栖迟其下,静默不交尘俗。林中起一草庐,容膝而已。善弹筝。与淮南胡陶、京兆骆惠度同志为友①,常共燕集此林(译者按:原文作"gather to feast at these woods",应当是把"燕"解读为"宴")。陶能吹笛,惠度工歌,拾林下弦管道韵,时人谓之三公乐。……②

关于显赫侨寓家族的这一方面,值得注意的是,他们持续努力去避免在当地社群中担任任何领袖角色;事实上,他们把无视地方事务和"静默不交尘俗"宣扬成一种美德。他们的风气与张敬儿甚或柳元景这样积极进取、忙于社交与政治行为的人形成鲜明对比。原文的剩余部分进一步赞美辛宣仲在政治成就方面的缺乏:

---

① 京兆骆氏之名不别见。我(指作者)怀疑"骆惠度"是"韦惠度"之误,后者曾在襄阳生活,于刘宋时期在地方州郡任职。在他返回北方之后,他得到的最高官职是洛州刺史,可能是他的官衔和姓氏弄混了,参见(唐)令狐德棻等撰《周书》卷三九《韦瑱传》,北京:中华书局,1971年,第693页;《北史》卷六四《韦瑱传》,第2275页。

② 《太平御览》卷五七六引《襄沔记》,第2601页。

> ……宋(邵)[巴]陵王①休若为南雍州刺史,躬往造焉。宣仲正在林中弹筝,了不回顾,逡巡致筝于席,延(邵)[巴]陵与语,才述寒温而已。时(邵)[巴]陵客有述其旨者,授筝令弹,再三固请,答曰:"幸非王门伶人,何事见逼?所胜于君者,正举止自由。若闻君鞠躬,复与君何异?"占对详雅,众不能屈。②

辛宣仲和他的同伴们被描绘成超然离群的楷模(paragons of aloofness),拒绝荫护机制及权贵藉此提出的奴性服务要求。尽管有这样的姿态,但如果能宣称(assert)其个人价值实际上得到了"对的人(right sort of people)"的赏识,依然还是会有所帮助的,比如沈约对韦纂的赞扬。关于辛宣仲的故事,接下来同样借助了沈约的声名,宣称沈约随萧长懋在襄阳时曾造访辛宣仲。据说沈约和辛宣仲讨论文学,并试图劝他出仕,但毫无成效(to no avail)("齐文惠临州,吴兴沈约奉教聘引,并不降志,约乃共论文章,宣仲辄言庄老。既各言其志,不能相屈。建武中,遇疾卒,惠度及陶并不知所终。")。

以下这一则有关韦祖征的故事,在韦叡成为高级官员后才流行,同样试图借助一位显赫人物的名声,这次的对象是柳世隆:

> 光禄大夫韦祖征州里宿德,世隆虽已贵重,每为之拜。人或劝祖征止之,答曰:"司马公所为[译者按:原文作"What Commandants and Ducal Lords wish to do",是将"司马公"分拆成"司马"和"公(爵)"

---

① 史籍原文通篇作"邵陵"而非"巴陵",这显然是一个错误(译者按:史籍所见的刘宋邵陵殇王是刘友,十岁出头即逝世,也并未出镇雍州,确实不会是《襄沔记》中的人物)。

② 《太平御览》卷五七六引《襄沔记》,第 2601 页。

解读,这样的理解显然是有偏差的],后生楷法,吾岂能止之哉。"①

从这些故事中我们可以进一步观察到,本郡不同的侨寓世族可能会在特定的环境下彼此结盟,通过和"普通民众(common people)"的对比来维系他们自身的"显赫"声名。事实上,韦叡和柳世隆的从弟柳庆远最终通过他们子女结成姻亲,这也是这两个襄阳地区的显族(prominent Xiangyang-area clans)之间唯一为我们所知的婚姻联系(marital linkage)②。

除了要记录来自那些"有关紧要"的人的看法中对其表示推崇的例子,阐明自身与襄阳地区的军士家庭及暴发户之间的社会和文化层面的沟壑,对于具有排他性的聚落而言也是同等重要的,尽管后者可能拥有更好的关系网络和名衔,或更多的财富,甚或两者皆然。下面这则有趣的故事和辛宣仲的故事类似,很可能是从一个六世纪中叶的集子中抽出来的,这在第四章会谈到:

> 长流解西有梁曹仪同景宗、柳仪同庆远、韦仪同睿诸宅,并相邻次郭城西门(译者按:原文未引前半句,致使文意缺失,此处补

---

① 《南史》卷三八《柳元景传附柳世隆传》。(译者按:原注作"卷58",当误,经改),第985页。《南齐书》的柳世隆传记中没有这一部分内容,也没有提到韦祖征或韦祖归。此处和韦叡传记中(《梁书》卷一二《韦叡传》,第220页,《南史》卷五八《韦叡传》,第1425页)对韦祖征名望的宣扬,或许意味着韦叡及其家族对于过渡时期的历史书写有一定的影响。

② 这个结论是根据一则关于柳仲礼的文献而得出的,他是柳庆远之孙,也是韦叡之孙韦粲的"外弟(younger affinal cousin)",参见《梁书》卷四三《韦粲传》,第606页。这意味着韦叡的长子韦放娶了柳庆远的其中一个女儿,或者是柳庆远的长子柳津娶了韦叡之女。前一种情况更有可能,因为韦叡比柳庆远年长十七岁,而他的孩子们可能也相对年长一些。由于男子一般会娶年轻一些(有时年轻很多)的女子,所以更可能的是韦放(生于474年)娶了柳庆远的年轻女儿,且婚事不迟于494年其长子韦粲出生。然而,相反的情况也是可能的,那样婚事就应该发生在萧衍的政变之后,那时二人都已成为全国朝贵。

全)。韦睿少时,有南阳人蔡那善相(prognostication),相睿宅应出三公、刺史(译者按:原文作"a Three-Lord-rank Inspector",将"三公""刺史"混作一事,当为理解偏差),贵不可言。时睿宅上有草房十间,那宅在城南,悉是瓦屋,求睿换宅,疑而不许①。

这个故事试图把韦叡放在"穷学者(poor scholar)"的家室中——虽然没有穷到辛宣仲那个地步,住在逼仄的屋中,但也是靠茅草遮顶生活。相较而言,蔡那被归到不那么被赞颂的"地方富豪(wealthy local bravo)"中,试图通过购买他(韦叡)的好运气而获得优势,而不是像韦叡那样,通过简单地展示正直行为而让显赫与好运自然而至。

有着此等风气的侨民聚落散布在南方政权的多个不同区域;建康朝廷本质上是其中一个过分蔓生的版本。有一个被特别完备地记录下来的事例,是关于公元四世纪迁离襄阳地区、至江陵定居的若干家族的后人。这些家族中的一些——尤其是新野庾氏,南阳宗氏、乐氏和刘氏家族——彼此间维持着婚姻关系和紧密的社交关系,从刘宋晚期直到南齐(参见附录,表3)。许多出自这些家庭的人都拒绝参与政府事务,尤其是刘宋初期的宗炳和他的从弟宗彧之,然后是南齐时期宗炳的孙子宗测及其宗亲宗尚之②。宗测与庾易、刘虬关系密切,他们都是和宗测同时期的"徵士(retired gentlemen)",且来自同一家族聚落③。这一群

---

① 《太平御览》卷一八〇《居处部八》引《襄沔记》,第878页。这件事可能发生在460年至470年之间,在472年蔡那去世之前。值得注意的是,和韦叡一样,蔡那的儿子蔡道恭也追随着将来的梁武帝,并获得高官厚职,因此蔡氏家宅的光辉(aura)应该也是很璀璨的。

② 《宋书》卷九三《隐逸·宗炳传》,第2278—2229页;《宋书》卷九三《隐逸·宗彧之传》,第2291页;《南齐书》卷五四《高逸·宗测传》,第940—941页。

③ 这三个人相继出现在《南齐书》卷五四《高逸·庾易传》《高逸·宗测传附宗尚之传》,第939—941页和《南史》卷五十《庾易传》,第1244—1245、1250页;卷五十《刘虬传》,第1248—1249、1275页;卷七五《隐逸列传》第1860—1862页。他们的亲密关系在宗测、刘虬以及庾易之子庾黔娄(译者注:原注误作"Heilou")的传记中(《梁书》卷四七《孝行·庾黔娄传》,第650—651页;《南史》卷五十《庾易传》,第1245页)。

体中的人有着重要的学术产出,且对江陵地方的历史和佛教有着特别的兴趣,他们对当地佛教机构作出了重要的资源贡献①。这些人之间长存的血缘、婚姻和从属关系(blood, affinal, and affiliational connections)告诉我们,他们维系着甚至加深了其作为南阳人的排他性和独特文化传统,这些传统可一直追溯到后汉时期。讽刺的是·南阳郡本身早就被转为一个边疆地区,那里的人们(例如蔡那、刘胡和张敬儿)以武斗传统、射艺、骑术和勇猛无畏而闻名。

然而出自这一南阳聚落的所谓隐士们并没有生存在与世隔绝的环境中;他们家族中的其他人积极参与政府事务,有时还居于相当高的官位。我们已经注意到宗悫——宗炳的侄子(也是宗测的从父)——打破了其家族孤傲的学术传统,投身军旅生涯,为此他遭到了自己家族和所处社群的批判②。而其他成为中级民事官员的人则没有蒙受此等污名(stigma),这当中包括宗测的从兄弟宗夬、刘虬的从弟刘坦、宗悫的外甥和刘虬的妻舅乐蔼③。这些人代表了江陵的领袖家族,并占据了江陵州郡官署的大多数高级职位。

我们在京兆聚落的例子中也能发现,"清高孤傲(aloofness)"的风气未必就演变成所有或多数家庭成员在实际上对于官职的拒绝。所有已知的韦氏和杜氏宗族成员都在不同程度上为王朝行政服务,就像南阳的宗族一样。他们当中有许多人,如果有机会的话,会毫无疑问地接受更好的官职、薪俸、头衔和封邑;他们在公元六世纪也确实是这样做的。关于隐逸的巧辞(rhetoric of reclusion),这只是他们将自己未能从荫护机

---

① 据史书记载,佛教和当地历史是宗炳及其后人宗测、宗尚之的兴趣,庾诜——在江陵新野庾氏的一位不明确的成员——亦然(《梁书》卷五一《处士·庾诜传附庾曼倩传》,第750—752页);据说佛教对于刘虬而言也很重要,而地方历史和文化史是刘虬妻弟乐蔼的兴趣所在。

② 《宋书》卷七六《宗悫传》,第1971页;《南史》卷三七《宗悫传》,第971页。

③ 《梁书》卷一九《宗夬传》《刘坦传》《乐蔼传》,第299—304页;《南史》卷三七《宗悫传附宗夬传》,第972页;《南史》卷五十《庾易传》,第1253—1254页;《南史》卷五六《乐蔼传》,第1397—1398页。

制中得益的失败变成美德的方式,同时也为他们最终参与政治开出可能实现的最高"价码"。但这还是展示了从地方社会的脱离(disengagement)在一些侨流集团中是一种经过计算的策略,且对地方社群的碎裂特质造成影响。

具备更广阔关系纽带的侨民集团
IMMIGRANT GROUPS WITH MORE EXPANSIVE TIES

无论如何,如果我们假设所有侨流群体都采用了京兆和南阳聚落的排他及隐逸策略(the exclusive and reclusive strategy),那将是错误的。许多来自当地侨置行政区划的人都成为了卫戍部队的普通成员(rank and file),并且通过军事服役逐层升迁,就和"当地"人一样,在这种情况下,本土与侨寓之间的区别很可能并不具备显著意义①。这些侨寓家族的另一操作模式是开拓与王室及其他地区显赫家族之间的关系网络,藉此成为"国家精英阶层(national elite)"的一部分。这一模式的最佳例子是从河东郡南徙的柳氏、薛氏以及裴氏。

因为种种原因,上述世族的人之间存在着异常弥散和复杂的关系(extraordinarily diffuse and complex relationships)。首先,我们知道河东诸姓分布极广;有一则史料称薛氏有超过三千个不同支系②。另外,由于纳妾(concubinage)的存在,每个支系都可能非常枝繁叶茂(exceedingly fertile)。例如柳元景兄弟共有七人;他自己育有十子;他的侄子柳世隆

---

① 相关例子包括天水杨氏(《梁书》卷一〇《杨公则传》,第 195—197 页;《南史》卷五五《杨公则传》,第 1365 页),广平冯氏(《梁书》卷一八《冯道根传》,第 286—289 页;《南史》卷五五《冯道根传》,第 1371 页),扶风马氏(《宋书》卷四五《马文恭传》,第 1378 页;《梁书》卷一七《马仙琕传》,第 279 页;《南史》卷二六《马先琕传》,第 714 页),以及历阳昌氏(《梁书》卷一八《昌义之传》,第 293 页;《南史》卷五五《昌义之传》,第 1376—1377 页)。

② 《南史》卷四十《薛安都传》,第 1021 页。

有十五个儿子①。而且上述统计数字以外应该还有数量相当的女性后裔,她们通常不会被历史记录下来,但她们的婚姻会进一步巩固其宗族的社交网络。

其次,同姓、同郡望的不同支系通常在不同的时代南徙,并迁往不同的目的地。柳元景的曾祖柳卓,于公元四世纪初期最早南渡;他有一位从兄弟柳恭,徙至今河南省东南地区(《周书·柳庆传》:"柳庆字更兴,解人也。五世祖恭,仕后赵,为河东郡守。后以秦、赵丧乱,乃率民南徙,居于汝、颍之间,故世仕江表。"),而他的(指柳恭)第三代后人(third-generation descendent,即曾孙)柳缉任刘宋司州别驾,即在同一地区②(参见附录,表1)。并没有证据显示柳氏的这两支彼此有什么交集。与此同时,柳元景的从祖弟(second cousin)柳光世所属的柳氏一支就留在了北方;但是,在450年针对河东著姓的一次清算之后,他还是和薛安都一起南迁至襄阳,其时柳元景已经是那里的领袖人物了。尽管有这样的关系纽带,这两个人的事业很快就朝着与柳元景兄弟子侄相当不同的方向发展③。此事告诉我们,虽然远房族亲有时会利用家族关系纽带去帮助自己安身立命,但这种关系未必就比其他非亲缘的关系纽带更具有决定性的意义。

薛安都和柳光世的职业生涯是说明第三种复杂因素的很好的例子:北方显族的成员经常能够在南渡或北归的时候在南朝或北朝获得高级官职,也因为如此,他们不需要专门在某一处"定居",而是可以作为皇家代理人(imperial agents)而实践巡回职业生涯(itinerant careers)。因此,尽管薛安都和柳光世在五世纪五十年代至六十年代早期效命于刘骏政权,但他们在466年刘彧当权之后就逃回了北方;柳光世之后又重回南方任官,最后因被怀疑谋反而遭处决。我们无法通过其家族世

---

① 《南史》卷三八《柳元景传附柳世隆传·柳忱传》,第982、990页。
② 《新唐书》卷七三上《宰相世系表三上》,第2835、2854页。
③ 《宋书》卷七七《柳元景传》,第1991页。

系去预测这些人的政治行为。柳元景的后人和柳光世的从兄弟都一直留在南方,而薛安都的从子薛渊虽然当年随薛安都南渡,却选择不随他回北方,反而留在南方,忠心耿耿地为萧道成及其继承人效力数十年①。

另一个关于此类"高飞(high-flying)"关联模式(pattern of association)的例子是裴叔业。裴氏子弟在不同时期迁徙至南方政权下,并定居在不同地区,后来变成一系列繁盛的宗族,但没有证据显示他们彼此之间存在很强的关联②。裴叔业的父亲和祖父在南齐政权初期南渡至襄阳,但裴叔业自己的职业生涯几乎一直在迁移调动,而且我们完全不清楚他是否曾经在襄阳地区如字面所言地(in any meaningful sense of the word)"定居"安家。他和我们上文提到的司州柳氏的后人柳僧习相熟,也与河东柳氏的柳玄达、柳玄瑜兄弟二人有着不明确的"姻娅"关系(unspecified "affinal ties"),并为自己的一子迎娶了柳玄瑜的女儿。当他们在南齐晚期回到北方之后,他和他所属的聚落没有经历什么困难就从北方拓跋政权那里获得了丰厚的赏赐和高级官职③。

我们没有理由相信,这一具有相当流动性的聚落(rather mobile cluster)中的河东世族子弟与柳元景的后代之间有着什么特别的关系。事实上,相较而言,柳元景一支相当的根深蒂固(quite well-rooted)。他的祖先来襄阳地区定居已经过百年(从四世纪初期算起),尽管一些分支(例如柳世隆及其后裔)搬到了京师,但其他家族成员保持着在襄阳的卓越地位,持续了至少七代人的时间,贯穿五、六世纪。没有证据显

---

① 《南齐书》卷三十《薛渊传》,第 553—555 页。

② 《新唐书》卷七一上《宰相世系表一上》,第 2179—2244 页;《南史》卷三三《裴松之传》,第 862—867 页;《梁书》卷二八《裴邃传》,第 413 页;《南史》卷五八《裴邃传》,第 1438 页。

③ 《南齐书》卷五一《裴叔业传》,第 869—872 页;(北齐)魏收撰《魏书》卷七一《裴叔业传》,北京:中华书局,1974 年,第 1565—1567 页;《北史》卷四五《裴叔业传》,第 1645—1653 页。

示他们曾和其他星散四布的河东世族分支之间发展出婚姻关系①。

河东著姓并不是唯一展现此类多样、复杂、广阔关系模式的家族。京兆韦氏的分布广度不逊于任何河东世族;至少有三个不同支系在380年至420年间南迁至襄阳,另有许多其他分支留在北方,为拓跋政权服务②。证据显示,这些不同的世系之间几乎没有什么联系,且绝对没有任何始终如一的忠诚(consistent allegiance)③。换言之,个别姓氏的不同分支的存在未必便会扰乱当地侨寓家族聚落的凝聚力,尽管它或许会在时机许可或事态紧急的情况下帮助他们顺利过渡到新政权或新地点。

总之,证据显示,具有高级地位的著姓的侨寓世系实践着多种多样的策略——从隐遁性的、实质上的本土策略,到扩张性的、经常具有相当流动性的策略——而且同姓的不同支系尝试着几乎未经彼此间协调的不同策略。然而还是有一个元素,是最成功的世族的共通之处,即他们面对"普通民众(the common people)"即军事家庭时的清高孤傲。没有任何来自襄阳地区的证据显示,这些更为显赫的侨寓家族的成员曾和本土军事家庭通婚,甚或平等社交。这并没什么好奇怪的,因为已有

---

① 柳世隆的父亲娶了一名郭氏女子,这是一个很常见因此难以追查的姓氏,而柳世隆自己的妻子来自阎氏(《南史》卷三八《柳元景传附柳世隆传》,第983页)。有一个河东阎氏宗族(《北史》卷八四《孝行·阎元明传》,第2828页),但柳世隆的妻子更可能属于天水阎氏,他们也侨寓在襄阳地区[《魏书》卷七一《裴叔业传》,第1579页(译者按:天水阎庆胤事迹在第1580页)]。

② 除了韦华的支系,还有韦轨[韦华的从曾祖兄弟(third cousin)]和韦惠度[他的族叔(fourth cousin once removed)]这两支,双方都曾南迁至襄阳;韦惠度之后返回了北方。韦阆是韦华父亲的从曾祖兄弟,一直留在北方,韦直善——韦叡的同七世祖兄弟——的后代也是。参见《梁书》卷一二《韦叡传》,《北史》卷六四《韦瑱传》,《魏书》卷四五《韦阆传》;《北史》卷二六《韦阆传》,《周书》卷三一《韦孝宽传》;《北史》卷六四《韦孝宽传》。这许多支系全部追溯到一个共同的祖先,韦穆和他的哥哥韦潜,见(唐)林宝撰《元和姓纂》,岑仲勉校记,北京:中华书局,1994年,第126—191页。

③ 《南史》卷五八《韦叡传》,第1436页。

足够的证据显示,当时投身军旅役务的人是会被瞧不起的。尽管柳元景和当地武人之间存在密切的联系互动——这是在他们共同的战争役务中铸就的——他与他们之间的关系纽带主要是以前长官与护主的身份,而不是社交上的平等。与当地的寒门士人(lower-class local men)不同,柳元景有一个显赫的北方家世祖源,一位在王朝(尽管是地方州郡的)服务中备受尊敬的父亲以及一定的教育背景,而且他并不需要在襄阳戍卫的职官梯阶中逐步向上爬。他的酒友是江夏王刘义恭,而不是他其中一位昔日旧部属①。

南齐王朝的危机
THE CRISIS OF THE QI REGIME

在张敬儿被处决之后,当地戍卫部队中的将士未能享受与建康朝廷之间的紧密联系,而诸如曹景宗这样的本土人物尽管努力取悦当权者,依然只是担任着次要的地方官职。结果是,襄阳戍卫变得更加难以管理,并且见证了几次重大的叛变。到南齐末年,襄阳城还持续面临着来自北魏政权的入侵和占领的威胁。由于南齐朝廷的疏忽,这在当时是一个至少受到该区域内部分人欢迎的发展。

襄阳地区的领袖人物在萧赜朝廷遭到的相对孤立引发了自461年海陵王刘休茂造反以来襄阳地区的第一次重大叛乱。这次叛乱始于487年春,一个叫桓天生的人自称为东晋时期臭名昭著的篡夺者、曾于402年至404年间建立短命"楚"朝的桓玄的继承人。桓天生造反的根本原因(root causes)和意识形态层面的诉求(ideological appeal)都是模糊

---

① 《宋书》卷七七《柳元景传》,第1990页。

不清的①。是次叛乱仍在很大程度上得到了蛮族势力和北魏政权的军事支持,并成为(南朝政权的)心腹大患。朝廷派出了皇帝的亲信之一陈显达,他在经过一年时间和对汉水北岸城镇展开数次旷日持久的围攻后,最终镇压了这次叛乱②。

陈显达成为下一个十年中南齐王朝在襄阳地区战略部署的关键人物。他来自京师以东的军事重镇京口,但他的早期职业轨迹和张敬儿的非常相似:在一个无甚家世背景的侨寓军事家庭中成长,开发出和萧道成之间的荫护关系,与刘休范和沈攸之作战,并在萧道成即位后获得了大片封邑的赏赐。而陈显达更设法培养与萧道成之子萧赜之间的亲密关系,由此继续被仰赖,并通过关键性的权力转移而取得成功③。他在襄阳的领导地位在危机和叛乱时刻因战斗而得到巩固(battle-hardened),而这一点在襄阳城和朝廷的关系中扮演了重要角色,除此以外,二者关系都显得疏远。而陈显达显然没有特别尊重襄阳本地人:我们知道他曾在一次征战中对曹景宗的军事成就表示轻蔑,还有一次他曾抱怨襄阳人"难可收用"④。

在陈显达于490年被调任后不久,襄阳城又经历了一次内部的剧变。新任当地指挥官的王奂,是赫赫有名的琅邪王氏的成员,也是一位虔诚的佛教徒,并已经历任许多高级在朝及州郡官职。在一篇关于461

---

① 可能是一个巧合,在此前几年,盗墓者闯进了一个楚王古墓,发现了玉器和古老手稿。对此事的简短记录见于赵宋时期的文本,但或许和较早的当地历史有些渊源。参见[宋]曾慥编《类说》卷二"玉镜玉屐"条,《四库全书》卷八七三,台北:商务印书馆,1981年。

② 文中对于此战的描述是经不同史料整合所得,包括:《南齐书》卷二六《陈显达传》(第490页),卷三十《戴僧静传》(第556页)、《曹虎传》(第562页),卷五七《魏虏传》(第989页)。另参见《资治通鉴》卷一三六《齐纪二》"武帝永明五年"(第4274—4276页)及"永明六年"(第4279—4280页)。

③ 《南齐书》卷二六《陈显达传》,第488—489页。根据记载,陈显达出身于南彭城郡,那是南徐州下辖的侨郡,治在京口,参见《南齐书》卷一四《州郡志上》,第246—248页。

④ 《南齐书》卷四十《晋安王萧子懋传》,第708页。

年(年份存疑,参见下页译者按)刘休茂引发当地内战的危机回忆录(crisis reminiscent)中,王奂和当权的宁蛮长史(adjutant in charge of the Man Pacification office)刘兴祖发展出了相当麻烦的关系。最终,在一连串相当复杂的事件中,王奂违抗朝廷命令处死了刘兴祖。朝廷在493年春派人收押王奂和他性格冲动的儿子,但一些襄阳守军站在王氏父子一边并开展了一场英勇抵抗(a spirited defense)。其他人由刚被朝廷派往加入王奂麾下的裴叔业(按即新任宁蛮长史)率领,起兵击溃守军,并趁王奂"还内礼佛",砍下了他的首级①[译者按:据《南齐书·王奂传》,其杀刘兴祖事在永明十一年(493),同年,朝廷派"中书舍人吕文显、直阁将军曹道刚领斋仗五百人收奂",王奂子王彪"素凶剽","率州内得千余人,开镇库,取仗,配衣甲,出南堂陈兵,闭门拒守",但属下有人"叩头启奂,乞出城迎台使"不果,后来趁王彪出战时率众投降,加上裴叔业"于城内起兵攻奂",最终王奂战败,"闻兵入,还内礼佛,未及起,军人遂斩之";王彪等也遭到处决。据此,可能并不存在原文所说的"英勇抵抗"。另,王奂死时59岁,则在原文提及的461年,王奂27岁。又据本传,王奂于元徽元年(473)39岁时"为晋熙王征虏长史、江夏内史,迁侍中,领步兵校尉",此前从解褐开始,历任"著作佐郎,太子舍人,安陆王冠军主簿,太子洗马,本州别驾,中书郎,桂阳王司空谘议,黄门郎",即先后跟随安陆王刘子绥、桂阳王刘休范。按刘休范459年任江州刺史,但同年即入朝,改任秘书监,领前军将军,到宋明帝刘彧即位、改元泰始(465)才出为南徐州刺史,镇京口。所以在461年时,即使王奂是在刘休范麾下,也是在京师建康为官(这也与"黄门郎"之职相呼应),似乎与襄阳没有什么关系]。这种情形的出现,证明了朝廷指派的弱势指挥官和本土军士之间的紧张关系是随着朝廷与襄阳关系的复杂化及可信任的本土中间人(trusted local brokerage)的缺乏而周期性呈现的(symptomatic of periods)。

---

① 《南齐书》卷四九《王奂传》,第848—851页。

在襄阳以外,还有两个重要的发展造成了这一时期危机的日益集聚。最迫切的问题是南齐朝廷陷入了一场特别严重的皇位继承危机。齐武帝萧赜的长子及继承人萧长懋在493年春去世,萧赜本人也在初秋去世,只勉强在病榻上任命(deathbed appointment)萧长懋的长子(译者按:即前废帝郁林王萧昭业)为新继承人。然而,皇帝背后真正的权力掌握在萧赜的堂弟萧鸾手中,而萧鸾一直受萧道成喜爱,并在当朝最骁勇善战的将领中建构起了一个强大的荫护关系网络。之后这一年见证了两位傀儡快速地相继为帝以及几次血腥杀戮,直到年底,萧鸾正式登上皇位,成为齐明帝(494—498年在位)。

在这场继位战中,坐镇襄阳的新任(雍州)刺史是晋安王萧子懋。作为萧赜之子,他是一个身份显赫的人,并自然而然地考虑起兵反对萧鸾登基。然而,襄阳真正的权力掌握在陈显达手上(译者按:此前陈显达以江州刺史、征南大将军的身份驻防襄阳),他当时已返回樊城,预防来自北方的袭击。陈显达和萧鸾之间已经有了紧密的联系;所以他揭发了萧子懋谋反的计划,设法令其迁江州刺史(译者按:陈显达改任车骑大将军),并劝说对方顺从安排、不要反抗(go peacefully),将数千部曲留在雍州。在陈显达回京师之前,他设法确保了自己门生(protégés)之一的曹虎成为雍州的首领(译者按:曹虎从梁、南秦二州刺史改任雍州刺史),这又是一位出身寒微的军人,并曾在襄阳地区参与镇压桓天生的叛乱①。

襄阳地区的第二个、并且不那么容易解决的威胁就是拓跋氏的北魏政权,当时北魏正在迁都洛阳[译者按:一般认为北魏孝文帝迁都于太和十八年(494),即萧鸾即位前后正式完成],而洛阳在襄阳以北,相距不到二百里(译者按:原文是"two hundred miles",应该是以现在的英里为单位。若指古时一里,则过近;200英里约为320公里,差不多是今

---

① 《南齐书》卷四十《晋安王萧子懋传》,第708页;卷三十《曹虎传》,第561—562页。曹虎和襄阳曹氏没有亲戚关系。

天襄阳到洛阳的距离)。萧鸾的统治合法性较弱,这鼓励了北方政权的强大统治者元宏(即北魏孝文帝,471—499年在位)于494—495年冬天派兵南征。北魏军队在南阳太守房伯玉和新野太守刘思忌面前遭到惨败,被迫撤退①。元宏为雪前耻,又向襄阳地区发兵,并在497年秋末集结了一支号称过百万的大军,这可能是襄阳地区到此时为止承受过最大规模的战事(即使考虑到其中有夸大的成分)。北魏君主亲率大军进攻宛城和新野,并对两城同时展开围攻。汉水(译者按:史籍当时一般称"沔水",此处统一按原文称"汉水")以北的居多城镇郡守都投降了,北魏军队挺进汉水北岸,威胁着位于南岸的襄阳城。到498年春,一直坚守的宛城和新野终于落入了北方势力手中②。

直到此时,建康朝廷还没有派出任何大规模的援军。曹虎的军队和北方城戍之间协作甚差(或许是因为害怕正面对抗强大的北魏军队),从未真正参战,一直在襄阳对岸背临汉水,据守樊城。一支五千人的远征军终于抵达,由陈显达的另一位同僚崔慧景和王室远亲萧衍率领(译者按:据《南齐书·崔慧景传》,去岁冬北魏犯境时,朝廷派给崔慧景的援军是"率众二万,骑千匹",只是大军抵达时,沔北五郡已殁,于是"加慧景平北将军,置佐史,分军助戍樊城",而崔慧景与萧衍等人率众五千另行进邓城,并非一开始就只派五千人驰援)。他们接管汉水以北的京兆郡治所邓城,并为数倍军力的魏军围困;据说城内众人都害怕丢了性命("时慧景等蓐食轻行,皆有饥惧之色")。他们最终设法突围,并渡河逃回相对安全的襄阳。曹虎的樊城守军也随后撤离③。结果整个汉水以北的地区都陷入北魏政权手中,导致(南齐对)襄阳及整个长江

---

① 《南齐书》卷五七《魏虏传》,第993页。
② 《南齐书》卷五七《魏虏传》,第996—997页。
③ 《南齐书》卷五一《崔慧景传》,第873—874页;《南齐书》卷三十《曹虎传》,第561—564页;《资治通鉴》卷一四一《齐纪七》"明帝建武四年"至"明帝永泰元年",第4412—4420页。

中游地区的控制权都岌岌可危①。

不幸的是,朝廷的局势再一次变得可怕起来,因为当时病重的萧鸾决定通过处死萧道成和萧赜尚存的子孙共十人的方式来"保护"自己的遗产(legacy)。任何可预期的对北魏威胁的进一步军事回应都必须等到皇帝死后,那直到初秋才终于来临。他的长子萧宝卷[死后被称为东昏侯(Marquis of Eastern Chaos)]坐稳了王位之后,才展开进一步的努力去收复汉水以北的疆域。萧衍被封为雍州刺史,而官至太尉的陈显达则再次被派往襄阳地区守御。在499年春,他和崔慧景从襄阳出兵,围攻宛城以南的马圈城,持续四十天,终于攻下(《南齐书·陈显达传》载:"永元元年,显达督平北将军崔慧景众军四万,围南乡堺马圈城,去襄阳三百里,攻之四十日,房食尽,噉死人肉及树皮,外围既急,房突走,斩获千计。官军竞取城中绢,不复穷追。")。然而他们也没能守住该据点很久,因为元宏又再次亲率北魏军队,迅速进军襄阳地区,并逼迫陈显达撤军。陈显达在战斗中损失了三万余人,并被降职为江州刺史(译者按:原文作"governor of Jiang province",史传中为"都督江州军事、江州刺史",按照全书的统一用法,此处应为"inspector of Jiang province")。②

汉水北岸地区的丧失是一个关键的变化,这除了明显的战略含义之外,还有许多其他原因。其中一个问题在于,这导致了大量人口从汉水北岸往南迁移,构成大量的临时人口(population of transient)和聚集在襄阳城附近地区的不安分移民。该地区(人群)已经是出了名的桀骜难

---

① 《南齐书》卷六《明帝纪》,第90页:"沔北诸郡为虏所侵,相继败没。"有些地方把该地区称作"沔北五郡",如《南齐书》卷五七《魏虏传》,第998页。另,《资治通鉴》卷一四一《齐纪七》"明帝永泰元年",第4420页云五郡为南阳(治宛)、新野、顺阳(治南乡)、北襄城(治赭阳)、西汝南和北义阳郡(治舞阴)。然而,根据我们对此战的了解,汉水以北全部领地都遭掠去;这五郡可能只代表着此过程中陷落最重要的几个城池。

② 《南齐书》卷五七《魏虏传》,第996—997页;《南齐书》卷二六《陈显达传》,第491页;《魏书》卷九八《岛夷萧道成传附萧宝卷传》,第2169—2170页;《资治通鉴》卷一四二《齐纪八》"东昏侯永元元年",第4433—4438页。

驯;而更多——尤其是来自因勇猛武人而闻名的南阳地区——侨民的流入,将会令局势更为紧张①。另一个更麻烦的问题在于,襄阳地区的人和南齐皇室之间有着相对脆弱的关系纽带,这将令转向新近且明显强大的(newly proximate and obviously powerful)拓跋政权投诚显得较为可行。裴叔业作出了一个备受瞩目的忠诚变更,他和萧鸾的关系令他成为襄阳地区最接近本土皇室代理人(a local broker with the throne)的人物。然而,正如上文所提及的,裴叔业在襄阳的根基有限,而他对当地人的态度并没有比陈显达好到哪里去;据说他曾一度害怕襄阳武人的强健,并设法和他们发生正面冲突。尽管如此,一些像席法友这样扎根于襄阳的人最后还是像其他河东世族的人一样在裴叔业麾下效力②。到萧鸾于498年去世时,裴叔业在淮河平原任兖州指挥官(《南齐书·裴叔业传》:"都督南兖、兖、徐、青、冀五州军事,南兖州刺史,将军、持节如故。");由于担心自己在萧鸾的继承人手上送命,他转向支持拓跋政权。裴叔业的所有手下都随他北徙,他们在那里得到高官厚禄,变得相当显达。在刘思忌和房伯玉发生在497—498年之战的例子中,我们可以找到发生在离家更近的按指发生地点离襄阳更近、相似的忠诚转移的故事。刘思忌的传记把他塑造成忠诚的楷模(exemplar of loyalty):遭俘之后因拒绝投降而被杀,据史籍记载,他在临死前还说"宁为南鬼,不为北臣"。这是一种长期以来借由众多历史人物之口而说出的表示坚定忠诚的标准化宣言(a standard declaration of steadfast loyalty)③。另一方面,历史记录中的房伯玉就显得较为易屈(pliant),最终选择投降并被

---

① 张灿辉:《雍州势力与梁代政治》,《文史》2001年第3期,第81—89页。
② 《南齐书》卷五一《裴叔业传》,第869—872页;《魏书》卷七一《裴叔业传》,第1565—1567页;《魏书》卷七一《席法友传》,第1587—1588页。
③ 《南齐书》卷五七《魏房传》,第997页。有关这种比喻的早期例子,参见《太平御览》卷四一七《人事部·忠勇》,第1925页引用习凿齿在四世纪中叶关于襄阳当地历史的记叙《襄阳耆旧记》(译者按:《太平御览》称"襄阳耆旧传",两《唐书》同;而《隋书·经籍志》《宋史·艺文志》称"记"),在其中,习凿齿的祖先习珍——曾为刘备服务,后来为吴军迫降——说到:"我必为汉鬼,不为吴臣,不可逼也。"

带回北方。根据北方的历史记录,他在北方历任显耀官职;然而南方的历史记载则将其职役最小化(minimize his service),强调他拒绝了大多数获授官职,并渴望回到南方①。无论是哪种情况,有一点是几乎没有疑问的,即对当时的襄阳人而言,假如他们选择携亲殖部曲改投北方政权,那么他们中有许多人都会混得不错。

对于南齐朝廷而言幸运的是,强大的北魏皇帝病死了,魏军的侵略也告一段落,备受压力的西北边疆也得到了一些喘息的空间。但是,有一个事实并未改变,即萧鸾政权一直无法集结足够强大的部队去击退北魏大军,而这一点在他的继承人治下也毫无改善的势头。诚然,萧宝卷治下南齐朝廷的堕落和内斗严重到牵涉其中的每个人都为自己的性命提心吊胆,而叛乱和处决在接下来的几年中也变成了家常便饭。曾经引致柳元景和张敬儿被处死的不信任及反叛势力(same forces of distrust and rebellion),最终也破坏了皇帝和陈显达之间的关系。这位已经七十出头的老将军以江州为基地,在 499 与 500 年之交的那个冬天发起了一场悲壮的叛乱,但很快被扑灭,陈显达也被害。他昔日在襄阳的同袍没有给予他任何帮助;相关记载显示,他们不认为陈显达的造反会成功,而且,更关键的是,他一贯轻视他们,而不是培养他们的忠诚②。他为此付出了沉痛的代价。

小　结

CONCLUSION

五世纪后期的证据显示,襄阳是一个相当碎化的社会,它由不同的社会群体组成,彼此之间仅存在着有限的关联:未受教育的军士与暴发

---

① 《魏书》卷四三《房法寿传附从子房伯玉传》,第 973 页;《南齐书》卷五七《魏虏传》,第 997—998 页。两则史料都记录房伯玉投降之前和北方代表之间的有趣交流。

② 《梁书》卷一二《韦叡传》,第 221 页。

户;隐逸与排外的侨民聚落;迁至江陵或其他地域中心但仍然在襄阳地区维系纽带的宗族;以及各式人色的王朝代理(imperial agents)、皇室护主(royal patrons)及其掾属。有限的证据告诉我们,当时的人们比较倾向于和这些具有自我认同的亚群体(self-identified subgroups)中的其他成员发生从属关系,甚至培养出一种特别而独立的精神——尤其在侨寓聚落中。在这些家族的、文化的以及类族群(quasi-ethnic)的区分以外,还有在不同地方制度层级参与者中的从属性区分(affiliational distinctions)。

此类碎裂中有许多都一定不是新的。正如我们在第二章中看到的那样,襄阳的人口在五世纪初就已经极端多元和混杂,而侨民群体的基础已经奠定。然而这是来自政治凝聚力尚可的较早时期的证据,首先在刘道产管治时期,接着在450年代对于刘骏政权的回应中则更为清晰。但是,465—466年的内战中,襄阳人的抉择明确地告诉我们——并经曹景宗在483年的行为进一步确认——人们最强大的认同其实存在于他们和自己的王朝护主之间,那是职业发展(career advancement)、财富和威望的最可能来源。这些纵向的从属脉络似乎加重了本土社会中已经显现出的碎化趋势。在荫护机制中的成功是一个解决方案,可以削弱该地区在政治上较为隔绝的时候所能够形成的那种脆弱的本土关系纽带。

第四章 巅峰（500—530）
ZENITH, 500-530

到五世纪末，襄阳地区对于南朝的军事意义已经比一个世纪前重大得多。尽管这令当地人可以有机会去成为宗王的掾属、和建康精英建立联系以及偶尔获得大量的财富和地位，他们依然是相对边缘化的。不论是本土军事家庭，还是来自北方的徙民，都不是特别显达(well established)的，也没有与朝廷有很好的联系。唯一的例外是柳世隆和他的儿子们，他们搬去了京师，而他们在当地社会中所扮演的角色很可能是相当有限的。尽管如此，潜在继位者之间的内战对皇帝所构成的常年威胁(perennial threat)总是向能够在正确的时间支持正确候选人的人许诺极好的职业前景。

一连串偶然事件的组合在498年把萧衍（464—549）带到了襄阳，并令他在此后不到四年的时间内成为梁武帝。萧衍从襄阳地区带了一帮从一开始就支持他政变的亲随部曲回朝；他们获得了宝贵的封邑、高级的官位以及州郡军事指挥体制内的实权职位。结果是，许多来自襄阳的人从仅具乡望(mere provincial respectability)一跃而至王朝体系中既有财富又有权势的位置上。就像两个世代之前的柳元景一样，他们新得到的资源让他们能够建起令人印象深刻的产业，发展出层级更高的社交网络，并让他们的后人可以和当朝权贵一起接受教育。但是事实证明，这样的转变并不容易；我们只知道一位当地人充分利用了这种机遇，至于另外六个人，则没有足够的历史记录显示他们下一代人的成功。

萧衍对于襄阳地区的依赖还意味着该地区将获得更多的王朝赠予

(imperial largesse)。最令人印象深刻且记录详实的是523—530年的这段时期,此时有大型文学沙龙(extensive literary salon)环绕着萧衍第三子——晋安王萧纲——来到襄阳。显赫的京师文学群体想要利用朝廷的权力给襄阳地区来一场文化转化(cultural transformation),尤其是通过佛教机构的荫护。尽管他们的努力或许因为能带来利益而受到一些本土家族的欢迎,但其他人就显得没那么亲切了,而且其政策的整体效果在很大程度上而言是流于表面的。这种关系的政治和文化张力在本土学问、墓葬、诗歌以及本土节庆记录的集合中显而易见。

萧衍异乎寻常之长的在位时间延长了当地人在王朝事务中的影响,但他们的参与也被证明是相当短暂的。与此同时,襄阳城的真正权力通过萧衍后代所制定的、更以平民百姓为依归(civilian-oriented)的募聘政策,转向那些在萧衍政变中被"落下"的人。这些本土人监管着襄阳城的操作,招募他们自己的荫护关系网络组成小型战队(small fighting bands),并为了自己的利益而捍卫该地区的稳定和繁荣。他们的故事将在第五章中提到;在本章中,我们将继续集中讨论在梁朝早期的数十年间,襄阳的力量和影响。

萧衍集结"襄阳派系"
XIAO YAN ASSEMBLES THE "XIANGYANG CLIQUE"

萧衍在498年秋被任命为襄阳城的首领(指雍州刺史)。在接下来的几年中,在他身边集结的核心人物将在王朝体制中扮演重要角色长达两个世代之久,所以这种早期支持者集团的性质值得我们更仔细地加以审视。最显而易见的是,该群体成员的出身十分混杂。尽管它被认为是主要由襄阳人组成①,但核心的襄阳派系(Xiangyang clique)其实是襄阳本土人和以前就认识萧衍并从其他地方追随他到襄阳赴任的人

---

① 张灿辉:《雍州势力与梁代政治》,《文史》2001年第3期,第81—83页。

混合组成。然而,到萧衍夺位之时,他已经把起初的拥护者群体扩大,并另外增加了两个重要的群体:一个来自江陵的集团,包括一些襄阳土著;以及一个庞大许多的、由朝廷重臣组成的集团,包括柳世隆的几个儿子,他们在关键时刻选择支持萧衍。换言之,就政变的过程及其结果看来,与其说萧衍集团内部存在着一个与襄阳全社会(integral society)认同的最高领导层,倒不如说是一个依附于萧衍的个人集团,而对于萧衍来说,襄阳是早期策源地(early staging area),并为他(的集团)提供了几位重要的成员。

萧衍是南齐皇室的远亲,是萧鸾和萧赜的同五世祖族兄弟(fourth cousin,据《梁书·武帝纪》,萧衍之父萧顺之是萧道成的族弟,如按《尔雅·释亲》以族兄弟为同高祖父/四世祖兄弟,则萧衍与萧鸾等确为同五世祖兄弟)。他曾在宗王们手下历任微职,其中最重要的就是在相对和平的永明年间(483—493)任竟陵王萧子良侍从("起家巴陵王南中郎法曹行参军,迁卫将军王俭东阁祭酒。……竟陵王子良开西邸,招文学,高祖与沈约、谢朓、王融、萧琛、范云、任昉、陆倕等并游焉,号曰八友。……累迁随王镇西谘议参军,寻以皇考艰去职。")。萧子良曾在身边聚集了一帮有影响力的朝臣,他们对于齐末梁初时期京师的文化生活产生了巨大影响①。萧衍迁至萧子良之弟随王萧子隆麾下任职,于493年驻于江陵,并由此躲过了萧鸾对萧子良及许多其他朝贵的可怕屠戮。局势明朗之后,萧衍就和许多其他人一样去为萧鸾政权服务,在其长子及明显的继承人晋安王萧宝义属下供职。他曾于495年在司州和北魏军队作战,之后被调至崔慧景麾下,参与497年的雍州防卫战。在他们于498年春在邓城战败后,萧衍于秋天被任命为雍州刺史。

---

① 这个团体的核心被称为"八友",萧衍即其中之一,但这个名号也很可能是后来才有的,目的是为了和更早时期(尤其是后汉时期)以"八"为单位的群体关联起来,以更添萧衍的声誉。不论如何,萧子良手下远不止八位荫客。参见[美]Richard Mather(马瑞志), *The Age of Eternal Brilliance: Three Lyric Poets of the Yung-ming era (483 - 493)* (Leiden: Brill Academic Publishers, 2003).

《梁书》中的萧衍传记试图去强调他在这些战役中的军事英勇,但有一些原因促使我们对此表示怀疑。他的官方传记中有一则关于他在邓城防御战中的英雄故事,但在《南齐书·崔慧景传》中却几乎没有提到他参与是次战役,而他在传中的职官也不是军事指挥官,而是皇位继承人的属官。根据这一版本,当北魏军队逼近邓城的时候,"慧景等蓐食轻行,皆有饥惧之色"。没有提到任何人曾做出英雄事迹①。更能揭示真相的是一个不容置疑的事实(indisputable fact),即当南朝军队展开他们最为重要的反击——499年春的马圈城之战,军队是由陈显达和崔慧景统领。当时萧衍尽管已经成为雍州刺史和区域军事首长,且根据职权,本应由他统领此战,但却甚至连他参与其中的记录都没有②。如果他真的曾在498年(译者按:原文作498年,但据文意,应当指499年的马圈城之战)的战役中展现其军事英勇,并因此获得刺史官衔,那么人们将期待他参与到后续的努力中。而事实上他并没有,这告诉我们,萧衍和他顶级职位(指雍州刺史衔)的许多前任一样,并没有被视作军事领袖;他可以被拿来和王奂作对比,后者作为没有什么军事经验的朝廷高官,在几年前掌管襄阳城的时候遭遇了许多困难。

还有一点与其前任襄阳指挥官之轨迹相似的是,萧衍带了一帮近臣去出谋划策,帮助他管理城戍。其中最重要的是比他年长九岁的从舅张弘策(455—502),从萧衍年少时,张弘策就是他的导师和伙伴。其他人都出身显贵的朝宦世家,他们和萧氏皇族打了数十年的交道,例如王茂(457—516),出身自显赫的太原王氏,自495年开始就为萧衍服务,并被任命为萧衍的最高军事副官(雍州长史)和襄阳太守。一些出身地方军事家庭的寒人同样发展出与萧衍的荫护关系;这当中包括了吕僧

---

① 参见《南齐书》卷五一《崔慧景传》,第873—874页,并和《梁书》卷一《武帝纪上》第2—3页对比。

② 《南齐书》卷二六《陈显达传》,第491页;《南齐书》卷五七《魏虏传》,第996—997页;《魏书》卷七下《孝文帝纪》,第185页;《资治通鉴》卷一四二《齐纪八》"东昏侯永元元年",第4433—4438页。

珍(453—511)和郑绍叔(462—507),他们二人都像王茂一样,在萧衍观察早前的军事战役时给他留下了深刻的印象。他们被邀请追随萧衍去往襄阳,并在他属下任职,吕僧珍任他的中兵参军(retainer for his central military forces),郑绍叔则是宁蛮校尉府内的高级官员(译者按:top official in the Man Pacification office,宁蛮长史、扶风太守)①。这些外围高等指挥层级的任命得到了一些来自本土的补充。有一则传记为我们讲述了萧衍抵达襄阳后招聘当地才俊以充实自己行政架构的故事。根据当中的记载,萧衍召唤了杜恽——他是相对受过良好教育的北方侨寓家族中京兆集团中的一员——并请他推荐一些合适的人选。而杜恽推荐的第一个人,柳庆远(458—515),就是柳元景的侄子,也是柳世隆的从弟;他曾在京师任官(可能就在那里长大),但当时已经回到了他的出生地,任襄阳太守。根据史传记载,萧衍曾笑曰:"文和(柳庆远字文和)吾已知之,所问未知者耳。"②柳庆远被辟为别驾从事史(lieutenant inspector),这是雍州刺史属下处理民政的第二高官。杜恽姨兄韦叡(441—520)的长子韦放(474—533)被授予主簿(the civilian office of recorder)一职,这无疑也是因为杜恽的推荐,但此举同时也是为了协助取得韦放那位有影响力的父亲的效忠③。

然而,萧衍将建立的最重要的本土联系是和曹景宗(456—508)之间的。曹景宗在当地城戍中一直是领袖人物,即便是在他于483年抚绥因张敬儿被处死而引起的涛浪中扮演重要角色之前,就已经如此。他那庞大的家族,包括至少九名弟弟,一直保持着军事上的英勇及拥有

---

① 《梁书》卷九《王茂传》,第175—177页;《梁书》卷一一《张弘策传》,第205—214页。

② 《梁书》卷九《柳庆远传》,第182—184页;《南史》卷三八《柳元景传附柳庆远传》,第991—992页。柳庆远的职业生涯从郢州民政官员开始,但后来他担任了中央朝廷的几个官职,包括大司马的掾属,当时任大司马的最有可能是豫章王萧嶷,皇帝的弟弟,于487—492年任大司马,相当有权势。换言之,柳庆远在朝中有着很体面的关系,这也是他为萧衍所知的原因。

③ 《梁书》卷二八《韦放传》,第423页。

与王朝体制之间的紧密度高于平均水平的关系(better-than-average links to the imperial system)的声名。当时已经四十出头的曹景宗已在此前的数年中积极效命于襄阳戍务,但却遭到陈显达的轻视,并一直停留在地方职位上。他和萧衍成为了亲密的伙伴,而萧衍是曹景宗位于城西的府上的常客①。对于萧衍的成功而言,获得曹景宗的信任是至关紧要的,因为曹景宗拥有经验、威望以及在普通城戍士族中的影响,这足以把他们聚集在一起并加入萧衍麾下。

萧衍所得到的本土支持的另一来源是外围郡守们,他们各自控制着一支可观的郡兵部队,但他们的出身背景全不相干。韦叡——也就是韦放的父亲——时为上庸太守。根据他的传记,他当年求任此职就是因为他在多故动荡的岁月中"不欲远乡里";而到任之后,"西土人谋之于叡"②。考虑到韦叡之后职业生涯的显赫,这则记载无疑是经历了一些润色的,但同样无可置疑的是,萧衍很高兴见到他带去的两千军士和两百战马。柳惔(461—507)是柳世隆的次子,时任梁、秦二州刺史,尽管他完全在建康成长,且仕历以朝官为主;他或许也发现了,当朝廷生涯格外危险和不可预测的时候,在远离京师的地方任职是明智的。相较而言,康绚(462—517)有着一个相当不一样的出身背景;虽然他年轻时曾在京师呆过一段时间,他的家族世代掌控着华山郡——那几乎是他们的私属封邑,而他也已经在彼统治多年。他带了三千军士和二百五十匹战马去支持萧衍的起义,那是一个很大的贡献。其他有侨寓背景的当地武人——诸如昌义之(死于523年)和冯道根(463—520)——只不过是城戍将官,其家族远没有康氏富贵繁荣③。

萧衍还开发出了另一条与襄阳地区之间意义重大的个人关系纽带。他的第一任妻子在他们抵达襄阳后不久去世;她为萧衍育有三女,

---

① 《梁书》卷九《曹景宗传》,第178—181页。
② 《梁书》卷一二《韦叡传》,第221页(译者按:"不欲远乡里"语在页220末)。
③ 《梁书》卷一二《柳惔传》,第217—219页;《梁书》卷一八《冯道根传》及《康绚传》《昌义之传》,第286—293页。

但无一子(尽管他收继了一个)。在她死后,他接受了一位媒人的建议,娶了一位十四岁的当地女子为妾。他是丁仲迁的女儿,关于其父我们基本上一无所知;没有其他丁氏家族成员在历史文献中被记录下来①。这强烈地向我们提示着,她的家族没有任何成员取得高级地位或有在朝官层级中的职位;他们或许是当地商人,或来自军事城戍的高级将士。萧衍这种与一位不具备地方名望的少女建立此种关系纽带的不正常的决定,或许为他确保地方支持基础(local support base)提供了帮助。到501年初,她怀上了萧衍的第一个儿子(并最终成为继承人)。

没有太多其他因素可能将这些混杂的人聚集在一起。除了张弘策以外,萧衍集团的人都是在此前不久与他建立了个人关系,没有人早于他在襄阳任职前几年。他们的家庭背景从声名显赫到寂寂无闻,他们的出生地散布在南朝的地图上,他们的职业轨迹也是极为多样化。即使是在襄阳根深蒂固的人也来自不同的亚群体:已经移居京师的家族,比如柳氏;来自诸如韦氏和康氏这类侨寓亚群体的地方权贵;以及像曹敬宗这样在中央戍卫中扮演重要角色的本土士人。在萧衍集团的众人中,最为显著的共同点就是他们的年龄:在公元500年的时候,除了年龄稍大的韦叡和他年幼的子嗣,所有其他人都在三十六岁(萧衍自己)和四十七岁(吕僧珍)之间。换言之,他们都出生于刘骏政权,并在470年代末至490年代初成年,那是一个相对和平的时期,萧道成建立了他的齐朝,并相当顺利地将他的荫护关系网络传给了他的儿子萧赜。他们是正处于自身职业生涯巅峰的一代人,而他们显然打算创一番功业(make something of themselves)。

---

① 《梁书》卷七《高祖丁贵嫔传》,第160页。

"江陵派系"与建康政变
THE "JIANGLING CLIQUE" AND THE JIANKANG COUP

襄阳不是唯一在为武装冲突做准备的地方城戍。其他地区已经发生了一些企图推翻萧宝卷政权的失败尝试。在江陵,军事和民事官员也在为预期中的内战做准备,而他们的努力与萧衍及其在襄阳的新生组织的活动有着显著的相似之处。事实证明,这两个团体的最终结合对于他们政变的成功非常重要,而这两个派系,加上建康精英,组成了支持萧衍最终登上王位的鼎足之势。

然而,没有理由认为最初萧衍集团将在反抗当时皇帝的战斗中发挥主导作用。实际上,萧衍甚至还不是他自己集团的领导者;他还得服从他的兄长萧懿,后者担任非常高级的中朝职位——尚书令(Director of State Affairs)。当萧懿在位于汉水和长江汇合处的郢城的时候,萧衍派出了他最信任的知己张弘策去商讨起义的前景,但萧懿并不愿参与。他们的两个弟弟萧伟(475—533)和萧憺(477—522)此时从京师来到襄阳,这在很大程度上令萧衍感到放心;史书记载,他当时说"我现在不用担心",因为这意味着他的弟弟们已经安全地远离京师,不会受伤害。也许更重要的是,他们是萧衍可以完全信任、任军事指挥职位的人。萧宝卷和他的部下很快就对萧衍兄弟起了疑心,并在500年初冬杀害了萧懿。这对于萧宝卷一方来说是一个重大的战术失误,因为此举令萧衍成为幸存的兄弟几人之长,而他很快就在500—501年的仲冬时节宣布他要起义对抗皇帝的意图①。

不论萧衍集团在襄阳有多么野心勃勃,他们还无法靠自己的力量

---

① 《梁书》卷一《武帝纪上》,第4页。在萧衍自己的政权所修正史中,萧懿之死归咎于萧宝卷的近臣,这显然不是什么公正的史料来源。其他人也可能有责任;事实上,萧衍自己也有铲除兄长的动机。

集结足够军力来策划一场成功的政变。当时仍然有着来自洛阳的潜在的严重威胁,因此必须留下一个重要的后卫镇守襄阳才能确保该地区的忠诚,并预防北方政权利用南方军队和资源的分散而趁机来犯。结果,他们无法承担得起一路顺游攻城略地打到建康的消耗;他们需要盟友。而最具有战略意义的盟友就是江陵的戍卫部队。

江陵城沿着与襄阳类似的路线发展,但它不在北部边境,且民政相较于军事而言占更多的比重。当时它名义上由萧宝卷年仅十二岁的弟弟南康王萧宝融(488—502)统领(《南齐书·和帝纪》载:"永元元年(499),改封南康王,为持节、督荆雍益宁梁南北秦七州军事、西中郎将、荆州刺史。"),但他只是一个有名无实的领袖,因为他太年轻,以至于无法在军事行动中发挥有效作用。相反,主要参与者是他在江陵的一众军事与民政掾属,他们被征辟起用的背景几乎和在襄阳的那群人同样复杂多样。其中最关键的是有长期在朝经验、后来随萧宝融到镇的人,例如夏侯详(433—507),一个与萧鸾及其诸子有长期关联的长者;或柳忱(470—511),柳世隆的另一个儿子,他在朝廷长大,并曾于随萧宝融到襄阳(译者按:此处应为江陵,《梁书·柳惔传附弟忱传》记其"起家为司徒行参军,累迁太子中舍人,西中郎主簿,功曹史",按当时的西中郎将即荆州刺史萧宝融,故柳忱作为西中郎将府属官,应随往江陵而非襄阳)。之前在几位宗王属下效命。然而,到目前为止,最关键的人物是萧颖胄(461—501),一位前雍州刺史萧赤斧之子,而且和萧衍一样,是当时已经去世的萧鸾的远房兄弟(同四世祖兄弟族兄弟)。而且萧颖胄也像萧衍一样年届四十,在朝中长大,与萧赜(也是他的同四世祖兄弟)关系密切,并曾在多位宗王属下效劳,包括五世纪九十年代初期的竟陵王萧子良。作为萧宝融的军政长官(西中郎将府长史)和南郡太守,他打着萧宝融的旗号招募本土士人①。

---

① 《梁书》卷十《萧颖达传》《夏侯详传》,第 187—193 页;《梁书》卷一二《柳惔传》,第 217—219 页。

从我们的角度看来,萧颖胄的"江陵派系"中有两个群体脱颖而出:以军事背景为主的人,和来自南阳侨寓聚落的人。在将领之中,大多数统领人物都有军事服役的家庭传统,并在襄阳地区有一定的根基。例如,席阐文(死于503年)出身于一个来自安定郡的侨寓家庭,他们定居在襄阳西南的山中。他曾在襄阳于萧颖胄之父麾下效力,并在五世纪八十年代作为荫客随其子萧颖胄往镇江陵。杨公则(444—505)的背景与此相似:划属位于汉水沿岸、宜城(译者按:此处是用现代地名,当时应属华山郡)东南的天水郡(南天水郡),他于五世纪八十年代后期在陈显达麾下任将军和城守职位(宁朔将军、扶风太守),于490年被派往江陵平乱(荆州刺史、巴东王萧子响构乱),并留在当地任郡守("事平,迁武宁太守")。蔡道恭(死于504年)是蔡那众多子嗣中的一位,在他于497年随装叔业往兖州并获萧宝融选中随往江陵之前,一度困在襄阳地方的职位上日渐消沉(languishing)。并不是所有的江陵将领都与襄阳有渊源:邓元起(458—506)来自江陵西北地区(南郡当阳人),并从郢州任上(平南中兵参军事)被带往萧颖胄的阵营。不过他也曾在襄阳地区任官(武宁太守);西土(western regions)武人常常在各方指挥之下流动,而襄阳作为抵御北方的边塞,已经经历了比它所应面对更多的主动作战①。

相较而言,江陵的民政官员被前一章提到的有教育背景的、来自南阳侨民聚落的人所支配着。尽管所有人都声称拥有在更广襄阳区域内的遥远祖源,但实际上他们都是在江陵社会中出生和被抚养长大。这一团体中有三位关键人物,分别是宗夬(456—504)、刘坦(442—504)以及乐蔼,他们都曾在南齐宗室成员属下任高级官员。例如宗夬,在五世纪九十年代早期曾是萧子良所召集的京师沙龙中的其中一位文学人物;而乐蔼曾于490年江陵的一次叛变后成为南齐武帝萧赜的顾问,并从此辅助重建荆州行政。在正史传记中,他们之所以能获署理荆州政

---

① 《梁书》卷十《蔡道恭传》《杨公则传》《邓元起传》,第193—201页;《梁书》卷一二《柳惔传附柳忱传》,第219页。

务并在萧宝融军府中效力,都归功于萧颖胄,他们也由此得以在策划起义推翻萧宝卷一事上发挥重要的战略作用。他们或许还扮演了一个直接供应物资的角色,例如宗夬和他的家族据史传记载曾为义军贡献了谷二千斛、牛两头①。

两大派系都包含多元化的人群,而这些人主要是渴望通过扶持本集团核心人物上位从而谋求高级官爵,并受此驱使。整体而言,江陵派系与王室及建康朝廷之间的联系要好得多;但立足军事而言,襄阳派系更富经验,也有更妥善的准备。这一问题在一则有关席阐文的传记中突显出来,其中他和柳忱一同说服萧颖胄投向萧衍的襄阳集团而不是与之对抗。席阐文的中心论点在于,萧衍已经为战斗做好了准备,而"江陵素畏襄阳人",这是襄阳将领在当时所具威望的体现②。江陵派系中有众多将领与襄阳有渊源的这一事实想必不会令人太安心,因为他们有可能经由昔日的个人关系纽带而"被倒戈"往另一方。

襄阳派系与江陵派系之间的统一战线在与萧宝卷政权的对抗中显得颇为有效。江陵派系提供了(起义的)正当性和当朝事务中的专业知识;而襄阳派系则提供了大部分的攻击部队。萧宝融成为联盟的名义领袖,并在宣德太后(萧宝融的再从兄(按原文作"first cousin"意为从兄弟,但其实萧鸾为萧道成之侄,萧长懋与萧宝融不同祖父,只是同曾祖兄弟即再从兄弟,当为"second cousin")文惠太子萧长懋的遗孀)的合谋下,获封相国。他很快封萧衍为征东将军;萧衍的大军在501年仲春挺进至关重要的接合点郢城,与杨公则、邓元起所率领的江陵军队会师,并开始围城(参见图4-1)。次月,萧宝融即帝位,他在江陵的官署号为"西

---

① 《梁书》卷十九《宗夬传》,第299—304页(译者按:此注为宗夬等三人传记,但宗夬献谷、牛事在《南齐书》卷三八《萧赤斧传附子颖胄传》)。

② 《梁书》卷十《萧颖达传》,第187页;《梁书》卷一二《席阐文传》,第219页;《南史》卷五五《席阐文传》,第1358页(译者按:原注为卷三五、第1558页,应有讹误。《南史·席阐文传》在卷五五,第1358页)。实际上同样的话也被用在萧衍自己身上,参见《梁书》卷一《武帝纪》,第4页。

台"(Western Court),建元中兴。伴随着这些举动的是所有参与者官衔的大规模晋升,最高级别的王朝官衔属于和萧宝融、萧颖胄最亲近的人①。

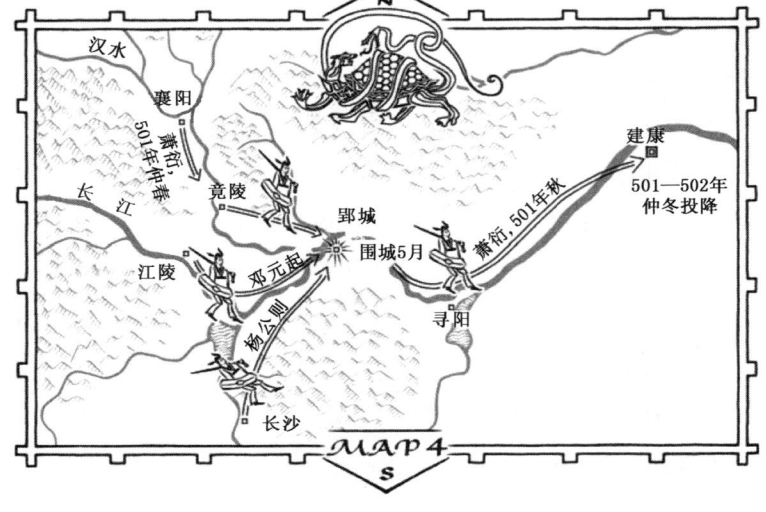

图 4-1 萧衍行军图(501年)

在王朝历史的后见之明(hindsight)以及近来的叙述中,这两个派系的结合被描绘为萧衍藉以获得合法性的政治宣传,以此消减在自己僭位前废黜萧宝卷的负面影响。然而,当时江陵派系肯定没有想到会有如此结果。就出身、人脉以及成功建立拥护者联盟等方面而言,萧颖胄都不逊于萧衍。而他与年轻新主的亲近关系也令他处在能够控制南齐王室命运的有利位置上;他或许想过在将来的某个时候为自己设计一场谋朝篡位。江陵派系的其他成员与萧衍并不相近,也不能指望在萧衍领导的政权下能像在萧颖胄手下混得一样好。如果假设他们想要令西土政权保持着对王座的控制,那将是最合理不过的了。而这意味着两大派系中的人必定会预见到,一旦萧衍和萧颖胄他们眼前的目标达成,他们之间会有一场潜在的毁灭性竞争,并会相应地将两派中人置于飘摇

---

① 《梁书》卷一《武帝纪上》,第9页。

的危险处境之中。

即使这两个强大的集团联合在一起,针对萧宝卷的政变也无法预测,难以保证顺利。郢城位于通往京师的必经之路,在忠于萧宝卷的人手上维持了几个月,一些西部联盟的人就因为担心起义会因久攻不下失去势头而开始非议萧衍的围攻战略。然而,在建康派来上游的援军遭到决定性的惨败之后,郢城于初秋陷落,而萧衍及其军队——主要由王茂和曹景宗统率——迅速顺流而下,缘路结盟。此时,能否迅速终结冲突的关键在于是否能够得到一派重要的京师精英的支持。幸运的是,萧衍在朝中有一群于当年萧子良的文学沙龙中结识的显贵朋友和拥护者,包括像沈约、范云、任昉这种备受尊崇的饱学之士,以及柳世隆无所不在的诸子中的两位。萧衍的人脉无疑是重要的,但京师文士也长期表现出对于王位候选人不加选择地接受,只要他们能给予相对的安全和大量的荫护职位。到仲冬时节,拱卫建康的主要城池都已经投降,而京师的大门也已敞开;皇宫被占领,萧宝卷于岁末被处死①。

消灭萧宝卷这一举动立刻扯紧了襄阳、江陵两大派系间权宜之盟的一根弦。尽管萧衍指挥着实际上攻下京师的军队,但整场战争都是在萧宝融的名义下进行,而他在江陵的拥护者很可能会抗拒萧衍的任何篡位企图。结果,此时的权位之争聚焦在西土的"后卫"军队上。有两个关键因素令萧衍占据优势。首先,在他两位弟弟萧伟和萧憺的支持下,襄阳城固若金汤,且比较不会遭受攻击。相对而言,江陵城则面临着上游巴东地区叛乱的直接威胁,这需要分散大量的注意力和资源。其次,也是更为关键的,江陵派系的核心领袖萧颖胄于 501—502 年暮冬死于江陵,那正是萧衍的军队占据京师的时候。在正史中,他的死亡被说成是因为面临巴东侵袭的压力导致忧虑感气(nervousness),但萧颖胄年方四十,也不是第一次面临此种压力。他如此巧合的死亡并不像是

---

① 《梁书》卷一《武帝纪》,第 10—13 页。

一个巧合①(译者按:《南齐书》卷三八《萧赤斧传附子颖胄传》记萧颖胄临终遗表曰:"臣疹患数日,不谓便至困笃,气息绵微,待尽而已。臣虽庸薄,忝籍葭莩,过受先朝殊常之眷,循宠砺心,誓生以死。属皇业中否,天地分崩,总率诸侯,翼奉明圣。赖社稷灵长,大明在运,故兵之所临,无思不服。今四海垂平,干戈行戢,方希陪翠华,奉法驾,反东都,观旧物。不幸遘疾,奄辞明世,怀此深恨,永结泉壤。窃惟王业至重,万机甚大,登之实难,守之未易。陛下富于春秋,当远寻祖宗创业艰难,殷鉴季末颠覆厥绪,思所以念始图终,康此兆庶。征东大将军臣衍,元勋上德,光赞天下,陛下垂拱仰成,则风流日化,臣虽万没,无所遗恨。"如果是被害身亡,似不应有暇为此遗表;但表末独荐萧衍,却也令人生疑)。

随着萧颖胄之死,江陵集团失去了凝聚力,并很快被吸纳至萧衍麾下。夏侯详带领着剩余的江陵行政体系向萧伟投诚,后者派萧憺去接管江陵的直接控制权。萧宝融被带往建康,以便在暮春进行禅位于萧衍的操作;萧衍登基为梁武帝,改元天监。他的追随者开始执行那可怕但到此时已经被广泛接受的操作,即对可能成为问题的前朝男性亲属展开杀戮,包括萧宝卷的所有兄弟以及萧鸾的几个年幼的儿子。可怜的萧宝融年方十四岁,就在他逊位的次月被害②。

在京师的襄阳人
XIANGYANG MEN AT THE CAPITAL

在萧衍统治的最初几年里,他那特殊的个人荫护网络金字塔迅速

---

① 《南齐书》卷三八《萧赤斧传附萧颖胄传》,第 673 页。
② 《梁书》卷一《武帝纪上》,第 25–34 页;Lance Eccles, "The Seizure of the Mandate: Establishment of the Legitimacy of the Liang Dynasty (502–557)," *Journal of Asian History* 23, no. 2 (1989): 169–180. Mather, *Shen Yueh*, 126–130.当中谈到沈约因为建议处死萧宝卷而感到内疚,但事实上他认为不得不这么做,这只能说明这在当时是一个多么被普遍采纳的做法。

发展成为一张巨大而复杂的关系网,连结着出身背景非常多样化的人们,而这张关系网又通过赏赐有价值的世袭封邑和高级且非常有利可图的(remunerative)王朝官位而进一步层级化(stratified)。襄阳、江陵和建康派系之间的原始划分(initial division)有一定的持久力(staying power,指三方人物维持各自为营的派系状态)(正如姚思廉通过《梁书》编纂体例所证明的那样①),而一旦萧衍即位之后,这些集团中的人就被混合在一起,派往不同的机构和地方指挥岗位,而上述关系网络的结构就变得愈加复杂。历史文献中几乎没有识别出在这些王朝行政中下层级中的关键性关系。然而,我们可以重绘出来自襄阳的人到底是如何利用他们新获得的财富、显赫地位和人脉,并由此了解(gain some sense of)这次政变对于他们人生的影响。

　　与萧衍为伍的人们所获得的最直接的奖赏是一个贵族头衔以及一块食邑,而这与高级官位不同,可以为后代所世袭,并作为安逸与地位的永久基础。有十八人获得了公侯头衔与大量封邑,至少可享有一千户的税收收入。在这个精英集团中,最大的两份奖赏分别给予萧颖胄(死后追赠)和夏侯详;在他们之下,是参与了下游战役的襄阳和江陵派系中的人(各有七人和三人),以及在萧衍初抵建康时就表示拥护的人(六人)。在这十八人中,只有三人在襄阳根深蒂固:曹景宗、柳庆远以及杨公则(尽管在政变开始的时候他人在江陵)。襄阳土著主要出现在较低层级中,他们获得了较逊色的名衔,以及数百户的封邑,这当中包括蔡道恭、席阐文、韦叡、康绚、昌义之和冯道根②。这种分配显示出,多数襄阳

---

　　① 襄阳派系的人物事迹主要在《梁书》卷九和卷一一,卷一八中的军人就少一些;江陵派系则以卷一〇为主,南阳聚落的人在卷一九;建康的人则在卷一三至一六,在朝的军人则见于卷一七。卷一二则是混合的,主要是韦叡及其亲属(来自襄阳)、席阐文(在江陵)和柳世隆其中的三个儿子(三个派系均有)。

　　② 所有这些封邑都在参与者各自的传记中被提到,参见前注。我没有把柳世隆的儿子们算作襄阳人,因为他们基本上已经搬去了京师。他们设法让己方兼在全部三大派系中,并非常漂亮地从中获益。

人都缺乏在萧衍登基后获得最大封赏的筹码,而他们的忠诚和服务比当朝高官的要廉价,而后者对实际战斗所作出的贡献却反而微乎其微。

襄阳人所得到的官职也有这些问题。中央朝廷的最高官位预留给王室宗亲或历史悠久的当朝世族。来自西土的人们全部被派往地方州郡,任军事统帅或郡守,这些职位俸厚位尊,但同时承担着实质的指挥权和对个人而言的风险。许多来自襄阳的人没有被派驻回原籍,而是去往淮河流域的豫州和徐州,而他们很快就于503—504年密切参与到萧衍政权面对北魏政权侵略的防卫战与在接下来的几年中他们自己组织的反击战中。他们参与这些战役的结果,或是丧命(如席阐文、蔡道恭和杨公则),或是更加荣华富贵,并相应获得食邑收入的增加(如曹景宗、昌义之、冯道根,尤其是韦叡)。

当这些人不在地方州郡承担王朝役务的时候,他们间歇性地居住在京师,而随着厚禄官职和贵族头衔而来的财富和体面(respectability)很快被输送到了他们在建康的产业开发上。韦叡在京师的宅邸大到足够供其整个家族居住,包括他的四个儿子、几个侄子以及他们的全部孙辈①。我们知道曹景宗拥有至少三处宅邸:他在襄阳城西的故居;当他出任郢州刺史时(502—505)在夏口的大宅;以及一座位于建康的大庄园,那儿有狩猎场、妓妾数百,以及各种意义上的奢华②。

然而,融入建康社会的历程却要曲折得多。现存有关曹景宗的传记特别向我们展示了他的行为准则(code of behavior)和朝廷心目中的恰当做法之间的显著分裂(striking disjuncture)。例如,尽管曹景宗受过教育,但他被形容为一个草率的学者(sloppy scholar),过于自傲而不愿向别人请教书法,反而径自为自己生造新字。他的传记格外批判他在控制下属问题上的失败,而一些其他来自襄阳的人是因为善于统御下

---

① 《梁书》卷一二《韦叡传》,第225页;《南史》卷五八《韦叡传》,第1430页。
② 《太平御览》卷一八〇《居处部八·宅》,第878页;《梁书》卷九《曹景宗传》,第179、181页。

属而得到赞扬的。据说曹景宗的下属在501年顺流而下来到京师的时候,曾抢夺财物、冒犯妇女;而他们前几年在郢州指挥任上的时候就已经四处欺压、作风腐败(oppressive and corrupt)。而曹景宗也被描述成具有这些特征:他聚敛自肥,而且在504—507的战役中,他有几次没能及时支援属下将领。作为统帅,他缺乏纪律,这和他在京师时的放荡行为有关,据说他在那里表现出对酒色燕乐的惊人欲求。他在自己的京师府邸召集宴会,当中涉及淫行以及一些狂野斯唤以驱逐恶灵的活动,而当时的宾客显然并不理解。曹景宗的酗酒也导致他在朝典上举止失仪;所幸萧衍对老朋友善良容忍,并不和他计较①。

曹景宗是梁初襄阳武人中最显贵、富有的一位,远胜其余,而人们怀疑他成了一支在京师倨傲文人之间流传负面故事的避雷针(lightning rod,指成为众矢之的)。其他襄阳人的传记和曹景宗的形成鲜明对比,较短、较不绘声绘色,也相应地较不那么具有批判色彩;然而,他们普遍未受教育及以军事为主的(martial-oriented)文化根源总是被注意到。比如昌义之,史书说他"所识不过十字",但依然因能让部下保持忠心规矩而受到赞扬。冯道根,被沈约称"大树将军",以前同样没有机会学习,只粗读过一些书("微时不学,既贵,粗读弓,自谓少文");他也因为赢得军士的忠心和驾驭部下的能力,以及简单质朴的生活方式(plain and frugal lifestyle)而获得赞扬。康绚因高大和仪表堂堂而被注意,而且"虽居显官(illustrious official),仍习武艺";他和萧衍的亲密关系可以从他俩的一场宫廷骑射比赛得到证明,而康绚表现出色。杨公则是这群人中的例外,他因为好学而被称道,且"手不辍卷"②。

---

① 《梁书》卷九《曹景宗传》,第178—181页;《南史》卷五五《曹景宗传》,第1353—1357页。

② 《梁书》卷一八《昌义之传》,第293页(译者按:此注指向《梁书·昌义之传》,但原文提到其"所识不过十字"及"为将能得人死力"等事《梁书》并不载,而是记在《南史》卷五五的《昌义之传》,第1376页),第288—289、291页;《梁书》卷十《杨公则传》,第197页。

这些传记中没有什么证据显示襄阳人曾把社交网络或其他特权传给家族成员。例如曹景宗九兄弟中的几位就是地方将领或襄阳区域佐官,而这些职位与他们靠自己能谋求的官职并没有太显著的差别①。这些人的继承人中没有一个拥有正史传记;即使是曹景宗的儿子曹皎,他理应继承了广大的产业、高级贵族头衔以及二千户的丰厚食邑,但是却甚至没能为自己买到一个值得被史书记录下来的声名,遑论靠实力获得了。换言之,因跟随萧衍而一跃成为当朝显贵的襄阳人,并未能够设法令他们的后代以一种能获得书写王朝历史的朝中文人尊敬的方式成长。

这一模式中的例外是韦叡,他像上一辈的柳世隆一样,能够充分利用自己在建康新获得的财富和威望。据史书记载,他在建康时投入了大量时间和资源去安排自己的后代接受经典教育。他的两位年长的儿子亲身参与了501—502年的政变:他的长子韦放是下游战役中的一员,而他的次子韦正留守于萧伟的地方行政中。二人很快都在京师担任入门级别的朝官,比如尚书郎(court gentlemen for the imperial secretariat);韦放很快成为了萧衍第三子萧纲的私人掾属。他们还和当朝显宦世族成员发展出良好的关系,例如韦放就和张率(吴郡张氏)关系非常亲密,后者也是萧纲的掾属之一,韦、张二人甚至结为子女姻亲。与此同时,韦叡较为年幼的两个儿子韦棱和韦黯尤以其经学、史学和佛学材料方面的学术成就而著名。韦放的长子韦粲(495—549)也步其父亲的后尘,从萧纲的掾属开始当官,并在其属下效劳了超过二十年②。

韦叡在为后代铺路方面的成功应该被看作是几方面因素共同作用

---

① 《梁书》卷二四《萧景传》,第368—369页;卷四《简文帝纪》,第109页;卷三《武帝纪下》,第70页;卷二八《韦放传》,第423页;卷一八《康绚传》,第292页。所有的事例我们都只有相关人物的姓名,并没有提到他们和曹景宗之间的具体关系。我推断他们之间是兄弟关系,因为他们在襄阳地区供职,和曹景宗同姓,且名字的最后一个字也相同,而且我们知道曹景宗确实有一个兄弟叫曹义宗(《南史》卷五五《曹景宗传附曹义宗传》,第1357页)。不过也有可能他们只是从兄弟。

② 韦叡及其后代的传记见《南史》卷五八《韦叡传》,第1425—1434页。

的结果。其中最重要的因素是他选择在适当时机支持萧衍的好眼光（和好运气），这为他打开了别无其他途径的机遇之门。他自身的教育背景是第二个因素，而那只有在拥有这些机遇的时候才变得重要。根据韦叡的传记，他的父母为诸子安排了经典教育，但这只帮助他们在地方州郡得到了低级官职。在刚刚政变之后，韦叡的教育背景还不是特别具有决定性的因素；受教育少得多的人结果得到了比韦叡更高的官职和更大的封邑，至少最初如此。然而，长远来看，韦叡的教育背景似乎将他置于很好的位置上，便于利用适度的财富和人脉，比曹景宗那种彻底的暴发户要好一些，也好过像冯道根这样受人敬重但没文化的将军。通过让他的儿子们从文化上适应京师的氛围(the capital milieu)，韦叡迅速开发出和京师高等世族之间的社交网络，那是大多数襄阳人所无法企及的。

还有一个可能存在的第三因素是韦叡的姓氏。韦氏在东汉、魏晋时期有着光辉的历史，可以想象，这对于获得进入建康社交圈子的入场券而言是有一些帮助的。然而，我们有理由相信，这一点其实并没有那么重要。出身同样显赫的京兆杜氏的人，在加入萧衍阵营之后并没有得到同样的职业升迁，而未参与其中的韦氏其他支系也同样没有得到什么。当时，韦氏在南朝的地位已经不那么举足轻重，也没有理由认为它在北境的往昔尊荣会带来什么不同。事实上，韦叡的后代到后来似乎完全不知道自己的远祖，这告诉我们，家族血统和世系在他们提升地位的活动中并不是很重要的部分①。

或许最有趣的例子是柳庆远，他在起跑线上拥有比韦叡大得多的优势：除了他的教育背景和早早具备的京师人脉，他还有男性近亲（其从兄柳世隆的诸子），他们与京师精英过从甚密，且居于重要的官位。在萧衍的政变中，柳庆远也扮演着远比韦叡关键的角色，也因此是襄阳人中获封赏最多的。尽管如此，他的职业生涯虽然值得敬佩，但并不特

---

① 《南史》卷五八《韦叡传附韦鼎、韦棱、韦黯传》，第1436—1437页。

别令人印象深刻。他的母亲在政变后不久去世,这件事迫使他去官离职,"退休"回到襄阳。到 505 年,他接受征聘,出任襄阳统帅和雍州刺史["使持节、都督雍梁南北秦四州诸军事、征虏将军、宁蛮校尉、雍州刺史"。译者按,柳庆远在天监二年(503)正月即已转任中领军],这是从萧衍的弟弟萧伟手上接任的,后者从政变开始就一直居此位。尽管襄阳是一个关键的边防地区,却没有证据显示柳庆远在接下来的几年中应召去为军事活动作贡献。他最终于 508 年回到下游地区,担任淮河流域的军事指挥[译者按:天监七年(508)二月,柳庆远被征召入朝,所授皆朝官,但其至建康时适逢北魏有人请降,于是受诏赴援,以假节守卫淮阴],并在京师生活了几年。到 513 年,他终于重新获派回镇襄阳(任安北将军、宁蛮校尉、雍州刺史),到任两年后去世①。

在柳庆远的职业生涯中较为突出的是,他没有花费精神让自己或其子女迎合建康精英;他甚至没有把长子柳津带到京师,反而把他留在襄阳。考虑到柳庆远叔父柳元景、从兄柳世隆的声名被柳世隆诸子发扬光大,这是出人意料的。相较而言,柳津直到他父亲去世十多年后才来到朝廷,史称其"乏风华(deficient in refined traditions)"且坚持拒绝学习写字(actively resistant to learning his letters(译者按:《南史》无此语)。对于他的这种反应,在柳津的正史传记中有一个可能的解释。"人或劝之(柳津)聚书,津曰:'吾常请道士上章驱鬼,安用此鬼名邪。'"②驱鬼(expelling demons)的方法应该包括了画符请愿(inscribing characters in petitions),或(以所画符)作为某种护身符,两种都是天师道(Celestial Masters)传统及其继承者的常见操作③。到六世纪初,在建康流行的道教灵宝派和上清派的信徒开始鄙视守旧的天师道传统,认为那是颓微

---

① 《梁书》卷九《柳庆远传》,第 182—184 页。
② 《南史》卷三八《柳元景传附柳庆远传》,第 992 页。
③ [美]Livia Kohn(孔丽维), *Daoism and Chinese Culture* (Cambridge, MA: Three Pines Press, 2001), 74–75.

又没有学问的,属于下层社会乡野之人的活动①。朝廷还开始逐渐加强对一些道教活动的镇压,以推广更为正统的佛教(a more orthodox Buddhism)②。如果柳津——或他的父亲——是天师道的信众,那或许能解释为什么他们选择在当时和京师的事务保持距离(remain aloof from capital affairs)。他们的事例告诉我们,并不是所有有途径和机会的襄阳当地人都会选择在文化上融入建康社会;还是有些人会坚定地选择留在地方州郡。

这些人在建康时与朝廷的关系告诉我们,虽然有一些襄阳人能够利用他们从新君那里得到的优待作为他们与京师精英建立个人关系网络的筹码,但这是个别现象,并不是一般规律。对于曹景宗而言,他有没有足够的文化背景去实现这一点,是值得我们怀疑的;他基本上是军事戍卫及其粗犷行为模式(rough code of behavior)的产物,而且在他年届五十的时候,似乎也没有什么改变自己行事风格的倾向。然而,柳庆远的情况就显得是一种选择,一种经过深思熟虑的努力(deliberate effort)去抗拒京师的文化和政治。无论如何,只有极少数襄阳人能为其后代开发出在朝中的影响力,这一事实说明,随着建功立勋这一代人(the founding generation)的年老和死亡,相对没有什么人可以继承他们的位置。在柳庆远死后,韦叡被委派接管襄阳城戍,但是在他死于520年之后,基本已经没有建勋一代的成员还在担任王朝职司。昌义之死于523年,大概就是他们中的最后一位。

---

① Michel Strickmann(司马虚), "The Mao Shan Revelations: Taoism and the Aristocracy," *T'oung Pao* 63, no. 1 (1977): 37.

② Michel Strickmann, "A Taoist Confirmation of Liang Wu Ti's Suppression of Taoism," *Journal of the American Oriental Society* 98, no. 4 (1978): 467–475.

襄阳本土的学问:以鲍至为例
XIANGYANG LOCAL LORE: THE EVIDENCE FROM BAO ZHI

同样是在523年,萧衍和丁贵嫔的第二个儿子萧纲被外派出镇襄阳。他在襄阳的七年任期对于该地区和朝廷的关系而言是一个关键时期。如果沿袭许多以往的互动模式,比如萧长懋在南齐时的任期,这原可以是一个机遇,供王室宗族的下一代人去和该地区的武人交往,为私人荫客注入一些新血,并把他们带回朝廷。尽管有一些此类荫护活动,但那似乎并不是萧纲及其掾属所关注的重点。相反,他们试图利用王朝荫护机制为这一个传统上被视作桀骜难治、不文明而又在战略上属于帝国的之关键部分的地区注入一些他们自己的文化趋舍。这一文化活动包括对于碑记(commemorative stelae)和佛寺的政治与经济支持,和以更"精致"的方式展现襄阳地区的文学努力。它还包含了至少一位萧纲属下去搜集和记录当地故事的努力。最后,它包含了对被认为具有军事倾向的当地竞赛活动的积极压制。

萧衍在他年少的儿子身边安插了一队极富盛名的学者,来给他提供钱财和威望所能够买到的所有文化优势。这一群人中为首的是一些萧衍的同辈人,例如徐摛(473—549)和张率(475—527),也有一些稍微年轻的人,比如刘孝仪(死于487年)和刘孝威(死于495年)兄弟,全都是京师文学人物中的翘楚。这群人中还包括庾肩吾(487—551),他是在江陵的"南阳聚落"中的一员;他的父亲是当地非常著名的隐士,他的兄弟得到萧颖胄的积极征辟,后来来到下游,在萧纲的兄长、昭明太子萧统属下为官。萧纲属下同样包括了韦叡的两个儿子,韦放和韦棱,以及韦放之子韦粲,他们自从该团体在萧纲年仅六岁时成形之后,就陆续供职其中。到这批人外放襄阳的时候,其中的主要人物从三十到五十五岁不等,而且彼此间共事了几乎十五年之久;而他们的上司,也就是萧纲自己,才只有二十岁①。

这样一个如此显赫的由京师文人组戍的群体出现在襄阳,意味着我们对这一时期的襄阳城有着远比其他任何时期多的信息。之前有关襄阳地区学问的记录在很大程度上是考据怀古的(antiquarian and nostalgic)。这一类型中最重要的作品是习凿齿写于四世纪晚期的,他是仍旧居住在襄阳地区的后汉士绅中的最后代表人物之一。他的作品集中在后汉和三国时期的人物故事上,几乎和他自己所处时代的襄阳没有任何关联②。有几部更深层次的当地历史编纂起草于刘宋时期,但他们很可能出于驻镇江陵的皇家代理人的委托,由一些对襄阳地区只有极少或没有任何直接经验的人书写。其中一部此类作品《南雍州记》,由郭仲产编写,他在刘义宣翼护下为官,并在刘义宣坐镇江陵的时候(444—454)撰就了几部此类有关其军事管辖范围内地方州郡历史的作品。并不令人感到意外的是,这些文本的现存残篇显示出,当中所包含的资料主要摘引自习凿齿书和其他文献,只加入了微乎其微的新信息③。而郦道元,一位北方人,于520年左右纂就了他的《水经注》(*Annotations to the Classic of Waterways*),他依赖那些书面材料(指郭仲产《南雍州记》)所提供的有关襄阳地区的信息;结果是,他的作品中关于流贯襄阳之沔(汉)水的篇章只有一则故事是与420年之后的历史事件有关,尽管晋宋之际的巨大转变和该地区在接下来的一个世纪中的

---

① [美]John Marney, *Liang Chien-wen ti* (Boston: Twayne Publishers, 1976), 65–69.
② Andrew Chittick, *Pride of place: The Advent of Local History in Early Medieval China*. UMI, University of Michigan Docforal Dissertation, 1997.
③ Chittick, *Pride of Place*, 39;(晋)习凿齿撰《校补襄阳耆旧记》,黄惠贤校补,郑州:中州古籍出版社,1987年,第116—142页。

影响力与日俱增①。

我们没有理由相信,这一类考据的历史传统对于新的襄阳精英而言有什么重要的意义,他们中的大多数要么是来自其他地方的侨寓,要么是文盲,或者两者都是。例如,在襄阳早期历史中最超群出众的一位人物羊祜,在他的领导下(在269—278年间),襄阳地区成为了晋朝的壁垒(bulwark)与280年征服南方的策源地。因为他的仁爱及管治有方,羊祜在当地一直被供奉,但是关于他最著名的故事提到了他对永恒美名的渴望:

> 祜乐山水,每风景,必造岘山,置酒言咏,终日不倦。尝慨然叹息,顾谓从事中郎邹湛等曰:"自有宇宙,便有此山。由来贤(worthy)达(perceptive)胜(outstanding)士,登此远望,如我与卿者多矣! 皆湮灭无闻,使人悲伤。如百岁后有知(译者按:原文作"If I am known a hundred years' hence",即理解成"如果一百年后为人所知",其实应该是指若死后泉下有知),魂魄犹应登此也。"湛曰:"公德冠四海(译者按:原文作"crowns the four seas",即理解成为四海内加冠冕,应该是指冠于四海),道嗣前哲,令闻令望,必与此山具传。至若湛辈,乃当如公言耳。"
>
> ……(在他死后)襄阳百姓于岘山祜平生游憩之所建碑立庙,岁

---

① (北魏)郦道元注,杨守敬、熊会贞疏《水经注疏》卷二八《沔水二》,南京:江苏古籍出版社,1989年,第2345—2422页。在讨论郦道元所用方法的时候(第18—25页),杨守敬提到,尽管郦道元能够在北方周游广阔,但却不能在南方这么做,并因此在很大程度上依赖于有关那些南方地区的文字材料。有一条420年之后(译者按:指公元420年之后,并非四百二十年后)的注(第2369页)提到刘骏曾替襄阳城南的一些山改名,这很可能就是源自郭仲产。

时飨祭焉。望其碑者莫不流涕,(其继任者)杜预因名为"堕泪碑"①。

此碑后来成为整个中国传统中最为著名的碑记之一②。考虑到这一点,以下张敬儿传记中的一则讽刺性的故事就会带有格外的冲击力:

……(张敬儿)又欲移羊叔子堕泪碑,于其处立台,纲纪谏曰:"羊太傅(Grand Tutor)遗德,不宜迁动。"敬儿曰:"太傅是谁?我不识也。"③

尽管这则故事可能是一种创造,但它展示了一种看法,即张敬儿这类人对于他们家乡的历史和文化传统一无所知,甚至连当地碑记都不了解,更遑论从遥远的王朝档案馆中尘封的文书中阅读得知了。这种傲慢因堕泪碑在公元六世纪时失修损坏而得到证实。它直到544年才在一位宗王的荫护下重新被竖立刻写,并借助了刘之遴(479—550)的专业知识,他是南阳聚落中其中一位相对守旧的学者,对他来说,像羊祜碑这样的古文物是其炽烈的意识形态关注(fervent ideological attention)的焦点④。襄阳地区显然没有培养出任何一个具有此等关怀的人。

---

① 《晋书》卷三四《羊祜传》,第1020页。关于他和邹湛对话的记录不晚于四世纪:《艺文类聚》卷三五《人部十九·泣》,第625页,卷七九《灵异部下·魂魄》,第1358页,《太平御览》卷八八六《妖异部二·魂魄》,第3936页,以及部分 Xinzhai(译者按:原文,未知其意)的文字版本中都注明,这段文字出自习凿齿的《襄阳耆旧记》。参见 Chittick, *Pride of Place*, 23 - 27.原文的英译借鉴了[美]Stephen Owen(宇文所安), *Remembrances: The Experience of the Past in Classical Chinese Literature* (Cambridge: Harvard University Press, 1986), 23.

② Stephen Owen, *Remembrances*, 22 - 32.

③ 《南齐书》卷二五《张敬儿传》,第473页。

④ 《湖北金石志》,《石刻史料新编》第三辑,第十六卷,第11840页;《梁书》卷四〇《刘元遴传》,第572页,《南史》卷五十《刘虬传附刘元遴等七人传》,第1249—1253页。

然而，萧纲属下文人们的汇集，使该地区的文化史再度受到关注。鲍至是萧纲属下一员，在郭仲产《南雍州记》的基础上写了一个更新版，此时距郭著成书已有几个世代①。尽管鲍至的作品编进了一批较早的材料，但它不仅仅是一部考据之作；现存的篇章显示出，其中包含了大量有关五世纪末六世纪初人物与事件的新材料②。到这个时候，该地区对于统治王朝的重要性已经远比郭著成书时要大得多。此外，与郭仲产不一样的是，鲍至确实在襄阳度过了一段可观的时间，这为他搜集新的讯息提供了动力和能力。

鲍至对于自己所处时代的襄阳的特定而富有同情的兴趣可以从他提供的有关襄阳金城(Xiangyang's official district)的细节数量上得到证明，那里正是萧纲的掾属度过大多数时间的地方。鲍至讨论了刺史院的建筑群，包括一座用"甚鲜净"的泥土建造的"高斋"(Eminent Studio)（译者按：原文一般读作"高斋，其泥色，甚鲜净，故此名焉"，如此则并没有说是泥制。但《太平御览》乃在"高斋"与其东北之"下斋"之间，尚夹有一条以栗为屋的斋，一般读作"又曰：白土斋南道有一斋，以栗为屋。梁武帝临州，寝卧于此斋中，常有五色云回转，状如盘龙，屋上恒紫云腾

---

① 《南史》卷六二《鲍泉传附鲍客卿传》，第 1531 页；《南史》卷五十《庾易传附庾肩吾传》，第 1246—1247 页；(唐)魏徵等撰《隋书》卷三三《经籍志》，北京：中华书局，1973 年，第 985 页。

② 此论点需要一个很长但较为可信的演绎链(chain of presumptions)。首先，根据南宋学者陈振孙《直斋书录解题》，《四库全书》卷六七四（台北：商务出版社，1981 年），第 684 页，六部不同的关于襄阳地方历史的材料在八世纪初期被编进了一部作品当中，即《襄沔记》。因为这部作品据说将三十卷的材料压缩成在三卷的篇幅内，我推测其中基本没有添加新的材料。六部地方史中只有两部是晚成于六世纪，另一部《荆楚岁时记》现尚存世。因此我推测，任何署出《襄沔记》的故事，如果不是出自《荆楚岁时记》，但又包括从郭仲产去世(453)到鲍至活跃时代（六世纪初至中叶）的人物和历史事件，都来自鲍至的文本。最后，因为《南雍州记》和《襄沔记》以及一些较早的作品——诸如习凿齿的——可能在后世转引时会被写成《襄阳记》，所以我再一次推断，如果该故事涉及的材料能追溯到 453—530 年这一段时期，那它的终极来源一定是鲍至。

起,形似伞盖。远近望者,莫不异焉。梁武帝于此龙飞。"但观上下文,此处应为"又曰白土斋,南道有一斋……",即"白土斋"为高斋之别称,而上文大概原本应为"高斋,又曰白土斋,其泥色甚鲜净,故此名焉",如此才顺理成章,否则因色"甚鲜净"而名为"高"就有点思维跳跃)。周围有其他的建筑环绕,例如"下斋(Lower Studio)",那是一座富丽堂皇的建筑,刺史在里面处理诉讼案件"辨决狱讼"。在高斋后面有另一堂以及仆役房(servant's quarters),这些都沿着一个池塘,池塘中间有台阁,称为"乐喜台(Pavilion for Delighting in Music)"(译者按,原文作"高(齐)[斋]之后有堂,堂西有射堂五间。射堂南有大池,池上有台,名曰乐喜台。"这里的"射堂"一般认为是习射之所,并不是原文理解的仆役房)。这群建筑以南是另一个斋,以栗木造就,是萧衍在镇时的寝所;到鲍至时,据说这里"常有五色云回转,状如盘龙",预示着萧衍飞跃登基。有几条文献显示,昭明太子萧统也在那里呆过(如上文所引《太平御览》卷一八五引《雍州记》:"昭明太子于斋营集道义,以时相继。"),而这是正史中从未提到的事情。到初唐时期,就一部宣称萧统曾在那里编纂著名的《文选》(Selections of Refined Literature),虽然萧统在藏书丰富无比的建康东宫完成此作的可能性要大得多①。

　　鲍至最有趣也是最牵涉其中的故事向我们展示了他对当地某些特定地方的灵异现象(supernatural efficacy)的特殊关注,这个主题虽然在此前的当地作品中也有提及,但还并不是他们的主要关注点。比如现存习凿齿的作品篇章中,就只有几条故事提到了灵异事件,而且那些记录都很短,并被划为传说,以"故老相传"("The town elders say.")之类的辞句发语,就好像要在作者和故事的真实性之间拉开距离②。而鲍至

---

　　①　《太平御览》卷一八五《居处部十三》引《襄沔记》(译者按:史籍原文此处为注引《雍州记》),第897页;《太平御览》卷一七八《居处部六》引《南雍州记》,第869页。关于《文选》的译文,参见康达维(David Knechtges)英译本卷一。
　　②　相关例子见《续汉志》卷二二《郡国志四》"荆州·南君"条后校注,《后汉书》中华书局点校本第3481页。

的故事相较而言则更具体、更直接地谈到当地异灵的力量。以下这则关于鹿门庙(Deer Gate Temple)的记载向我们展示了鲍至书稿的独特性,以及时隔两个世纪之后对于单一地点记载的增量:

> 襄阳苏岭山庙,门有二石鹿夹之,故谓之鹿门山。习氏《记》云:"习郁常为侍中,从光武幸黎丘(约公元28年)。郁与光武,俱梦见苏岭山神,因使立祠。"郭(重)[仲]产《记》云:"双石鹿自立如斗,采伐人常过其下。或有时不见鹿。因是知有灵瑞(**原译文此处换行另起一段,理由参见本页注③**)。梁天监初,有蜯湖村人,于此泽间猎。见二鹿极大。有异于恒鹿,乃走马逐之。鹿即透涧,直向苏岭。人逐鹿至神所,遂失所在。唯见庙前二石鹿。猎者疑是向者鹿所化,遂回。其夜梦见一人,著单巾帻,黄布裤褶,语云:'使君遣我牧马,汝何驱迫?赖得无他,若见损伤,岂得全济。'"①

和我们能看到的习凿齿在其他故事中的记录相比,这里习凿齿的部分显得相当浓缩,但还是有习凿齿叙事直奔主题的一贯特色②。对于郭仲产所述,我们没有其他版本以为参照,但它显然指称在神庙里出现了灵异现象③。鲍至有关蜯湖村猎人的记载则相对算得上是一则生动详细的故事,有针对行为的戏剧性描写,也直接使用了方言,这和前人风格相差迥异。

通过生动多彩的故事叙述来说明灵异现象的存在,这种操作在下

---

① 《太平广记》卷二九六《神六》引《襄阳记》(通常是《南雍州记》或《襄沔记》的别称),第2359页。

② 黄惠贤《校补襄阳耆旧记》第54—55页例举了其他关于习凿齿故事版本的文献,当中最早和最清楚的是《艺文类聚》卷四九《职官部五》,第885页。

③ 可能引自郭著的部分只包括第一句,即石鹿部分,这样的话所有超自然元素都来自鲍至的故事。我在第二句话之后另起一行,因为下面以一个具体日期起首的部分显然应该是另一个单独的故事。

面这则精彩的故事中展现得更加淋漓尽致：

> 襄阳汉水西村，有庙名土地主，府君（按，原文把"府君"翻译成"gentleman of the headquarters"，孙英刚的英文书评已经指出这个错误）极有灵验(spiritual efficacy)。齐永元（499—501）末，龚双任冯翊郡守，不信鬼神，过见此庙，因领人烧之。忽旋风绞火，有二物挺出，变成双青鸟，入龚双两目。两目应时疼痛，举体壮热。至明便卒。①

不难发现，这则故事没有用任何方式涉及此前当地历史的考据传统：神庙很普通，受民众供奉，和任何历史事件都没有关联，也不是奉王朝敕命修建，也没有因为与当地精英宗族存在联系而被注意。这里所强调的是当下直面的当地异灵力量。故事发生的时间设定在萧衍计划政变之时，这可能不只是一个巧合；我们只能去猜测，龚双或许是萧衍的对头，这样一来这个故事就成了一个针对当地政治的隐喻性评论，因为龚双的重要性随后就丧失了。

另一则有关闹鬼的故事涉及了当地土著与宗王掾属之间根深蒂固的张力：

> 襄阳金城南门外道东，有参佐廨，旧传甚凶，住者不死必病。梁昭明太子临州，给府寮吕休蒨。休蒨常在厅事北头眠，鬼牵休蒨，休蒨坠地。久之悟。俄而休蒨有罪赐死。②

把参佐廨形容成"凶"，显然表现出当地对于新任指挥官所带掾属

---

① 《太平广记》卷二九六《神六》引《汉沔记》（显然是《襄沔记》之误），第2355页。

② 《太平广记》卷四六九引《南雍州记》，第3866页。吕休蒨可能是吕僧珍的亲属，后者是萧衍最初政变时的亲密伙伴。

的偏见,这些人可能会阻塞(当地人)结识潜在护主之路,并妨碍荫护关系纽带的发展。紧接着这条故事的是另一条详细得多的有关襄阳城官署"闹鬼"的故事,故事更长,叙事也更有技巧。在这则故事中,一个别处未曾提及的王室后裔萧腾到此赴任,却反复被一个自称是三国时期东吴英雄将领周瑜的神秘幽灵骚扰。萧腾尝试了很多方法去消灭这个讨厌的幽灵,包括派遣自己的门生二十人拔刀追砍,以及求助于驱魔术("禳遣之术"),最后请了一个道士设坛,祭祀驱鬼("置醮行禁")。当中还极力消遣取笑萧腾那些非常敏感的姬妾,以萧腾属下的一位土著韦言辩(无疑是京兆韦氏的一员)为首,说了一些有关鬼灵痴愚的戏谑言语①。整个叙事强调当地鬼灵的力量,以及他们对于被派来管治该地区的京师代理人的不理解。且不论这些鬼灵是否"痴"(或许这也是对于韦言辩开始为萧腾工作后不再能理解当地人的一种反映(译者按:此处应该是作者的过度解读。据原文献含义,韦言辩针对的是萧腾姬妾不具声色"声貌悉不多",戏言鬼之"痴"在于其挑选目标不精明,不涉及韦言辩与鬼灵之间是否能够彼此理解的问题),他们都有能力纠缠(pester)、迷惑(bewilder)、智胜(outwit)从京师被派来的执权者,并且——在吕休倩的例子中——令其送命。在这个事例中,正如柳津所施展的驱魔仪式一样,似乎只有当地的道家祭祀(Daoist libationer)有能力顺利化解(译者按:原文献中并没有提到该道士是襄阳土著)。

鲍至的这些故事反映出一个注重本土灵异现象的当地传统,那是一种能够挫败皇家代理人影响的力量。朝廷指派官员和襄阳人之间对抗的模式由来已久;这里的新意在于有关这种对抗是如何藉由灵异故事体现出来的书面记载。尽管这些故事有一个以朝廷为基础的外人的文学滤镜,但它们比此前有关襄阳地区学问的任何证据都显得真实可信。

---

① 《太平广记》卷四六九引《南雍州记》,第3866—3867页。

襄阳的图像学:来自当地墓葬的证据
XIANGYANG ICONOGRAPHY: THE EVIDENCE FROM LOCAL TOMBS

鲍至写下的这些故事,以及柳庆远的儿子柳津的传记,都告诉我们,对于恶灵和鬼魂的信仰,以及道教实践者以适当祷祝与鬼灵沟通,是襄阳本土文化中的重要元素。关于这点的进一步证据,则来自在该区域发掘的两个墓葬,其一位于新野以西的故穰县县治所在(在今河南邓县附近),另一个就位于襄阳城西(在今贾家冲)。尽管两个墓葬都无法确定准确的年代,但是制式上的证据告诉我们,两个墓葬都建于公元五世纪末、六世纪初,其中邓县的墓志可能稍早一些①。

邓县墓葬最初于 20 世纪 50 年代末出土,是一座单室券顶砖墓(brick barrel-vaulted tomb),有矩形主室(rectangular main chamber)和甬道(extended passageway),大致坐北向南;这是南方常见的墓室结构类型,尽管北方也有。侧壁以花纹砖(incised bricks)装饰,分三层展现多种景象(a variety of scenes),这种安排与在南京(建康)地区发现的同时期墓葬相似②。上层饰以飞天(celestial beings)画像(有一处特别标注"天人"字样)以及各种珍禽异兽,包括四方灵兽(animals of the four cardinal directions),二者也都是建康墓葬中常见的图案。其他两层则明显强调军事主题,显示出墓主可能是当地高级军官。两侧墙壁中层是大部队行军(extensive procession)图,以死者的马匹和空轿子(empty palanquin)为

---

① 关于这些墓葬的信息,摘自[美]Annette Juliano(朱耐安), *Teng-hsien: An Important Six Dynasties Tomb* (Ascona, Switzerland: Artibus Asiae Publishers, 1980);崔新社、潘杰夫:《襄阳贾家冲画像砖墓》,《江汉考古》1986 年第 1 期,第 16—33 页;郑岩:《魏晋南北朝壁画墓研究》,北京:文物出版社,2002 年。

② Juliano, *Teng-hsien*, 5-11.

首,这是用于死去军事首领的常见符号①。分布在下层的是常见的军事护卫官(门吏)的重复图案,各面朝外,并倚靠着一把大刀(拄仪刀侍立)。在墓中发现的五十余个陶俑(pottery figurines)同样有着军事主题。最后,在其中一块砖上有草书涂鸦,尽管难以释读,但看起来是和军事活动有关,其中提到了军队、牛酒供给以及可能与某场具体战役有关的月份序列②。

在贾家冲的第二个墓葬,最初发掘于20世纪80年代中期。其制式和邓县墓葬十分相似,尽管要小一些,而且是东北-西南朝向的。内部装饰更为紧凑,但没有编排感强烈的行军图。相反,它有极其繁多的小砖,包括将近两百个仆从图像和四十六个飞天图像,此外还有许多珍禽异兽的图像及装饰花纹。此墓中的军事主题并没有那么居于主要地位:例如在四十四个陶俑中,只有十三个是能辨识的军官或护卫形象③。

在两个墓葬中,超自然现象的主题都很突出,尤其是邓县墓葬。邓县墓的随葬俑中,有一个是驱魔人或萨满④。(墓葬画中)有两个关于传奇人物王子乔(原文误作"桥")的独立场景,相传他笙(mouth organ)吹得很好,甚至能引凤凰下凡(译者按:《列仙传》中只说王子乔"好吹笙作凤凰鸣""拟音凤响",并没有提到凤凰下凡)。他和浮丘公成对出现,后者在汉代《列仙传》中就是王子乔的伙伴⑤。另一处描绘的是"南山四皓",应该是字形相近之"商山"的讹变。相传这四位智者逃离秦朝(公元前221—206年)的动乱,但最终被诱出山,向汉高祖刘邦进谏言。和"竹林七贤(Seven Sages of the Bamboo Grove)"一样,后者的形象也出现在这

---

① Juliano, *Teng-hsien*, 49.
② Juliano, *Teng-hsien*, 7-8, plate 145.
③ 崔新社、潘杰夫:《襄阳贾家冲画像砖墓》。
④ Juliano, *Teng-hsien*, 52.
⑤ 在东汉铜镜刻画上,王子乔通常和赤松子成对出现,后者根据记载从汉代开始就在南阳南部地区有一个当地的祀所;另参 Juliano, *Teng-hsien*, 55, n. 266.

一时期建康地区的几处墓葬中,这些图像是为了体现墓主及其家族的道德高尚(moral uprightness)与社会政治上的分离(sociopolitical detachment)①。尽管贾家冲墓葬中缺少这种"讲故事"的汉代人物图像,但却有十九个打坐中(in seated meditation)的佛教人物的小图像②。

超自然现象同样出现在众所周知的孝义故事(filial piety stories)中。两个墓葬中都出现了郭巨的传说,他因为太穷,无法同时赡养年老的母亲和抚养襁褓中的儿子;当他决定牺牲儿子、准备挖坟埋葬的时候,他发现了一釜黄金,作为上天对于他孝行的奖赏。邓县墓葬中还有一幅老来子图,他作孩童之行以取悦父母。这两则属于比较流行的孝行故事,并频繁出现在北方墓葬中③。

尽管我们不能仅从两个墓葬中就得出太多推论,但其中记录的当地人的视觉与宗教观念确实有助于强化其他资料所揭示的东西,特别是有关超自然现象的。"道"与"儒"主题的区别通常通过其他分析突显出来,但在这里,和超自然力量对人类善良德行的"感应(response)"相较而言,似乎不那么重要④。邓县墓葬中尤其如此,王子乔这样的"道教"故事(其中感应的对象是美妙的音乐)与郭巨这种典型的"儒家"故事(其中感应的对象是孝行)并列。

鲍至所记录的故事同样展现出这种异质性(heterogeneity),而且与具体的德行或特征相比,更着重强调超自然感应的本土根源。例如孝

---

① Audrey Spiro, *Contemplating the Ancients: Aesthetic and Social Issues in Early Chinese Portraiture* (Berkeley: University of California Press, 1990), 34-35当中提到,"商山四皓(four greybeards of Shang mountain)"的图像所表达的含义和竹林七贤类似,但前者属于较为古老的母题。

② 崔新社、潘杰夫:《襄阳贾家冲画像砖墓》。

③ [美]Keith Knapp(南恺时), *Selfless Offspring: Filial Children and Social Order in Medieval China* (Honolulu: University of Hawaii Press, 2005).

④ 郑岩《魏晋南北朝壁画墓研究》(第84—85页)强调这些墓葬的"非正统性(heterodoxy)",但我不太相信在"道教"和"儒家"的主题画像之间有明显的边廓(二者和佛教画像之间也不总是存在这样的边廓),因此倾向于强调他们之间共有的意义。

行主题在他的一则关于京兆霸城王氏宗族(此时已侨寓襄阳)年轻女子的故事中突显出来,她在十六岁时守寡,但坚定地拒绝再婚,不惜违背家庭意愿。为了表现不变的决心(fixity of purpose),她最终切下了一只耳朵并置于盘中以为誓志。据说她对于守节的奉献引发两个超自然的"感应",一是来自她丈夫墓前的柏树,另一个来自一对燕子;她还为这些事件写了诗。在当时(约512—513),襄阳城由萧衍的侄子、西昌侯萧藻坐镇,这是一位举止温和的经学家,为了纪念王家女子,他出资在城墙上起楼台(a pavilion and terrace atop the city wall,译者按,《南史》作"雍州刺史西昌侯藻嘉其美节,乃起楼于门,题曰'贞义卫妇之闾'。又表于台",并不是分别起楼与台)①。这一故事中年轻寡妇王氏的美节以及上天对她的证明回应,在功能上更像是墓葬所描绘的、更为广泛传播的郭巨故事在襄阳的本土版本。尽管对她的纪念表彰由皇家代理人主持,但此举显然是为了赢得当地精英——尤其是京兆王氏——的好感。

　　这些墓葬中比较突出的另一个元素是它们相对守旧的图像词汇(iconographic vocabulary),所绘的整套元素(repertoire)都与后汉时期非常相似。一些传统元素,比如四方灵兽或"南山四皓"这样的隐士画像,也是当时建康墓葬中的非常流行(in vogue),这显示出来自京师地区的一

---

①　这则故事的记叙十分简短,只简单提到了柏树的部分,更完全没有提到燕子,见(宋)乐史撰《太平寰宇记》卷一四五《山南东道四·襄州》,台北:文海出版社,1963年,第299页[译者按:《太平寰宇记》卷一四五《山南东道四·襄州》中并无卫敬瑜妻的事迹,作者是误把"贞女楼"条中卫玠妻子王氏寡而守节、"柏树为之连理"的类似故事当作同一件事。卫敬瑜妻割耳明志,卫玠妻则是"截鼻",参见中华书局本(王文楚等点校,2007年版)第2815页]。另一则相对没那么简短的记录见《太平广记》卷二七〇"卫敬瑜妻"条,第2117页,这里没有提到柏树,但详细提到了燕子的部分。两处都署出处为《南雍州记》,代表这是鲍至的版本。另有一则没有提到出处但却完整得多的版本——同时提到了柏树和燕子的故事,以及萧藻起楼的情节——见于《南史》卷七四《孝义传下》,第1843页,这很可能摘自鲍至的原文,或与之有共同的资料来源。

些影响①。佛教风格的图案——比如莲花和飞天——从佛教艺术中假借已久,所以不能被解读为墓主对佛教的虔诚奉献。贾家冲墓葬中的佛像更能代表此类影响,然而即使在那里,佛教元素也是散布在非佛教的造像中,以为折衷,而没有像同一时期强烈以佛教主题为主的北方墓葬那样,被当作墓葬设计的核心元素。

墓葬中守旧的图像学告诉我们,它们和同时期墓葬的美学思想的交互是折衷而多元的(eclectic and pluralist),南北皆然②。这种对于宗教信仰的态度在文字材料中也得到体现,如在韦叡传记的描写中就提到他对佛教"素薄"(译者按:原文作"plain and meager",据《南史·韦叡传》:"武帝方锐意释氏,天下咸从风而化。叡自以信受素薄,位居大臣,不欲与众俯仰,所行略如佗日。"这里的"素薄"应该不是作"素且薄"解)的信仰。当萧衍和他的儿子们开始推广一种更为热心正统的佛教版本(可能指517年左右的那段时间,当时道教机构遭受猛烈攻击),据称韦叡无视他们的努力,并继续以一种相对敷衍的方式奉行信仰,"略如佗日"③。

对朝堂佛教的赞助

THE PATRONAGE OF COURT-STYLE BUDDHISM

对宗教传统的相对放任(laissez-faire)和折衷的表达方式在当地墓葬和韦叡的态度中得到体现,与萧梁朝廷在这一时期所推行的学术性的、更排外的佛教派系形成对比。萧衍与其诸子及拥护者推行他们对佛教解释的努力,以及对于道教及其他异端(heterodoxies)的某些元素的

---

① Juliano, *Teng-hsien*, 73. 然而明确属于晋代的"竹林七贤"主题却不见于襄阳,这值得注意。

② Juliano, *Teng-hsien*, 74;崔新社、潘杰夫:《襄阳贾家冲画像砖墓》,第31—32页;郑岩:《魏晋南北朝壁画墓研究》,第80、84—85页。

③ 《梁书》卷十二《韦叡传》,第225页;《南史》卷五八《韦叡传》,第1430页。

压制,证明了梁朝初期一种"文化帝国主义(cultural imperialism)"的实践。来自襄阳的证据告诉我们,这种努力尽管可能对一些当地人有利,却也加重了朝廷和襄阳地区之间的文化张力。

当地皇家赞助(imperial patronage)(译者按:这里按照全文习惯,原本应作"荫护",但根据本节的内容,其实没有提到任何助资建造佛寺以外的活动或人事关系,比如坐镇襄阳的王室宗亲或地方大员和个别僧侣之间的附属关系,因此按照"patronage"的字面含义,翻译成"赞助/资助")的第一批目标之一是檀溪寺(Rosewood Creek Monastery)。该处所最早是于公元四世纪后期由释道安所建。释道安在襄阳的布道(ministry)将一群为数数百、有声望、有学识的北方僧侣带来了这一地区,持续了十五年,在这一段时期内,该区域得到了来自几个朝廷派遣的权势成员的关注和荫护,包括建康、长安和凉州(在今甘肃)。然而,随着释道安在379年离开(被符坚带回长安),就没有什么证据显示该处有进一步的活动。佛教社区(sangha)中最富有的寺庙与最有声望的僧侣都集中在京师和其他大型行政中心,在那里最有可能获得赞助;相较而言,檀溪寺在接下来一个世纪中的发展显然更小,因为有巨大才能和野心的僧侣都去了别处①。

当萧衍组织他的军事活动时,曾利用檀溪汇入汉水的入口作为其水军行动的集结区,但史料中没有提到寺院是该决定中的因素之一②。事实上,证据表明,萧衍集团与佛教社区之间的关系并不是积极正面的,因为史载萧衍的兄弟萧伟曾从一个不具名僧侣那里没收一座铜像,并将其融铸以帮补财政运营;作为报应,他罹患疾病③。这个寺院可能

---

① 曾驻锡檀溪寺的僧侣中,唯一著名的是释道温,据称他于五世纪二十年代曾在那里逗留短短数年时间,参见(南朝梁)释慧皎撰《高僧传》卷七《义解四》,汤用彤校注,北京:中华书局1992年,第287—290页。
② 《梁书》卷一《武帝纪上》,第4页;《梁书》卷十一《吕僧珍传》,第212页。
③ 《南史》卷五二《南平元襄王萧伟传》,第1291页。

就是檀溪寺,因为这是当时该地区唯一已知存在的大型佛教处所①。或许出于补偿,檀溪寺在505年获得了王朝新赠土地,而寺庙的运作得以重新建立。七年后,寺庙中增加了一块石碑,上面有刘之遴所作的题词,那是出身江陵南阳聚落的最饱学之士之一②。

萧纲是一位特别活跃(vigorous)的佛教护主。有大量碑刻记录是其亲随为新建佛寺所作。我们知道襄阳地区至少有四处佛教建筑是由萧纲下令建造或献赠的,包括萧纲亲自作题记的慈觉寺(Compassionate Awareness Monastery),以及由萧纲亲随刘孝仪(译者按:刘谱字孝仪)作题记的平等寺(Equal Ranks Monastery)③。萧纲在襄阳时还资助了佛教学术活动,征集整个"西土"的佛教文献,并编辑成大规模的合集,最终于535年发布。序言由其弟弟、湘东王萧绎所作,当中提到参与其中的三十八人的姓名、官衔和年龄。不出意外的是,其中京师人物居于支配地位;有超过一半的人出自王室或两个格外受宠的宗族——琅邪王氏和彭城刘氏——之一。只有两人来自帝国西部:属于江陵南阳侨寓聚落之一(庾氏家族)的庾肩吾,以及韦叡的第三个儿子韦棱④。

韦棱的名字出现在这个显赫的名单上,说明韦叡家族的成员是当地拥护皇室推行佛教的人中最活跃的一群。正如前面所提到的那样,韦叡的正史传记提到了他对朝廷推行佛教的努力的这种支持,虽然只是轻描淡写(albeit rather lukewarm)。在韦叡出任雍州刺史镇襄阳的时候(515—517),他还在城南五里(译者按,此处原文作"li",属于直引原文,是指古代的五里,而不像前文以英里"milies"计算)的凤林山中赞助

---

① 夏日新:《魏晋南北朝时期荆州地区佛教的传播与发展》,收入谷川道雄编《日中国际共同研究:地域社会在六朝政治文化上所起的作用》,东京:玄文社,1989年,第214页记录了襄阳地区在东晋南朝时期所有已知的佛教建筑。
② 张仲炘:《湖北金石志》,第11840页。
③ [唐]欧阳询撰《艺文类聚》卷七六《内典部上》,汪绍楹校,上海:上海古籍出版社,1982年版,第1303—1304页;《南史》卷三九《刘面力传附刘谱传》,第1013页。
④ [清]严可均辑《全上古三代秦汉三国六朝文》,北京:中华书局,1958年,《全梁文》卷十七《元帝三·法宝联璧序》,第3051—3053页。

建造了一座佛教的放生台("Liberation Terrace")①。韦叡的后代与晋安王萧纲关系密切；除其第三子韦棱以外，韦叡的次子韦正也是晋安王的掾属之一，其孙韦粲（韦叡—韦放—韦粲）依然。史载他们还曾在城西的家族庄园中招待过萧纲②。尽管史籍中只特别提到韦棱的佛学工作，但韦叡后人与萧纲之间的紧密关联至少意味着他们一定乐于接纳（accommodate）其佛教主张。

然而，其他来自襄阳的人却反对此活动。其中一个极端的例子是郭祖深，他出自一个无甚背景的襄阳家庭。郭祖深在政变的预备阶段成为了萧衍的私人荫客，从此出任相对低级的州郡官职，并在任上汇报地方状况和宗王们的动向。郭祖深博学多识，曾写了几篇很长的疏奏向皇帝谏言，强调威权与法令。他谴责佛教及其机构的影响，指出其在财富和权力上的急剧增长威胁着国家权力。郭祖深同样批判道士（Daoist practitioners）和其他诸如"俗师"(populist teachers)和"医诊"（medical quacks，指庸医）等群体，他们都属于他所谓的"害国小人"③。他与萧衍及其政权之间的紧密关系意味着他的观点不能被认为是的典型的"本土"观点，但它清晰地告诉我们，一些襄阳人完全没有投资在佛教或其他宗教机构的发展上。

有关萧纲推行佛教的努力，最有趣的观察点出自唐代成书的《续高僧传》(Continued Biographies of Eminent Monks)中的法聪传记。传中着重书写了不少有关当地保护势力与皇室代理人对抗的主题，这与我们在鲍至的记载中看到的相同；看上去是为了替那些与政权之间没有特殊关联的人针对佛教文化的帝国主义特征(Buddhist cultural imperialism characteristic)的一种回应提供例证。法聪是地方上的一个小僧侣，新野土著，他于远游之后回到岘山以南的白马泉附近定居，那是以释道安为

---

① 《太平御览》卷一七八引《襄沔记》，第869页。
② 《太平御览》卷一八〇引《襄沔记》，第878页。
③ 《南史》卷七十《循吏·郭祖深传》，第1720—1721页。

首的佛教群体在迁至檀溪寺前的住所。他在那里为自己修筑了一个用于冥想的小屋，称为"栖心之宅(House of the Resting Heart)"（按，据《续高僧传》原文，释法聪"因至襄阳伞盖山白马泉，筑室方丈以为栖心之宅"，应非云此为斋名）。根据其中记载，萧纲曾数次造访当时五十几岁的法聪；而这位宗王反复被法聪控制动物——比如老虎、白龟与五色鲤（分别是雄龙与雌龙的化身），还有白鹿、小鸟白雀以及其他物种——的神力所折服。然而萧纲的"凶党(evil subordinates)"却引申出了法聪的力量中远为具有威胁性的一面：

> （萧纲）有凶党左右数十人，夜来劫所施之物，遇虎哮吼遮遏其道，又见大人倚立禅室，傍有松树止至其膝，执金刚杵将有守护。①

这个故事描绘了许多与鲍至的那些故事中包含的相同主题：皇家代理人的"凶恶"党羽及其与当地人之间的冲突，以及发生在当地场域和（或）人身上的足以克制来自上述代理人的威胁的超自然现象。法聪所具有的足以挫败萧纲属下敌意武装的超自然力量是这则故事在地方上有吸引力的一个重要原因。这个故事接着继续描述了萧纲尝试成为法聪的护主的经过：他亲自捐资建造了禅居寺（Meditative Residence Monastery，译者按，《续高僧传》云萧纲"遂表奏闻，下敕为造禅居寺"而已，并未提到捐资建造），并授意徐摛去以同样的方式捐造灵泉寺(Magic Spring Monastery)。然而，法聪拒绝去那里生活。

针对在地文化的皇室偏见
IMPERIAL BIAS AGAINST LOCAL CULTURE

推行朝廷所倾向的佛教路径的运动证明了萧纲对京师文化深殖的

---

① [唐]释道宣撰《续高僧传》卷十六《释法聪》，江北刻经处光绪十六年（1890）刊本，第555—556页。

依附(deep-seated attachment),以及他个人对于十分不同的襄阳地区在地文化上的偏见。他和他的部属醉心于京师的文学文化(enamored of the literary culture of the capital),包括感官娱乐(sensual pleasures)、性嬉戏(sexual dalliances)以及悠闲乐趣(leisurely delights),而且他们把这种偏好带去了襄阳。鲍至记录了他们把自己安置在刺史院(Inspectorate Academy)内的高斋(Eminent Studio),并从事应该包括收集、交换、精读(perusal)经典文本在内的文学活动,诗文游戏,书法、艺术、音乐交流和棋类游戏等等。该群体后来被人们称为"高斋学士(Eminent Studio Scholars)"。

这群人特别喜欢诗歌。至少在这方面,襄阳有一些声名,因为它曾是"西曲(western lyric)"传统的源泉之一,并激发了宫廷继受逾一世纪。西土风格的四行诗(quatrain)是为了纪念重要的政治事件而写,例如478年沈攸之的失败。萧衍在501年的战役自然也得到了这样的待遇。在一个名为《襄阳蹋铜蹄》(Stamping Brass Hooves of Xiangyang)的系列中,萧衍自己也就此主题上撰写了西土式的诗句,据说由十六名舞者表演。试举一例:

> 龙马紫金鞍　(a dragon-horse, a gold and purple saddle),
> 翠耗白玉羁　(a kingfisher-plume, a white jade halter).
> 照耀双阙下　(splendor accruing to the emperor),
> 知是襄阳儿　(know it to be Xiangyang men)。①

萧衍在诗中想要对为他作战的荫客表示深深的感激,将他们比作珍贵的军事装备及装饰,"照耀双阙下"。萧衍的近臣沈约曾作过同题诗,以一种来自其有幸的当地荫客之崇敬感激的姿态作出和应:

---

① 《乐府诗集》卷四十八《西曲歌中》,第708页。原文英译是作者自译。

生长宛水上	(born and raised by the waters of Wan),
从事襄阳城	(a retainer in the city of Xiangyang)。
一朝遇神武	(one morning I met with his divine might),
奋翼起先鸣	(lifted my wings and gave the first call)。

蹀鞚飞尘起	(dancing reins and flying dust),
左右自生光	(each one in his entourage shines)。
男儿得富贵	(a man gains rank and wealth),
何必在归乡	(what need is there to come home again?)。①

这些诗作交流歌颂了襄阳男儿的军事荣耀、皇帝得其效命与忠诚的愉悦，及此赋予当地人的直截了当的优势，包括令他们乐于流徙。尽管襄阳人被认为是次要的，但他们同样被展现成是受到皇帝深深重视和敬重的。

萧纲自然也想写作西土风格的诗歌来纪念他在襄阳的职期。他的侧重点和上一代人颇为不同，例如以下这篇名为《大堤》的诗歌：

宜城断中道	(at Yicheng we stop midway),
行旅极留连	(en route we frequently linger here)。
出妻工织素	(divorced women skilled in embroidery),
妖姬惯数钱	(bewitching courtesans practiced in counting cash)。
炊雕留上客	(exotic dishes detain honored guests),
贳酒逐神仙	(wine on credit, we pursue the gods)。②

---

① 《乐府诗集》卷四十八《西曲歌中》，第 708 页。原文英译是作者自译，参考 Chan Man Sing, West Songs, 165–166。
② 《乐府诗集》卷四十八《西曲歌中》，第 705 页。原文英译摘自 Marney, Liang Chien-wen ti, 29.

这首诗和其他萧纲系列的作品一样，是对五世纪中叶刘宋宗王刘诞的怀旧之作(reminiscent)，歌颂休闲和感官娱乐。与那些早期诗作或萧衍及沈约的作品相比，萧纲没有展现什么对于襄阳文化与社会的兴趣。除了提到宜城（同样被称为"大堤"）之外，他的诗和描述京师的某个乐园(pleasure garden)没什么区别。

萧纲并没有不理解襄阳本土的历史，但看起来很大程度上是读书考据学来的，强调其遥远过去的辉煌，而不是近在眼前的社会。例如，在一座当地寺庙的题刻中，他将该地区称作东汉的摇篮(the cradle of the eastern Han)，提到了当时声名比较显赫的几个当地家族姓氏，但没有谈及任何近期的事情①。他还命人画了过往襄阳当地长官的画像；尽管不知道入选画像的名单，但像羊祜和杜预这样遥远的楷模似乎是最有可能的②。与之相似的是，在他的疏奏中所表现出来的对当地人的关怀，带有教科书式的儒家家长作派，那不仅仅是对于某一具体地点相关细节的高度关心。③。

这些疏奏中有一个值得注意的侧重点，即萧纲对于军事战争的反对；他表达了对军事花费及征兵负担的顾虑，认为这会导致"壮夫疲于擐甲"④。萧纲的亲随，以徐摛为首，协助策划了一场重夺汉水北岸地区的军事战役，那里已经在北方的统治下超过二十年。这战试图利用此时北方中央权力的彻底崩析，包括繁荣的北方都城洛阳因内战而造成的大规模毁坏。结果南方政权短暂重掌了新野、南乡、南阳、穰城等

---

① 《艺文类聚》卷七六《内典部上》，第1303—1304页；Marney, *Liang Chien-wen ti*, 29‐30, 35.

② 《艺文类聚》卷五二《治政部上》，第949页；Marney, *Liang Chien-wen ti*, 31.习凿齿的地方史当中有一整章内容是关于著名的地方长官；这可能为萧纲作人物画像提供了基础的候选名单。参见Andrew Chittick, *Pride of Place*: 119‐121, 213‐220.

③ 《艺文类聚》卷五十《职官部六》，第900页；Marney, *Liang Chien-wen ti*, 29‐30, 35。

④ 《艺文类聚》卷五十《职官部六》，第900页；Marney, *Liang Chien-wen ti*, 30。

区域,但是虽然有这样的契机,这次战役的目标仍是颇为有限的①。

萧纲对于军事战争的厌恶是他对于襄阳地区粗野尚武习俗(rough and combative customs)更宽泛偏见的一个反映,他的上流社会的教养并没有帮助他理解或同情(understand or sympathize)这种习俗。在萧纲给其从兄弟萧恭——萧伟之子,后来被派往襄阳②——的私人信件中,他明确表达了上述厌恶。第一部分如下:

> 彼士流肮脏,有关辅余风,黔首扞格,但知重剑轻死。降胡惟尚贪惏,边蛮不知敬让,怀抱不可皂白,法律无所用施。③

萧纲对于该地区的反感,在其母丁妃死于526年时也明显表现了出来,当时他向皇帝请求返回京师服丧。该请求遭到拒绝,而萧纲被迫在襄阳多呆了四年④。

萧衍渴望在这一时期把他的儿子留在襄阳,其动机很可能是源于,他理解王朝的强大有赖于他的儿子和继承人们通过在指挥岗位上的个

---

① Marney, *Liang Chien-wen ti*, 32–34.
② 萧恭的任命和该书信都没有具体日期。Marney, *Liang Chien-wen ti*,第36页认为萧恭是在526年继萧纲上任。然而,我们很明确地知道,萧纲在那年之后还留在襄阳(《梁书》卷四《简文帝纪》,第104页),而他在530年仍然是雍州刺史,同年调回京师,由萧续接任(《梁书》卷三《武帝纪下》,第74页)。萧恭的传记说他被派往襄阳协助平定雍州蛮文道之乱(《梁书》卷二二《南平王萧伟传附萧恭传》,第349页),此事在别处记为532年(《周书》卷十四《贺拔胜传》,第218页),但可能之后还有加剧。532年的这一时间和几处史实相矛盾,比如萧续应该在530—535年出任雍州刺史(《梁书》卷三《武帝纪下》,第74,79页;《梁书》卷二九《庐陵王萧续传》,第431页);此外,萧恭离任雍州刺史是受时为荆州刺史的萧续的唆摆,那是在539年才开始(《梁书》卷二二《南平王萧伟传附萧恭传》,第349页;《梁书》卷二九《庐陵王萧续传》,第430—431页)。综合所有证据来看,萧恭在襄阳的任期应该是在六世纪三十年代的中后期。
③ 《梁书》卷二二《南平王萧伟传附萧恭传》,第349页;原文英文部分由作者自译,参考 Marney, *Liang Chien-wen ti*, 36。
④ 《梁书》卷四《简文帝纪》,第104页。

人经验发展出军事荫客的关系网络。然而在这一方面,萧纲并不是特别成功。他拒绝支持军事活动,厌恶该地区的暴力习俗,同时又得到其由朝廷宠臣组成的亲随大队的妥善保护,因此据我们所知,萧纲在襄阳时只与一个人建立了重要的荫护关系:柳庆远之子柳津,他后来于530年随萧纲回到建康①。柳津曾是525年北方作战的指挥官之一,他的父亲对于萧纲之父也非常重要。另一方面,他可能还不是特别受过教育或有文化的;他写给萧纲请求在襄阳呆久一些的信札是由萧纲的亲随之一刘孝仪代笔,而柳津后来在京师的政治生涯也是微不足道的②。与此同时,大多数襄阳武人都被留守城戍,等候着一位更受欢迎的皇家护主。

竞争性的表演:本地的军事节庆文化
COMPETITIVE SPECTACLE: THE LOCAL CULTURE OF MILITARY FESTIVALS

表现京师与襄阳地方之间文化张力的最后一个舞台(arena)是当地节庆。有几个独特的节庆项目已经成为西土城戍文化的标记(hallmark);与早前的此类节庆不同的是,它们包括了基于竞争性、模拟军事竞赛(competitive, mock-military competitions)的公众表演。我们知道萧纲和他的部属至少积极阻止了其中一样活动,一种吵闹的拔河(tug-of-war)竞赛。另一个包括了划船比赛的竞争性表演最终披上了文学伪装(literary guise),或许是为了回应此时来自朝廷的压力,并成为中国文化的一个持久标志。

舟赛安排在仲夏,具体在农历五月初五,人称端午节。从汉代开

---

① 《南史》卷三八《柳元景传附柳津传》,第992页。
② 《艺文类聚》卷五二《治政部上》,第948—949页;《南史》卷三八《柳元景传附柳津传》,第992页。

始,此类"叠数"的日期就在中国节庆日历上显得很重要。笼统上说的仲夏,以及具体而言的"重五",被认为是极其不祥(inauspicious)的,早至后汉时期的文献就记载了一系列操作,用于在这天日驱除邪灵、安抚水龙等等①。然而,在这一天表演舟赛是相对晚期的现象;最早提到它的文献是《荆楚记》(Record of the Jing-Chu Region),一个六世纪中叶的简明节庆日历。以下这段扩充描述——或许是原始文献的一部分,或许是至迟在七世纪初期被附加上去的——为我们提供了一个生动的描述:

> 五月五日竞渡,俗为屈原投汨罗日,伤其死故,并命舟楫以拯之。舸舟取其轻利,谓之飞凫。一自以为水车,一自以为水马,州将及土人,悉临水而观之。②

此类舟赛的发展揭示了襄阳及其他西土城镇的社会与文化的几个重要特征。第一,与早期对端午的描述不同——当中只提到以人户为单位的活动(编织特殊的布,制作特殊的食物,悬挂护身符)——舟赛是协作的、以社区为单位的活动,明显需要重大的组织资源(organizational resources)筹措。如果没有一个既有动机又有财力、有兴趣筹划一场大众公共表演(popular public spectacle)的当地精英所给予的领导和财政支持,这些舟赛是不可能发生的。这种地方领导的角色与从当地民众和地方事务(可以从辛宣仲的故事中得证)中"脱离"的经典模式存在着激

---

① [美] Derk Bodde, *Festivals in Classical China: New Year and other annual observances during the Han Dynasty, 206 B.C.-A.D. 220* (Princeton: Princeton University Press, 1975), 289–316.

② [南朝梁]宗懔撰《荆楚岁时记》,王毓荣校注,台北:文津出版有限公司,1988年,第163页。原《荆楚记》由宗懔所作,他是在江陵的南阳侨民聚落成员,成书不晚于565年。校注版称《荆楚岁时记》由杜公赡于隋至初唐时期完成。参见《新唐书》卷五九《艺文志三》,第1538页(译者按:原注误作《旧唐书》)。

烈的冲突,这种模式自后汉时期开始就主导着当地精英的自我呈现(self-representation)和本土文化的书写记录①。

第二,该节庆被刻意安排成竞争性的表演,且与军事传统之间有着明显的联系;它基本上是一个战争游戏,一种模拟战斗,可能也有真正的人员伤亡②。舟船所使用的军事修饰词(military epithets)以及观看者"州将及士人"的身份,都强烈地暗示着这一点。关于该节庆与军事文化之间联系的进一步证据见于《隋书·地理志》中。在首先详细介绍屈原的早期传说及舟船是为了救他之后,原文续曰:

……习以相传,为竞渡之戏。其迅楫齐驰,櫂歌乱响,喧振水陆,观者如云,诸(荆)郡率然,而南郡(江陵)、襄阳尤甚。③

这段描述对江陵和襄阳的强调是有启发性的。二者都不是屈原自杀的地方,也不是他的家乡,所以它们没有什么特别的理由去纪念他。相反,它们的重要性在于,它们是西部地区最重要的两个军事戍卫,而这一事实让我们更有理由相信,舟船竞赛始于军事训练,后演变为一种公众演出。舟赛的公众性、竞争性以及潜在的暴力性,在很大程度上与我们所知的、主导着城戍社会(garrison society)——尤其在襄阳——的人们的思维和行动保持一致。

---

① [美]Alan Berkowitz(柏士隐), *Patterns of Disengagement: The Practice and Portrayal of Reclusion in Early Medieval China* (Stanford: Stanford University Press, 2000); Andrew Chittick, "*Local Writing.*"

② [美]Wolfram Eberhard(艾伯华), *The Local Cultures of South and East China* (Leiden: E. J. Brill, 1968),第396页将舟船竞赛描述成"双方之间的较量,输的一方要被淹死献祭"。然而,他的相关证据广泛散布在(较长跨度的)时间和空间之中,多数来自宋和帝国晚期,因此使用时必须特别注意。没有证据显示六世纪时有活人献祭。

③ (唐)魏征撰《隋书》卷三一《地理志下》,北京:中华书局,1973年,第897页。

此外，舟船竞赛并不是我们所知在西部地区举行过的唯一一种具有军事模拟性质的公众竞赛。其他的包括球类游戏、斗鸡、某种拔河——有着诸如"牵钩""拔緪"等多种称呼。而后面的这一类竞赛还包括了大声诅咒即所谓"压胜(shouting to achieve victory)"，这种操作据说也能驱赶邪灵（此处值得商榷，参见孙英刚 2012 年为英文版所写书评）。这或许和曹景宗及其伙伴在新年晚会上的大声呼叫咒骂相似，那对于京师地区的精英而言是如此地充满异域气息。拔河比赛显然在萧梁时期以前就已经举行了数个世代，而舟船竞赛或许也是如此，尽管未必一直是在端午节当天，也未必与屈原有任何被表达出来的关联①。

这把我们带到第三点上：关于舟船竞渡在古代是为了拯救屈原于溺亡的推定性起源(putative origins)。这和关联肯定是一个晚近的发展。屈原在经典文学中有极大的声望，因为他是汉代文人圈子中最受尊敬但又富争议性的诗人之一，而他的冤屈流放和悲剧的自杀都是他的传奇和诗歌遗产的核心②。然而，除开一些零星的文献提到在他自杀的汨罗江畔有一座纪念祠以外，并没有证据显示他于公元六世纪前在流行文化中受到广泛崇拜或很高的敬意③。事实上，甚至没有证据显示他的自杀发生在端午节当日；已知最早的关于这一日期的记载来自萧梁初期，在一个神奇故事和"解释"节日起源的合集中。那一则描述试图通过引述一个多姿多彩但非常值得怀疑的故事——关于一位在别处未曾提及的后汉时期的长沙人，以及他遇到邪恶的水龙和屈原鬼魂的经过——来解释当时端午节驱除邪灵的操作。然而，即使在这一则相

---

① 《荆楚岁时记》，第 67—76 页，118—123 页；《隋书》卷三一《地理志下》，第 897 页。

② [德]Laurence Schneider(施耐德), *A Madman of Ch'u: The Chinese Myth of Loyalty and Dissent* (Berkeley: University of California Press, 1980), 2–6.

③ 关于屈原祠的记载见《水经注疏》卷三八，以及《艺文类聚》卷七九《灵异部下·神》，第 1349 页引《异苑》。两者都没有涉及一个更为广泛散布的膜拜仪式(cult)，或是提到重五节日和舟船竞赛。此前荆州当地的历史记载中有提到屈原的家族产业和他的墓葬，并复述了汉代关于他的故事，却没有添加其他新的内容。

对晚近的文献中,也只提到了传统上的给予屈原的个体祭祀,而没有提到任何像舟赛这样的大规模公众表演,或与江陵和襄阳军事城戍之间的任何关系。如果舟赛在当时已经作为重五屈原节庆的活动出现,那么将会很难被忽略①。这一则证据意味着,舟赛和屈原以及端午日期之间的关联,至早也是在六世纪才出现②。

影响上述关联的其中一条可能的来源是萧梁宗王及其追随者们所施加的文化压力。我们知道萧纲在襄阳任上的时候曾积极地阻止(举行)竞争性的拔河比赛,这大概是他对于当地军事主义(militaristic)传统的笼统厌恶的一部分;舟船竞赛想必也承受着类似的压力③。与此同时,萧纲的部属把屈原当作一个道德和诗赋方面的模范来歌颂;萧纲本人认同屈原是一位注重感官享受的(sensual)、杰出的、但不幸被误解的诗人,并把他当作自己的个人英雄。萧纲的文学团体想要和署名屈原的《楚辞》的成就比肩,并进一步努力将西土城戍的民歌传统详细和"文雅"化(elaborate and "refine")④。该群体包括了一些以江陵为基地、来自南阳聚落的"楚地"土著训诂学者(native "Chu" scholiasts),他们或许格外拥护这种对于楚地独特文学遗产的颂扬。

另一个将舟船竞赛与屈原关联在一起的、不同的却具补充性的(complementary)启发来源,是长江下游地区崇拜伍子胥——战国时期吴

---

① 《艺文类聚》卷四《岁时部中》第 74 页引吴均(469—520)《续齐谐记》。吴均的传记和其他作品记录在《梁书》卷四九《文学上·吴均传》第 698 页和《南史》卷七二《文学·吴均传》第 1780 页;他来自长江下游地区,编纂了几部关于本土和王朝历史的作品,以及这个异常故事的集子。我有意有意忽视了一个十分值得怀疑的屈原和五月初五之间的关联,那是一条明显附会成书于二世纪的《风俗通义》的引用,先后被《艺文类聚》卷四《岁时部中》第 75 页"五月五日"条和《太平御览》卷三一《时序部》第 147 页所引。

② 拔河竞赛同样发展出了一个明显伪造的"背后的故事",声称这是由一位战国时期的将军传下来的;参见《隋书》卷三一《地理志下》,第 897 页;《荆楚岁时记校注》,第 72—76 页。

③ 《隋书》卷三一《地理志下》,第 897 页。

④ Marney, *Liang Chien-wen ti*, 77–81.

国的一位有权势的国相,被迫自杀,尸体被投入江中——的强烈传统。在文学话语(literary parlance)中,伍子胥和屈原的关系非常密切;二者都被认为是正直国相的楷模,且都在不肖统治者(unworthy rulers)手上受苦①。关于他的传统与舟船竞赛之间的紧密平行在上文引述的《荆楚岁时记》中被提到:

> 邯郸淳《曹娥碑》云:"五月五日,时迎伍君。逆涛而上,为水所淹。"斯又东吴之俗,事在子胥,不关屈平也。②

相较于屈原相对脆弱的流行遗产(rather weak popular legacy)而言,对伍子胥的崇拜在自东汉时期以来的文本中得到证明,而且无可置疑

---

① 关于这种关联的证据大量存在,例如在《论衡》卷 4 第 5 页下[translated by Alfred Forke, *Lun Heng*(New York: Paragon Book Gallery, 1962), vol. II: 248(译者按:作者所用为英译本,相关内容对应在《论衡》卷四《书虚篇》,[东汉]王充撰《论衡校释》,黄晖校释,北京:中华书局,1990 年,第 180—187 页)]中,王充将两人作为著名的投河自杀人物相提并论,强调屈原之死并没有引发任何超自然的事件,因为当时有人说伍子胥的死引发了一些超自然现象。在一个晚很多的例子中,《晋书》卷九四《隐逸·夏统传》,第 2428 页,记叙了一个精彩的故事,关于一个吴地萨满被诱使在洛阳以南的洛水上泛舟戏水高歌;他聚集了一大群等着欣赏的人,他们慨叹着:"谓子胥、屈平立吾左右矣!"(译者按:这里说的是《晋书·隐逸传》中的夏统,他并不是什么萨满,这大概是作者把传中描述夏统应贾充要求随水而戏的惊险刺激画面的文字,误当成某种怪力乱神的现象;而且也不存在什么"诱使",这是一个典型的南人、北人之间互相为难、拆解的情节;再者,当日是三月上巳,原本"王公已下并至浮桥,士女骈填,车服烛路",并非由夏统召集)。

② 《荆楚岁时记》卷二二"五月五日条",第 92 页(译者按:作者所引为台版,译者未见。《荆楚岁时记》甚短,不知台版据何分卷,"卷二二"之注令人困惑,另有宋金龙校注《荆楚岁时记》,太原:山西人民出版社,1987 年,对应内容在第 48—49 页)。曹娥的传记以及邯郸淳《曹娥碑》的内容,见《后汉书》卷八四《孝女曹娥传》,第 2794 页,其中曹娥碑的年代被定在公元 151 年。关于这个故事的同样版本在西晋时期的文献中被广泛引用,比如《会稽典录》就是可能性较高的一个,参见《世说新语·捷悟篇》,第 579—580 页;《艺文类聚》卷四《岁时部中》,第 74—75 页;《太平御览》卷三一《时序部》,第 147 页。

地和重五之日关联在一起。到四世纪时,中国北方平原上已经广布伍子胥庙;一个关于荆州本土故事的早期合集提到了他老家的产业,就在襄阳以北不远的南阳郡,因此他的文化应该也在那个地区流通①。伍子胥因为他伟大的军事才能、成功复仇以及对水军(forces of water)的操控而受到尊敬;许多记叙都表明,他那经常制造麻烦的怨灵可以通过驾驶船只进入水中央并表演特殊舞蹈的方式去安抚②。确立已久的对伍子胥的祀典活动影响了针对屈原的相似的细化加工(elaboration),以此来解释一种表面上相似、实际上拥有不同起源的水上仪式。

对证据的总结告诉我们,舟船竞赛本身是起源自一种竞技性的表演,是众多由当地富人和高级城戍官员推动的、具有军事模拟性质的公开运动之一。然而,它们被加工成一个在重五之日纪念屈原的节日,最好被视作一种在当时或随后若干年中,通过赋予其文学外衣以取悦萧纲或其他萧梁政权成员,从而为该节庆更暴力的诸层面"消毒(sanitize)"的努力③。它或许是一种利用独特"楚地"文化模范作为凝聚主题(binding motif)、调和(harmonize)西部城戍军事传统和文学精英的刻意尝试的一部分。这最起码也是一种从王室家族那里获得好感(favor)的方式,或至少可以回避被斥责(censure)。该节日是当时襄阳本土文化的好斗(militant)与热心公众(public-minded)的传统的一个分外明确的证明,也是一种正在进行的、对南方朝廷代表所施加的压力的回应的演化。

---

① 关于北方的伍子胥庙,参见《魏书》卷一〇六上《地形志上·司州》第2459页和一〇六中《地形志中·兖州》,第2519页。他的产业被范汪(四世纪中叶)在《荆州记》里面提到,见引于(唐)徐坚等著《初学记》卷二四《居处部》,北京:中华书局,1962年,第578页。

② David Johnson, "The Wu Tzŭ-hsu Pien-wen and Its Sources: Part II," *Harvard Journal of Asiatic Studies* 40, no. 2 (1980): 472-480.

③ 另一条关于这个节日的记载,大概来自中唐时期,详细讲述了当地官员"重铸"竞赛目的的进一步努力,这次要把它变成一种对《孝经》的颂扬,参见《太平御览》卷六六《地部》,第316页引《鄱阳记》。那个途径并没有流行起来。

小　结
CONCLUSION

　　襄阳人参与到萧衍的成功政变中,对于所有参与者及其直系宗亲而言,是一个变革性的事件。他们全体获得了不同层级的声望、财富以及影响力,那些对于前代的大多数襄阳人而言是遥不可及的。尽管那些无法完全利用这一机遇的人会将他们的一些财富和人脉传给他们自己在家乡的荫护关系网络,他们的兄弟或其他男性亲属以及他们的儿子。那些能够充分利用如此机遇的人,比如韦叡,设法跳跃出了州郡的晦暗,跻身京师精英的序列,与王朝各处的家族通婚,并将他们的后代安插到有利可图的(lucrative)中层民政官署和宗王掾属的职位上。

　　萧衍政变对于襄阳这个地方的影响就远没有那么明朗。就短期而言,它(襄阳)获得了更大的关注,在其他情况下那原本是不可能的;当然,对佛寺建造的赞助,一大群地位尊贵的京师文人群体的到来,以及针对本土文化的小心搜集,如果襄阳没有成为萧梁建国的"摇篮",这些都不会发生。就另一方面而言,萧衍诸子及其他皇家代理人对文人文化和"教化"该地区粗野习俗的强调,似乎只有浅薄的进展,同时还要牺牲与下一代当地武人建立荫护关系纽带的机会。随着这种个人招募渠道的枯萎,襄阳和朝廷之间的纽带再一次绷断,就像在南齐政权的时候一样,这导致该区域陷入危险的动荡,并重新开放给能够带来晋升机遇的新护主。

第五章 升华(530—600)
SUBLIMATION, 530-600

萧衍的统治并没有从根本上改变帝国朝廷和襄阳城戍之间的关系。极少数得到财富、地位以及建康文化的某些外饰(trappings)的人，同时也举家迁至京师，令襄阳丧失(bereft)了这样的领袖。到萧衍执政后期，襄阳地方社会中最重要的人物是普遍未受教育的军事文化——也正是此种文化赋予该区域独特性逾一世纪——的代表。尽管这群人中有一些曾在某位宗王属下任职，甚或有亲戚在朝，但整体而言该区域与皇权的关系再一次变得松散。

萧衍在位时间之长在南朝是空前的，这给了他的子孙中很多想要成为继位者的人充足的时间去发展个人的拥护者派系(personal cliques of supporters)。一部分人——像萧纲或他的弟弟萧绎——和大多数文人建立了荫护关系；其他人更急于为武装继承冲突作准备，追求在武斗和带兵方面有经验的人。无人能预料的是建康本身在548—552年之间的毁坏，这引发了一场罕见的无领导的内战，无人在"正统性"或军力上占有优势；而在这场内战中，荫护机制流动的、利己的自愿性格外显著。人们例行公事般地、几乎像骑士般地(cavalierly)将忠诚出卖给任何能提供最好前途的人，结果形成一张极度纠缠的、暴力的、致命的权宜、背叛和复仇的网络。北方政权利用这个机会，强行介入南朝事务，并发现、吸收小规模、自由流动的军事队伍——在他们找寻护主的过程中，并没有指定要效忠建康或他们本土区域的难以相处的世族子弟(fractious scions)——的忠心是相对容易的。襄阳和江陵——此时二者都落入北方政权的控制中——的命运证明了固定忠诚的缺失，不仅仅在军事荫客中如此,在萧氏皇族自身的成员中也如此,萧氏皇族没有因为和长安政权达成协议而感到不安,他们必须如此才能在处理可感知的自身家族内部危机时取得优势。

襄阳在长安统治下的升华(sublimaticn)并没有给该区域带来剧烈的变化,和与建康之间相比,当地的文化在很多方面原本就与关中更为亲近。在针对东北方北齐政权和东南方陈朝的大规模且取得彻底成功的战役中所增加的军事服务的机会,大概弥补了获得很高官位的机会的有限。当地的佛教机构继续享受着赞助,并似乎在隋(581—617)初期获得了巨大的声望。在长安政权之下施加于家族世系和姓氏的重要性,对那些襄阳家族是有利的,尤其是京兆韦氏,其远亲在北方本已享有很高的地位。来自江陵的受过良好教育的群体的人们,用高度隐晦和怀古的方式(highly allusive and antiquarian terms)去哀悼南方政权的灭亡,但是对于来自襄阳的杰出人物而言,新政权几乎肯定被视作一种成功——至少在短期内如此。

好斗的群体和自由浮动的忠诚
FIGHTING BANDS AND FREE-FLOATING ALLEGIANCES

襄阳城成中普遍未受教育的军事文化,并没有因为其一小部分成员在萧梁时代初期的成功而得到多大改变。六世纪中期内战的证据表明,许多与曾经支持萧衍的人属于同一类型的军人,仍然在该地区占主导地位,并准备好了在任何能够提供最佳成功前景的人麾下效命。这些人被组织成小队,通常由几兄弟及其子侄或其他男性近亲组成的联盟为首,带领从几百人到几千人不等的群体。他们的权力往往是非常本地化的,而他们的忠诚基本上是自由浮动的,可供最有前途的赞助人取用。其中突出的例子是由柳仲礼、杜岸、杜叔毗和席固为首的群体。

在548年,萧衍的政权陷入了一场深刻的危机,通常被称为"侯景之乱"。兵灾的大致情况是众所周知的。萧衍这个时候八十出头,可能已经比较老迈。在548年,为了在与控制着"东魏"朝廷——对北魏皇位宣告合法性的二者之一——的高欢的对抗中获得优势,萧衍在误导下邀请了一位名叫侯景的北方乱将来到南方,以为盟友。然而,当侯景到达建康附近时,他已经组织了一支庞大的乌合之军,并迅速对该城进行了一次具有高度破坏性的围攻,这使得许多京师精英的财富都成为废墟,即使它吸引了其他人的效忠[1]。侯景的战乱最好被视为一团点燃了更为根本的系统性问题(systemic problem)的导火线的星星之火,这个问题困扰着(plagued)所有南方政权:皇位继承。对于被安置在州郡城戍中的宗王而言,萧衍政权即将来临的灭亡是一个备受期待的事件,他们多年以来一直在令自己就位,准备从中取利。侯景在可能的皇位竞争者中掺上一脚,这是一个意想不到的转折,但没什么人认为他可能成功(事实上他确实没有)。因此,萧衍之政的崩溃,以及他指定的继任者萧纲的明显软弱,首先被视为个人晋升的机会,不仅是对于各位宗王自身而言,对于许多身为——或希望成为——他们荫客的人而言亦然。

在六世纪三四十年代,襄阳最重要的本土领袖是柳仲礼,柳庆远之孙。正如在前面的章节中提到的那样,柳庆远没有迁往京师,也没有把他的长子柳津带去京师接受教育;柳津在礼貌的艺术(polite arts)方面据说是"缺乏(deficient)"(译者按:"虽乏风华,性甚强直",所"乏"者并不是"the polite arts")的。柳津最终于520年成为萧纲属下,并搬去建康接受一个具有荣誉性但不太重要的官职。他自己的儿子们再次没有随他前往,而是留在了襄阳,在那里他们获得了伟大的名声,甚至在名为《柳四郎歌》("Song of the Four Young Men of the Liu Family")的当地歌谣中被

---

[1] Scott Pearce, "Who, and What, Was Hou Jing?" *Early Medieval China* 6 (2000): 49‑61.

颂扬①。其长子柳仲礼的传记提到他高大强壮，眉目闪耀，有"胆气(gall spirit)"（即勇气）。"马仗军人悉付之。抚循故旧(former officials and clients)，甚得众和"②。他在当地的领导地位在532年击退北方军队的战役中是至关重要的。尽管他以襄阳为基地，柳仲礼也无疑和朝廷之间有着远比当地一般武人要好的关系；他曾经获萧衍亲自画像，并最终得到了相邻的司州的刺史这一肥差。

柳仲礼也是有野心的。因为早早预料到侯景之乱带来的困境，他从雍、司二州募集过万人的军队，自谓"当世英雄，诸将莫己若也(unequalled hero of the age)"③。当荆州刺史、湘东王萧绎初传檄救援京师，柳仲礼及其弟柳敬礼（他当时手上另有三千军队）④很快采取行动，率军顺流往京师上游约四十英里处的横江，去和他们的姻表韦粲会师，他当时负责召集西部地区的军队，准备救援京师。韦粲是韦叡长子韦放的长子，完全在京师出生和长大，大部分生涯都在宗王属下度过，先是萧纲，然后（当萧纲升为王储时）是萧绎。尽管他在襄阳有祖源根蒂，但除了他与柳氏之间的姻亲关系以外，没有其他证据显示他保持了任何与该地区之间的重要关系纽带。在岁末的一次具有转折意义的会议上，他不顾一些反对，提名柳仲礼为讨逆联军的总指挥，这可能是因为柳仲礼兄弟带去了人数最多的一支部队，而且不像萧绎的（大部分）属下那样没有实际的带兵经验。史籍显示，柳仲礼和韦粲最初想要"部分众军"，分享军权。然而，韦粲属下在次日遭到侯景先锋部队(advance unit)的袭击；尽管许多人逃走，韦粲与其子以及三个弟弟还有一个从弟

---

① 《南史》卷三八《柳元景传附柳敬礼传》，第994页（译者按：传中云："仲礼弟敬礼，少以勇烈闻。粗暴无行检，恒略卖人，为百姓所苦，故襄阳有《柳四郎歌》。"以此观之，并非以颂扬为目的）。

② 《南史》卷三八《柳元景传附柳敬礼传》，第992、994页。

③ 《南史》卷三八《柳元景传附柳敬礼传》，第992—993页。

④ 《南史》卷三八《柳元景传附柳敬礼传》，第994页。

都坚守阵地直至战死①("兵死略尽,遂见害,时年五十四。粲子尼及三弟助、警、构、从弟昂皆战死,亲戚死者数百人。")。

后来援军想要击败侯景的尝试因为领导者的软弱和各方主要势力基于自身利益的猜疑算计而陷入困窘。因为没有年长的皇子在旁,众多宗王的属下有着多重且时常彼此冲突的忠诚:对于自身的利益,对于他们的上级军官,对于他们的宗王护主,甚至可能对于"萧梁皇室",不论他们心目中认为哪位宗王是皇帝的恰当代表。毋庸置疑,韦粲会希望见到侯景被击败,并且由萧纲(他的前任护主)或萧绎(他的现任护主)其中一人在他们的父亲死后登上皇位。相对而言,柳仲礼和皇室成员之间从未有过任何亲密关系;他基本上是一位自由人(a free operator),可以一边看着局势发展,一边审度哪一方对自己最有利。他推迟所有大规模进攻超过两个月,直到皇宫陷落、侯景控制住了皇帝和萧纲——二人都在明显的强迫下"接受了"叛乱。此时侯景或许可以建立一个新的王朝,就像刘裕、萧道成和萧衍此前一样。柳仲礼显然估计和一位潜在的新君对抗并没什么好处,或者认为冒险让自己和他辛苦赢得的拥护者被杀是不值得的,因此遣散了大部分"援"军,并且和他的兄弟及几位高级将领一起,向侯景投降。

柳仲礼的投降在《梁书》中遭到斥骂,史书剥夺了他拥有自己传记的权力,并设法让他能有多腐化就显得有多腐化,强调他醉酒、淫溺,以及他野蛮无纪的军队,这些都是在针对襄阳军官时爱用的批判。几条现存的史料特别着重强调了柳仲礼对其父亲柳津——当时从头到尾都困守在皇宫中,呼吁其子作战——的不孝行为。在一条史料中,柳津对萧衍慨叹他们二人不中用的儿子们,说他们"不忠不孝"(译者按:《资治通鉴》卷一六二"武帝太清三年"记柳津语云:"陛下有邵陵,臣有仲礼,

---

① 《梁书》卷四三《韦粲传》,第 605—608 页;《南史》卷五八《韦叡传附韦粲传》,第 1432—134 页;《资治通鉴》卷一六一《梁纪十七》,"武帝太清二年"至卷一六二《梁纪十八》"武帝太清三年",第 4997—5000 页。

不忠不孝,贼何由平!"这是对于萧衍临敌问策的无奈回应。据《梁书》卷二九及《南史》卷五三的萧纶传记,他"素骄纵",脾气也不太好,早年颇有劣迹,以至于两次夺爵。据《通鉴》记载,侯景围城,柳仲礼"唯聚妓妾,置酒作乐。诸将日往请战,仲礼不许";而萧纶同样不从劝说,拒不救援。柳津之叹即针对此,他与萧衍同处困境,柳仲礼与萧纶按兵不动,均是既不忠君,亦不孝父,故可以"不忠不孝"相提并论。但萧纶的历史形象也不是全然负面,《南史》说他"任情卓越,轻财爱士,不竞人利,府无储积";太清之难后,萧纶先败于侯景,后婴守汝南,为西魏杨忠所破,不屈被害,死后还有尸身"经日颜色不变、鸟兽莫敢近焉"的奇迹,百姓又为之立祠)。在另一则记载中,柳仲礼在投降后进宫拜见被俘虏的皇帝,而柳津在皇帝身旁恸哭曰:"汝非吾子,何荣相见!"①另一条记录试图挽救柳仲礼弟弟柳敬礼的名声,安排他在临死前咒骂其兄为导致"国败家亡"之"老婢(old whore)"②。这些记叙的真实性是可疑的;他们在意识形态层面的目的是让柳仲礼的背叛显得更为个人化,即一种对于备受敬重的孝行——及与之并列的忠诚——的美德的侵害③。单纯的不忠在那个动乱的时代作为缺点而言太常见也太模糊了;史书需要更强烈的斥责。

不管怎样,接下来发生的事情和投降一样具有启示性。侯景扣留了一部分投降将领,包括柳仲礼的弟弟,但他把最重要的两个人——柳仲礼和王僧辩——派回他们去西土任原职。尽管他们叛降侯景,萧绎还是在他们刚刚抵达就(对他们)重新起用。他们具有高度可替代性(highly fungible)的忠诚并没有成为他们职业生涯进步的障碍;萧绎需要他们的程度超过他们需要萧绎的程度。实际上,萧绎正纠缠于自己在

---

① 《资治通鉴》卷一六二《梁纪十八》"武帝太清三年",第5008、5012页;《南史》卷三八《柳元景传附柳津传》第992页有关于《通鉴》第5008页内容的简短版本。
② 《南史》卷三八《柳元景传附柳敬礼传》,第994页(译者按:所引应在第995页)。
③ 甘怀真:《皇权、礼仪与经典诠释:中国古代政治史研究》,第279—288页。

西土的问题,因此他令所有剩下的军队回到原本的岗位上,由此让侯景得以继续俘虏着他的父亲和兄长,并于接下来的两年中,在全无挑战的情况下控制着建康。萧绎显然更忠于自己的事业而不是笼统的萧氏家族或都城的福祉。

江陵和襄阳之间的张力很快在西土成为主要问题,正如它们此前也经常出现的那样。萧绎在江陵的驻军被他的三个侄子——原本的萧梁政权继承者、二十年前去世的萧统的儿子们——的据点有效地包围着。此时萧衍已经否决了萧统诸子,并提名自己的儿子萧纲为继承人。而萧统诸子据说对此十分不满;更重要的是,他们对于皇位有着胜于旁人的合法继承权,肯定远比萧衍兄弟策划政变时更具合法性。萧绎害怕这三人会合力对付自己,因此在三人中最年长的那位(他当时以巴东为基地)[译者按:萧统长子是萧欢,大同六年(540)已殁,此处被杀的应该是桂阳王萧象子萧慥]回赴己任之前就将他杀害,并派军攻打在长沙的(萧统)次子(萧誉)。第三位侄子,岳阳王萧詧,时为雍州刺史,坐镇襄阳;当他的兄长派人求援、抵御萧绎时,他迅速展开行动。

萧詧对于自己兄弟和萧绎之间不顺从、互相猜疑的关系发展并不是一无所知。就像其他宗王一样,他也预见了一场能成就萧衍的内战即将来临,并相当高兴能于 546 年获委任到极具战略地位和历史上很吉利的(historically auspicious)襄阳的岗位上,当时他只有 27 岁①。他从京师带了一群令人印象深刻的才学之士到任,其中最重要的是蔡大宝,后者和他共事多年,是一位聪明绝顶的战略家,并被后人拿来和诸葛亮相提并论②。他亲随中的另一位是柳庆远的从子柳霞,他在襄阳长大,在他于六世纪四十年代随邵陵王萧纶去建康之前,曾在多位往镇襄阳的宗王手下任职。柳霞与柳庆远自己的儿子们气质不同;事实上,据说

---

① [唐]令狐德棻等撰《周书》卷四八《萧詧传》,北京:中华书局,1971 年,第 856 页。

② 《周书》卷四八《萧詧传》,第 868—869 页。

柳庆远把柳霞视作他们家族的希望，要靠他把从柳元景开始传至柳世隆再传至柳庆远自己的强大的柳氏家族延续下去①。萧詧把柳霞一并带回襄阳，辟为州别驾（这和柳庆远在萧衍属下所任官职一样）。

在襄阳时，萧詧勤勤恳恳地想要赢得民心（populace），并与当地的武人发展个人荫护关系。史称他为人正直，文采好，虔诚向佛，不近酒色或其他感官娱乐，且性至孝。他同时也是有野心的、情绪化的，且善于观人，"抚将士有恩，能得其死力"②。与他结盟的襄阳人，诸如魏益德和尹正，在北朝的正史中只有很简短的传记；他们被描述为没有显赫家世出身的武人，几乎无疑是未受教育的，正如大部分追随萧衍的人一样③。

萧詧的当地拥护者中现存记录最多的是京兆杜氏兄弟九人——杜怀宝诸子（译者按：据《通鉴》卷一六二《梁纪十八》第5111页注，杜氏兄弟九人分别为嵩、岑、巁、岌、岷、岸、崱、崟、幼安）——中的几个。杜怀宝是与京兆韦氏结为姻亲的杜氏一支的远亲，但他自己的出身被描述为纯粹的军旅色彩。在萧衍政变中，他曾于襄阳在萧衍的弟弟萧伟麾下效力，并最终成为梁州刺史，该职位通常授予当地武人。他在任上时，曾于六世纪三十年代身先士卒地抵御北方军队的侵犯。他的诸子继承了他的传统，例如他的第三子杜巁因大力和骑射技艺而闻名。当他随父在梁州时，他（杜巁）组建了一支由一百七十名武人组成的队伍，号为"杜彪（Du's Tigercats）"④。到549年，杜氏兄弟及其对属下战士的领导权落入了"少有武干，好从横之术"的第六子杜岸手上⑤。他是萧詧的得力助手，先是助其镇压手下将领的叛乱，又诱俘了萧绎派来竞争

---

① 《周书》卷四二《柳霞传》，第765—767页；《北史》卷七〇《柳遐传》，第2441—2442页，此处把他的名字写作"遐"。有趣的是，这种关于柳氏家族"延续"的设想并不是父子相传；其薪火先传给侄子，再传给从兄弟，之后又传给另一位侄子。
② 《周书》卷四八《萧詧传》，第862页。
③ 《周书》卷四八《萧詧传》，第870—871页。
④ 《南史》卷六四《杜崱传》，第1556页。
⑤ 《梁书》卷四六《杜崱传附杜岸传》，第643页。

雍州刺史的人,由此在两位宗王之间播下了猜忌的种子。

当萧詧试图进攻萧绎、援助兄长的时候,他携同杜岸、杜岸的两位兄弟以及他们的一个侄子(译者按:据《梁书》卷四六《杜崱传》第642页,这里具体指杜岸、杜崱、杜幼安兄弟三人及杜岑子杜龛)统率主力部队。他那支含步兵两万、四千匹马(译者按:《周书》作"骑千匹",《资治通鉴》作"骑二千")的部队于549年暮秋向江陵挺进并展开进攻。在一次(萧詧)与萧绎的谈判中记叙道:

> 元帝(萧绎)大惧,乃遣参军庾奂谓詧曰:"正德肆乱,天下崩离。汝复效尤,将欲何谓?吾蒙先官爱顾,以汝兄弟见属。今以侄伐叔,逆顺安在?"詧谓奂曰:"家兄无罪,累被攻围。同气之情,岂可坐观成败。七父若顾先恩,岂应若是。如能退兵湘水,吾便旋旆襄阳。"(译者按:原文系转述,但当中有不少问题,故此处改为直接引用)

萧詧后来退兵至江陵以北安营。暴雨引发洪水,淹没军营,在接下来的十天中导致士气严重受挫①。

此时,杜氏兄弟(译者按:据《资治通鉴》卷一六二《梁纪十八》第5124页,这里还包括杜崱的四哥杜岌)做了一个具有转折意义的决定:他们改变阵营,带领部下投向萧绎,令萧詧处于非常危险的境地。史料中对此给出了几点原因:首先,萧詧所表现出来的优柔寡断不能激发信心,其部属士气低落。其次,杜岸的弟弟杜崱在江陵时曾于萧绎属下效力,因此和他有"旧"情②。这些关系当然不足以确立任何独一无二的

---

① 《资治通鉴》卷一六二《梁纪十八》"武帝太清三年",第5028页(译者按:《通鉴》中并没有萧绎遣使与萧詧的这段对话,而是记录在《周书》卷四八《萧詧传》中,而大雨阻碍萧詧军队之事在《通鉴》卷一六二,中华书局本第5124页)。

② 《梁书》卷四六《杜崱传》,第642页;《资治通鉴》卷一六二《梁纪十八》,第5028页。《南史》卷六四《杜崱传》,第1557页,认为这种"旧"情是由杜岸建立的。

忠心,因为杜崱和他的兄弟们与萧詧之间同样存在此种关系,但这种关系或许令萧绎一方和杜氏兄弟之间的谈判变得容易。再次,杜氏兄弟受到了萧绎的奖赏;他们分别获得了县侯爵位和千户食邑,以及州刺史和将军职衔①。不出意料的是,这种有利于个人跃升的机会多少在挑选新护主的时候是一个首要的考虑。

但是,杜氏兄弟为他们的决定付出了沉重的代价。杜岸投诚后立即在次日请愿带五百快骑奔袭襄阳,希望在萧詧返回襄阳之前拿下此城。然而萧詧留城镇守的蔡大宝察知此次袭击,而萧詧撤军也格外迅速,因此杜岸绕往襄阳以北,投奔自己的兄长、当时的南阳太守(杜巘)②。萧詧向当时操纵着"西魏"傀儡皇帝、统治着关中地区的宇文泰求援。宇文泰派手下将领权景宣率兵三千,帮助萧詧破杜岸,并于两月后将其俘获③。为儆效尤,萧詧对杜岸"拔其舌""支解而烹之"。他还把杜氏兄弟的母、妻、子女聚集起来,在襄阳北门处死,"尽诛诸杜宗族亲者,其幼稚疏属下蚕室(castrated)","又发其祖父墓,焚其骸而扬之,以其头为漆碗"(译者按:原文中作者把《周书》和《资治通鉴》的记载糅杂在一起引用)④。杜氏兄弟预计杜岸的成功袭击会令萧詧投降,由此保证自己家人在襄阳的安全,甚至让自己成为该地区的统治者。他们冒了一个很大的险,并且一败涂地。

与此同时,萧绎开始利用柳仲礼和王僧辩不太得力的帮助(dubious help)去打败自己的对手。王僧辩被派去南边完成对长沙的围攻;柳仲礼则被派去北边率兵进攻襄阳(参见图5-1)。此时与自己野心勃勃的

---

① 《梁书》卷四六《杜崱传附杜岸传》,第642—644页;《南史》卷六四《杜崱附杜岸传》,第1557—1558页。
② 《南史》卷六四《杜崱传附杜岸传》,第1557—1558页。
③ 《周书》卷二八《权景宣传》提到了援兵一事,见第478页;《资治通鉴》卷一六二则告诉我们日期,见第5031页(译者按:只有《周书》卷二八提到了宇文泰援兵,《周书·萧詧传》和《资治通鉴》的叙述中都是萧詧自己派入打败杜氏兄弟)。
④ 《南史》卷六四《杜崱传附杜岸传》,第1558页;《周书》卷四八《萧詧传》,第858页;《资治通鉴》卷一六二《梁纪十八》,第5031页。

叔父苦苦为敌的萧詧，显然无法从当地获得进一步的支持，于是便再次求助于北方。宇文泰同意派手下大将之一杨忠去击退萧绎的反攻，但要求萧詧将妻子和长子遣往长安为质，萧詧照办①。该协议当然对宇

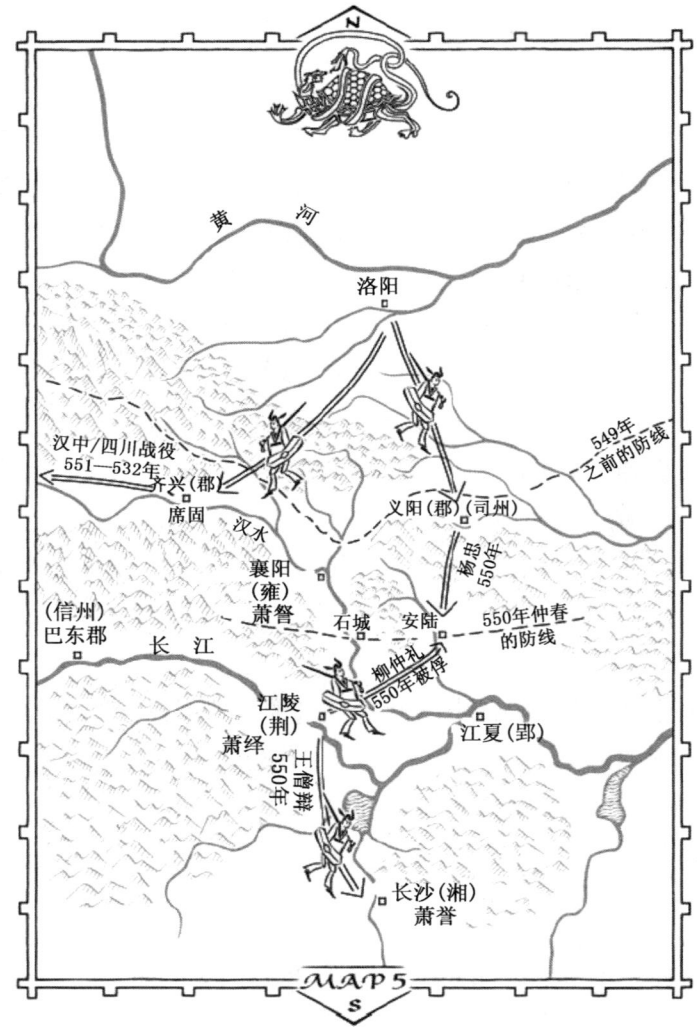

图 5-1　长江中游的军事战役（公元 550—552 年）

---

① 《周书》卷四八《萧詧传》，第 858 页。

文泰有利,他原本就乐于控制长江中游地区,现在得到关键的襄阳地区的帮助——或至少换来其中立态度——真是何乐而不为。

事实证明,柳仲礼在此次战役中也并没有比以往更有军纪。他无视杜岸提出帮助抵抗萧詧的请求,反而移师向东去占据安陆——汉水和长江交汇处以北的重镇——并派属下云控制其他几个郡。他的用意可能是要为自己占据一方独立的要塞,大概预计最终能回到他在司州和雍州的老本营。然而,他没能预测到事态的急转直下,尤其是北境势力的介入。在他于550年初春分兵攻打襄阳的时候,杨忠的军队直接向南攻打安陆,势如破竹地得到了沿途关键领土的归降,并展开围城。在一场时间短、规模小的对抗之后,柳仲礼向杨忠投降,他属下的部队很快也效仿之。萧绎迅速和宇文泰达成协议,遣子为质求和,同时正式放弃石城和安陆以北所有领土的主权,形成一条在江陵和襄阳中间的"界(border)"(参见图5-1)①。

新的地缘政治环境给任何留困在杨忠新划边界内的"南方"军队造成了极大的压力。席固的祖先是在五世纪初期侨流至襄阳地区的北方人,他当时在襄阳以西、汉水上游的齐兴任太守。在萧绎于549年召集军队的时候,他留守本郡,赢取当地人的忠心,并有一支过千人的私人武装部队。萧绎最终提拔他为兴州刺史,还是在同一地区,而他的军队扩充至五千人以上。根据席固的传记,他想要"自据一州,以观时变"。在萧绎让杨忠控制长江中游北部地区之后,席固得出结论,认为宇文泰的政权比萧绎的政权更为强大(也更邻近),于是他向宇文泰投降。他选择的时机以及其据点在汉水上游流域的战略地位都是极佳的,因为宇文泰原本正策划着接下来要控制那一地区,作为征服蜀地的先导。结果席固获得了很好礼遇,获封新丰县公、食邑二千户、丰州刺史,以及一些在宇文泰政权体制内代表最高荣誉的头衔(使持节、骠骑大将军、

---

① 《资治通鉴》卷一六三《梁纪十九》,第5035—5036页("魏以石城为封,梁以安陆为界,请同附庸,并送质子,贸迁有无,永敦邻睦。")。

开府仪同三司、大都督、侍中)①。

杜氏兄弟的从祖兄弟(second cousins)杜叔毗及其兄弟子侄的经历就远没有那么成功了。他们各有数百部属,并作为一个团体控制着位于汉水更上游流域的梁州的军事职位。在 552 年,宇文政权的军队包围了梁州的治所南郑。当杜叔毗正出使长安朝廷的时候,梁州刺史橼属决定投降,却又害怕杜氏兄弟不会同意,于是借口他们密谋造反,将其全部杀害。梁州刺史处死了元凶之一,但大多数人逃脱了刑责,而他们所有人,包括杜叔毗在内,最后反正都投靠了长安朝廷②。

这些地方上的戏剧化情节在整个西土境内的州郡城戍中纷纷上演,据守者一个接一个地计算着个人利益,并且最终不可避免地被更具凝聚力、更不碎化的北方军队所征服和吞并。柳仲礼、杜岸、杜叔毗和席固等人的例子证明了小群体的重要性,它们通常是由兄弟和其他男性近亲组成,各自控制着一直数百至数千人不等的部队,其忠心是价高者得。这些各自为营的战斗部队之间的这种自愿性(voluntarism)的零碎努力,令宇文政权得以在南下的过程中只以吹灰之力便将其瓦解。

宇文氏统治下的襄阳
XIANGYANG UNDER THE YUWEN REGIME

尽管襄阳名义上保留在萧詧的控制之下,但 550 年发生的一连串事件却将其牢牢置于宇文政权的军事支配之下。在接下来的几年中,随着襄阳在行政上直属于长安,此前这种实际上的(de facto)操作变成

---

① 《周书》卷四四《席固传》,第 798 页;《北史》卷六六《席固传》,第 2338—2339 页。有关西魏北周政权官勋称号的使用,参见 Albert Dien, "The Role of the Military in the Western Wei/Northern Chou State," in Dien, *State and Society*, 331‑367.

② 《周书》卷四六《孝义·杜叔毗传》,第 829 页;《北史》卷八五《节义·杜叔毗传》,第 2851 页。尽管史料中没有具体说明,但很可能他们的父亲杜渐是在 530 年代、当他的从兄弟杜怀宝任刺史时来到梁州,并于之后在那里住下来。

了法律上的(de jure)。其进程是顺利的,不需要任何针对襄阳城的军事作战,也没有激起任何当地的叛乱。事实上,我们很难找到什么因为转向北方统治而产生的剧烈影响;只有在接下来一两代人的时间跨度中,南北方制度的反差才变得稍微明显一些。

此时宇文政权对长江上游地区的控制是令人生怯的。宇文泰最初想把萧詧捧成萧梁政权的继承人,但萧詧自己反对。无论如何,他还是接受了"梁王"的封号,算是更为尊崇的名号即帝号的先导(precursor),并于550年秋亲身赴长安与宇文泰会面①。与此同时,侯景于551年的上游作战没能取得什么进展,因此他选择杀害了在他控制之下的萧梁皇室的剩余成员,并自封为帝。作为应对,萧绎进位为梁元帝(如前文所述,这种叙述是不准确的,只能说即位为帝,"孝元皇帝"号是死后追尊),但同时他进一步以自己的未来为赌注,同意让宇文政权控制汉水上游地区,以换取对方保证支持自己②。宇文泰迅速挥师挺进,并在次年控制了蜀地全境,消灭了与萧绎争夺业已失色不少的梁朝皇帝称号的另一位竞争对手。

在552年夏天,萧绎最得力的两位将领,王僧辩和陈霸先,带头顺流而下作战,重新夺回了建康,以侯景之死收场。到那时,显然他们在为萧绎效命的同时,也在为自身谋求利益。萧绎选择把他的"皇帝"朝廷留在上游的江陵——在那里有着南阳侨民聚落中的本土支持者作为他的强大根基——而不是迁至已经饱受战乱、人口凋敝的旧都,成为他们的俘虏。他显然没有预料到宇文泰会给他找麻烦,或许因为(萧绎)相信他一直以来都是一个十分顺从的盟友。事实证明,这是一个致命的错误。在554年,宇文泰的军队从襄阳南下,轻而易举地攻下了江陵。此前萧绎搬至上游的许多皇家图书秘藏,在此过程中都遭焚毁,而

---

① 《周书》卷四八《萧詧传》,第858—859页;《资治通鉴》卷一六三《梁纪十九》"简文帝大宝元年",第5047、5049页。
② 《资治通鉴》卷一六四《梁纪二十》"简文帝大宝二年",第5073—5074页。

萧绎朝中的士大夫被俘并在折磨人的条件下被押送往长安。萧绎自己被处死,而萧詧——他因为比他的叔叔更为彻底地顺从而将自己区别开来——被安排在江陵登基为梁朝新帝,也就是后梁宣帝。

萧詧的调动导致襄阳地区直接归属宇文政权管理,并改称襄州。由于几个原因,过渡十分顺利。最直接的原因是,襄阳地区逃过了猛烈的破坏和江陵精英所经历的后续的被迫迁移。江陵精英在过去的几十年中孤注一掷地投资在萧绎身上,而他对宇文政权的缓慢投诚似乎是以一种带有巨大否认的状态执行的,其后果则是灾难性的。相较而言,萧詧的投诚则视野清晰(clear-sighted)得多,而且不论是他最初的合作,还是后来转移到江陵,都不需要在襄阳兴师作战。这些事件中没有任何叛乱或抗议,说明该地区的多数领袖人物接受了为一个不同的政权效命的机会。

宇文政权也给武人们提供了大量的机遇。该政权的核心领导群是由宇文泰的约十二名亲密战友组成,他们在六世纪三十年代征服关中的过程中追随在宇文泰左右;在那里,军事功绩远比在建康精英眼中要更受重视,也怀藏着远比任何南朝政权要宏大的军事野心①。在协力度过继承危机、最终拥护宇文泰之子宇文邕即位为周武帝(560—577年在位)之后,该政权的领导层投入到和东魏、北齐政权的持续作战中,并逐步开发出征服建康政权——当时已经被大将陈霸先改朝换代——所必需的资源。

这一对军事活动的投入很快把好处带到了襄阳地区。在565年,襄阳成为整个长江中游北部地区四州——包括江陵——的总指挥部,由皇帝唯一的亲兄弟、卫国公宇文直任地方指挥②。尽管这个行政安排在572年废止,但很快在杨坚(于581年即位为隋文帝)摄政、谋取皇

---

① Dien, "The Role of the Military in the Western Wei/Northern Chou State."
② 《周书》卷五《武帝记》,第71、80页;《周书》卷一三《文帝诸子传》,第202页。

位前的一段时期内得到恢复,这时襄阳是杨坚"忠(loyalist)"军的核心,他们与在长江流域造反的司马消难作战①。该行政安排于586年正式恢复,当时正处于平陈战役的准备阶段,而杨坚的第三子秦王杨俊获委派为当地指挥官,以及隋军进攻建康三路大军的其中一路统帅②。襄阳在长安政权军事计划中的核心地位又因为江陵的特殊情况而被强化,而江陵名义上归萧詧统治,直到他于587年去世。结果江陵没有扮演它的惯常角色,即长江中游的行政治所和军事筹备地区;襄阳反而接手了上述角色,由此获得了皇家更大程度的关注,并从中获益,比它原本在其他情况下能得到的要多得多③。

低级军事服役所拥有机遇的拓展,有助于弥补晋升高度的降低。长安政权的顶级将领维系着一种紧密的通婚(marital endogamy)与特权继承制度,结果形成了一种相对封闭的体系,不轻易让新人加入。此外,他们没有足够的个人军队;军事招募制度——至少在最高层级——比南朝宗王的荫护机制具有着高得多的非私人化(impersonal)程度④。结果是,这种体制所提供的快速晋升进入上等品级的机会,没有更具流动性、更不稳定的南朝政权提供的那么多。然而实际上,极少数来自襄阳的人能从南朝体制提供的机遇中得益;它更像是一个彩池非常有限的彩票投注,每隔一代人的时间才开奖一次,那就是在皇位继承的时候。

在这一时期的襄阳人当中,能在长安政权升至最高位的是那些及

---

① 《周书》卷二一《司马消难传》第354—355页提到了当时的襄州总管王谊,也是他发兵替杨坚讨伐司马消难。关于他继承者的事迹,参见《周书》卷三六《崔彦穆传》,第641页。

② 《北史》卷一一《隋高祖文帝纪》,第412页;《隋书》卷一《高祖纪上》,第24页;《隋书》卷四五《秦孝王杨俊传》,第1239—1241页。

③ 这个情况和265—280年那段时期非常相似,当时西晋司马政权已经灭蜀并筹备平吴。由于江陵在吴国的控制中,因此襄阳成为此战的集结区域,于是一群非常高级的官员来亲自管辖,并对该地区高度关注。

④ Dien, "Role of the Military in the Western Wei/Northern Chou State," 332.

时且有战略性地从南方投诚的人。该政权对于这类人的赏识,可以从他们于564年在襄阳为席固建造大规模墓葬"赐其墓田"这件事上得到标志性的证明(symbolic testament),席固的战斗传统和恰合时宜的投诚,令他成为当地人中"正确的那一类(right sort)"(译者按:此处应为史料直译,但在《周书》《北史》的席固传中均没有找到相关文字,存疑)①。然而许多在职业晋升中选择机会主义道路(opportunistic routes)的当地人最后都发现那是死胡同(dead ends)。柳仲礼虽然史称在北方受尊敬,但自从投降之后就没有获封过高级官职,而且他的投降在北方的史传中也被毫不客气地被描述为"擒(capture)"②。杜氏兄弟的命运在和萧绎结盟之后甚至更为惨淡。他们很快投靠萧绎最得力的将领王僧辩,并让他们的侄子杜龛娶了王僧辩的女儿,以此确保双方的盟好关系。杜龛和他仅余的两位从父是552年建康攻夺战中的关键人物,而两位叔辈均死于是役。在后续的王僧辩和陈霸先争夺建康城和皇位控制权的对抗中,王僧辩被杀。杜龛于是在妻子的敦促下起兵反抗陈霸先的军队,同样被杀,这一杜氏支系的命运至此终结③。

对于那些受过更多教育、具备较少战斗潜力的人们而言,改变效忠对象的过程就显得不那么危机重重,但相应地,潜在奖励也少一些。有不少受过良好教育的人曾为萧绎效力,并于554年被带到长安,他们在北方获得称颂和重要的官职,尽管他们通常并没有得到很大的权力④。相似的命运也降落在萧詧荫客的身上,他们随迁至江陵,得到了崇高但

---

① 《周书》卷四四《席固传》,第798页;《北史》卷六六《席固传》,第2338—2339页。
② 《南史》卷三八《柳元景传附柳仲礼传》,第992—994页;《周书》卷二《文帝纪下》,第32页;《周书》卷一九《杨忠传》,第317页。
③ 《南史》卷六四《杜崱传附杜岸、杜幼安、杜龛传》,第1557—1559页。
④ 相关例子包括颜之推,参见 Teng Ssu-yu(邓嗣禹)英译本 *Family Instructions for Yen Clan*, xx‐xxv;还有庾信,参见[美]William T. Graham, *The Lament for the South: Yu Hsin's Ai Chiang-nan Fu* (Cambridge and London: Cambridge University Press, 1980), 11‐20.

普遍没有实权的官职。在后梁政权(此时由萧詧的孙子继承)最终于587年被废时,一些在彼任职的人获得了杨隋政权的授官。这些人很典型的是一群受过更好教育、最初被萧詧从京师带出来的人,或是他们的后代。像魏益德和尹正这样的襄阳武人,尽管自己获得了贵族名衔和千户封邑,却没有什么值得一提的后代①。

有一位受过教育的襄阳人,他成功转换阵营,并令自己从中获得优势,他就是柳霞。当萧詧还在襄阳为"梁王"的时候,他就从萧詧那里获封了高等官衔,但当萧詧政权要迁往江陵的时候,他拒绝追随,并呈上以下说辞:

> 陛下中兴鼎运,龙飞旧楚。臣昔因幸会,早奉名节,理当以身许国,期之始终。自晋氏南迁,臣宗族盖寡。从祖(柳元景)太尉、世父(柳季远)仪同、从父(柳庆远)司空,并以位望隆重,遂家于金陵。唯留先臣,独守坟栢。常诫臣等,使不违此志。今襄阳既入北朝,臣若陪随銮跸,进则无益尘露,退则有亏先旨。伏愿曲垂照鉴,亮臣此心。②

照看家族墓葬的需要或许是一个合理的站得住脚的理由,但柳霞并不是柳氏宗族硕果仅存的成员;柳庆远的许多孙辈还在世,柳世隆的几个孙子也还活着;其中一位当时正在萧詧属下效劳③。尽管如此,柳霞还是留在了襄阳,研习经籍,并谢绝来自萧詧或长安方面的所有征辟,直到562年萧詧去世。柳霞去往江陵,在自己前任护主的葬礼上公开哀悼,这符合人们对于一个称职荫客的预期。之后他迅速跳出退休

---

① 《周书》卷四八《萧詧传附蔡大宝、王操、魏益得、尹正、薛晖等传》,第868—871页。
② 《周书》卷四二《柳霞传》,第766—767页。
③ 《周书》卷四八《萧詧传附柳洋传》,第874页。

状态,接受了北朝授予他的高级官衔①。他那时机甚准的退休让他能够在履行对他前任护主的职责的同时,为用一种有荣誉感的方式转向一位全新的护主效忠铺路。他在这些方面的小心翼翼(scrupulousness)——尤其是和像他的从兄弟柳津之子柳仲礼那类人的比较莽撞的自私做法相比之下——显示出在他早期成长过程中从京师获得的调教②。

襄阳地区移交北方控制的过渡,似乎对双方而言都是成功的。长安朝廷不费吹灰之力就获得了巨大的战略优势和军事资源;襄阳人则获得了更稳定、更活跃的护主,以供他们接受军事招募。南朝史学家明显对萧詧的"反叛(treasonous)"角色存在偏见,但这不应该掩盖一个事实,即,他的行为所造成的后果基本上和其叔萧绎一样,但创伤少许多,而萧绎就被南朝史学家满意地称为梁朝最后一位"正统(legitimate)"皇帝。文学作品把这些事件描述成一场灾难,比如庾信那无可非议的、著名的《哀江南赋》,我们应该把这些看成江陵精英的特殊经验及其文学和反战偏见的体现③。相比之下,对襄阳而言,这种经验既不特别戏剧化,也不特别悲惨。

复仇与家庭纽带
VENGEANCE AND FAMILY TIES

襄阳在北朝的升华点亮了中国不同亚区域(subregions)之间的社会

---

① 《周书》卷四二《柳霞传》,第 767 页。
② 他的儿子们也表现出了类似有保留、小心谨慎的效忠策略。他的长子柳靖最初随父效忠北周,在杨坚当权之后,去官回到襄阳,尽管辟命不断,却一概不就;他的弟弟柳庄起初在江陵效命于萧詧,后来几次出使长安,变得与杨坚关系良好,为将来铺就了道路,一旦后梁政权被取缔,柳庄就入朝任高官。参见《周书》卷四二《柳霞传附柳清、柳庄传》,第 767—768 页;《北史》卷七〇《柳遐传附柳清、柳庄传》,第 2442—2444 页。
③ Graham, *The Lament for the Sonth*.

和文化差异，尤其是关于家族关系纽带和社交网络这方面。学者们一般会程式化地把建康文化当作"南方"的代表，但正如本研究所强调的那样，建康文化在京师以外并不是典型的。襄阳的军事文化和建康相比，相似性还不如和关中地区相比来得高。襄阳之所以被称为"雍州（侨置）"或"南雍州"，就是因为有大量来自关中的侨寓家族。在我们观察这一地区的混杂族群及其战斗精神的时候，南方朝廷的代表令对比变得鲜明，尽管他们通常没有关于关中的直接经验，其中所反映的主要还是他们对于此种习俗的普遍偏见。

襄阳文化有一个独特的层面贯穿了五六世纪，即复仇作为维护个人及家族荣誉的基石(cornerstone)的重要性。这一标志在梁朝末期和在刘宋初期同样强烈。萧詧对于杜氏家族成员的严酷惩罚说明了他有多么理解这一文化的内涵，并试图为其他追随者树立一个前车之鉴。作为回应，杜氏兄弟自然也想要为己方复仇。当他们在王僧辩的指挥下重夺京师后，他们去萧詧父亲萧统的安宁陵，发而焚之，"以报"萧詧的行为带给他们家族"之酷"。萧绎以宗王的通常姿态，选择不为此怪罪他们，尽管陵墓属于他自己的兄长①。

他们的从祖兄弟杜叔毗的例子同样形象。正如前文提到的那样，杜叔毗的兄弟在552年梁州归降北方之前，全部被对手杀害。当其中一位元凶曹策来到长安的时候，杜叔毗请求朝廷对他加以惩罚，但宇文政权不同意这么做，因为曹策的所作所为是发生在归降之前。根据杜叔毗传记中的一个故事记载，他渴望复仇却又害怕朝廷的权力，而他的母亲却没有此种顾虑，她对杜叔毗说："若曹策朝死，吾以夕殁，亦所甘心。汝何疑焉？"在这种对于孔子言教的扭曲解读（twisted interpretation of Confucius's teachings，译者按，此处不甚明了，或许作者认为杜母所言是"朝闻道，夕死可矣"的改编）的鞭策之下，以及出于对母亲意愿的尊

---

① 《南史》卷六四《杜崱传附杜岸传》第1558页；《梁书》卷八《昭明太子传》第169页明确安宁陵是萧詧之父、昭明太子萧统的葬所。

重,杜叔毗"遂白日手刃策于京城,断首刳腹,解其肢体。然后面缚,请就戮焉",宇文泰"嘉其志气,特命赦之",梁朝的宗王们大概也会这么做①。

这种义务在父子兄弟之间的存在感是比较强的,但在襄阳人中间,较为疏远的家庭网络之间则显得不那么常见。这种情况不仅和建康形成对比,和北方亦不尽相同——那里不论胡(non-Chinese)汉都努力记录他们遥远的祖先与扩展的家族关系纽带,而家世等级对于长安朝廷所建立的皇朝地位及招募体制而言是极其重要的。作为结果的文化差异可以从以下这则关于韦鼎的故事中表现出来,他是韦叡的孙子,在平陈之后入隋朝为官:

> 时吏部尚书(Minister of Personnel)韦世康兄弟显贵,隋文帝从容谓鼎曰:"世康与公远近?"对曰:"臣宗族南徙,昭穆非臣所知。"帝曰:"卿百代卿族,岂忘本也。"命官给酒肴,遣世康请鼎还杜陵。鼎乃自楚太傅(Grand Tutor)孟以下二十余世,并考论昭穆,作韦氏谱七卷示之,欢饮十余日乃还。②

这则史料告诉我们很多关于南朝地方家庭的事情。首先,很明显,韦鼎不了解自己的远祖。尽管他可能可以往上追溯至韦叡前的一两代人,他现在不知道自己的宗族在五世纪初南迁之前的情况。他这一支京兆韦氏——和一些河东柳氏的支系一样——是生活在襄阳地区最有

---

① 《周书》卷四六《孝义·杜叔毗传》,第 829—830 页;《北史》卷八五《节义·杜叔毗传》,第 2851 页。尽管这里对《论语》的套用显得"扭曲(twisted)",但"儒学复仇伦理(Confucian revenge ethic)"在经学注解和历史书写中都有很深的根源,参见[美]Mark Edward Lewis, *Sanctioned Violence in Early China*, Albany: State University of New York Press, 1990, 80—94. 但是长官的宽容回应却不是打包票,关于反面例子,参见《周书》卷二二《柳庆传》,第 369—372 页。

② 《南史》卷五八《韦叡传附韦鼎传》,第 1436—1437 页(译者按:引文只在第 1436 页)。

文化且最显贵的家族之一;如果他们都无法往上追溯几代祖先,那么实际上未受教育的普通襄阳武人就更不可能做到了。他们的习俗和一小撮极其显赫的建康世族之间形成强烈对比,后者在南迁的时候带着自己的族谱,或后来编就,可以往上追溯自己的祖先达十二世或更多,一直追溯到西晋、汉代甚至更早。韦鼎不仅做不到这一点,他还显然不觉得有必要假装做到。

其次,韦鼎不知道自己的姓氏在北方有多么重要和有力。在南方,京兆韦氏的名头或许对获得地位有所帮助,但在这方面,其他因素更为重要。韦叡参与萧衍政变的时机拿捏得很准,而他为儿子们谋求在朝的良好教育的后续努力,以及将他们安插在宗王掾属中的尝试,是其后代建功立业的基石。然而在北方,拥有一个显贵的姓氏要重要得多。当韦鼎迁往北朝的时候,他突然发现自己身边有此等现成的盟好社群和护主——韦世康及其家族。这些人是非常疏远的亲属;结果发现,韦鼎是韦世康之父的同九世祖兄弟(eighth cousin)。然而,亲缘的远近显然意义不大;重要的是韦鼎有一个显贵的姓氏,而韦世康及其家族——更不用提杨坚本身——相信这一点,即为了维系恰当的社会层级(social hierarchy),任何拥有同一姓氏的人都需要备受尊敬。

河东柳氏的例子则没有那么明朗,但也显示出同样的现象。首先,河东柳氏家族的南方支系没能通过一个延伸的家族网络来维系重要的政治关系纽带。柳霞尽管得到从父柳庆远的荫护,但却没有通过其他方式和柳庆远的儿子柳津及其(指柳庆远)四个孙子——包括柳仲礼在内——建立任何重要的关系;事实上,这两个人在萧绎和萧察之间的内战中分属敌对阵营。然而来到北方之后,柳仲礼变得更为关注自己遥远的家族纽带。由于被俘之后没能在长安获得任何官职,他"复家本土",回河东定居,在那里柳氏家族的其他成员是显贵而有权势的①。

---

① 《隋书》卷六二《柳彧传》,第 1481 页。柳氏族群在当地的权力在柳崇及其亲属的传记中得到证明,参见《魏书》卷四五《柳崇传》,第 1029—1031 页。

他的儿子柳彧或许受这些远房亲戚的影响比其父的指引更深，因此成了一位经学家和史学家，在一些中层职位上历仕北周和杨隋政权①。

不是所有来到北方统治之下的人都利用了这一机遇。柳霞的儿子坚毅地留在南方度过大半生；实际上，他的长子在他生命的最后十年都在襄阳保持着去官离职的状态，而不愿意在隋朝为官。杜叔毗同样选择去官回到汉水上游流域，他在那里有很大的产业。值得注意的是，他的曾孙辈，唐代的学者们，在史书中被称作"襄阳人"，可见他们遥远的京兆遗产不再被视作他们身份认同的核心部分②。

佛教的进一步发展
THE FURTHER DEVELOPMENT OF BUDDHISM

上一章提出，佛教——至少就其较为学术的形式而言——在六世纪初期时并没有深植根蒂于襄阳。宇文政权对佛教的赞助起初和萧梁政权并没有太大的不同。然而在574—577年打压佛教的过程中及之后，有证据显示一种更学术性的、制度化的(institutionalized)佛教在该地区发展出一个更强大的据点。

在侯景叛乱时，当地人延续着对朝廷资助佛教(court-sponsored Buddhism)的敌意。根据一则在佛教合集中的记录，在杜氏兄弟作为王僧辩大军的一部分取得京师的控制权之后，他们的侄子杜龛来到皇宫禁内最庄严的佛寺重云殿，并让属下登上讲台，欲毁两尊大佛造像，熔铸兵器。这则故事说佛像显灵，僵化了那些人，并在毒打之后杀了他

---

① 《隋书》卷六二《柳彧传》，第1481—1484页；《北史》卷七七《柳彧传》，第2622—2625页。

② 《旧唐书》卷一九〇下《文苑下·杜甫传》第5054页和《新唐书》卷二〇一《文艺上·杜审言传》第5735页提到他是西晋杜预的"远裔(distant descendent)"。席固在唐代的其中一位后裔同样也被记作"襄阳人"，参见《旧唐书》卷一九〇中《文苑中·席豫传》，第5035页；《新唐书》卷一二八《席豫传》，第4467页。

们。尽管真实性可疑,但这个故事传达了一种假设,即杜龛这样的地方州郡武人对佛教权力和庄严是怀有敌意的①。

尽管如此,宇文政权的代表支持当地佛教机构重修,和萧梁宗王的态度差不多一样。在564年,当地统帅、太原公王秉资助了襄阳城东北兴业寺的扩建。有一条年代晚得多的史料显示出,兴业寺此前已经因池中有一只长寿神龟以及一方出自著名书法家之手的碑刻而著名。王秉新加了一座七层宝塔以及另一方碑刻,并改其名为"常乐寺"②。十年之后,当北周皇帝开始灭佛的时候,王秉还是当地统帅。有一则关于这一时期的故事为我们提供了第一条关于自四世纪释道安布道以来,一个在襄阳广泛散布的大众佛教社群(popular Budchist community)的证据。这则故事记录于七世纪初期,主要涉及因一尊广受膜拜的阿弥陀佛(Amida Buddha)像——据说最早由释道安出资建造——被毁坏而引起的一场抗议:

> 逮周武灭法(dharma),建德三年(574)甲午之岁,太原公王秉为襄州刺史③。副镇将上开府长孙哲,志不信法,闻有灵感(supernatural responsiveness)先欲毁除。邑中士女,被废僧尼,闻欲除灭,哀号盈路。哲见道俗叹惜,嗔怒弥盛,逼逐侍从速令摧碎。

---

① [唐]释道世撰《法苑珠林校注》卷十四"感应缘·梁高祖等身金银像缘",周叔迦、苏晋仁校注,北京:中华书局,2003年,第478页引《集神州三宝感通录》。

② 《湖北金石志》第11841—11842页,新、旧寺名下俱有条目。另,关于兴业寺周围的情况,参见《太平广记》卷四七二"兴业寺"条第3885—3887页引《襄沔记》(很可能是出自鲍至之手)。王秉有时也作"王宸",在《北史》卷六二《王思政传附子康传》(第2209页)中有一个简短的传记,当中提到了他在562年任襄州总管。

③ 《周书》卷六《武帝纪下》第91页指称王秉(此处作"王康")在575年被任命为襄州总管。而在《周书》卷五《武帝纪上》第89页注17中,校勘者说《北史》卷六二《王思政传附子康传》第2209页把这个日期说成是保定二年(562),应该是错误的。然而,上述碑刻资料确认了562年无误;但这则故事中又大致确认是在575年(周武灭佛持续了四年,并不只是在574年),因此我推测,王秉曾在两个不同的时期出任襄阳总管。

先令一百人以绳系颈挽牵不动,哲谓不用心,杖监事者各一百,牵之如初。又加三百,不动如故,哲怒逾壮。又加五百,牵引方倒。声振地动,人皆悚栗。哲独喜踊,即令融毁①。扬声唱快,便驰马欲报刺史,才可百步忽然落马,失喑直视四支不举。至夜便卒。道俗唱快于甚。②

显然,这则故事中的很多地方是为了戏剧效果而美化,以进一步传播佛教信仰的神奇。然而核心要点在于,这则故事被用来推断襄阳地区存在着一个由大量信徒组成的佛教社群,且有能力组织起来对抗危险。复仇的主题——在这一主题下当地佛教徒击退邪恶的国家代表——和第四章提到的法聪的故事类似,但这里的证据显示出参与的范围更广。

环境证据进一步告诉我们,襄阳的信众社群或许不是特别有文化或特别显贵。释道宣的《续高僧传》——同样成书于七世纪初——有关于四个出生在襄阳地区的人于六世纪五十年代至七十年代加入佛教社区的记录。四个人都选择离开该地区,到别处重新开始,这暗示着襄阳的社会和知识环境对于有抱负的年轻佛教徒而言,仍然不是特别有前途的③。

在北周灭佛结束之后,事态似乎有所改变,杨坚摄政时,重新大力推广佛法。大约在这个时候,几个有着本土根蒂的僧侣回到该地区,并为当地佛教布道作出了巨大的贡献。例如释智润《续高僧传》作"智闰",他于公元540年出生在襄阳地区,起初没有师从任何人,不过自学

---

① 我把"融毁"一词理解成相近[译者按:原注此处称字形相近(graphically similar),但"融"与"熔"应属音近字]的"熔毁(smelt and destroy by fire)"。

② 《法苑珠林校注》卷十三"感应缘·东晋襄阳金像游山缘",第457页引《集神州三宝感通录》。

③ 《续高僧传》卷九《义解篇五》,第493—494页;卷十《义解篇六》,第502页;卷十五《义解篇十一》,第539页。

而已。后来在二十岁时去往别处寻求学问。经过一段漫长的旅程(sojourn)以及对华严和其他宗派的广泛学习,他最终于北周灭佛运动之后回到襄阳地区讲道,"化行江汉善生道俗"。当地至少有一位本姓张的年轻人在智润的指引劝导下,于578年遁入空门,取法号"智拔",而他当时只不过六岁[1]。

非常虔诚的杨坚在六世纪八十年代中期、准备平陈的时候特别关注了一下襄阳地区。由于认识到该地区在其父杨忠政治生涯中的重要性,杨坚亲自下令扩建襄阳城西南望楚山上的凤林寺,并于586年改名为"兴国寺"[2]。这一发展诱使襄阳最有影响力的僧侣惠哲回到当地。惠哲本姓赵,大概在六世纪五十年代出家,云游至建康,在那里备受尊敬,并被陈朝君主封为大僧正(the grand chief of the Buddhist clergy)。589年陈平之后,他回到襄阳,驻锡龙泉寺,那是隋朝在望楚山的皇家佛寺之一。他在那里的道场有超过三百徒众,包括其他一些出身于本土、最终回到该地区随他学习佛法的僧侣。

虽然惠哲于597年去世,但历史记录中,此后襄阳的佛教活动还是比此前更多且更具延续性[3]。有三则记载是关于北周灭佛之后的一个世代中,当地人发愿入释门的;他们全部在职业生涯初期留在当地,这说明本土佛教社区已经在有抱负的年轻僧侣心中变成一个比较有前途的场域[4]。到隋末,本土佛教社区是如此强大,以至于当地僧侣能够和当地士绅联合,募集军队,试图推翻襄州军事指挥官的统治[5]。这种直截了当的干预在南朝从来未见于史册。

---

[1] 《续高僧传》卷十《义解篇六》,第502页;卷十四《义解篇十》,第537页。
[2] 《湖北金石志》,第11843页。当时的地方指挥官是柳止戈,他是司州柳氏的后代,与襄阳的柳氏属于远亲,参见《北史》卷六四《柳虬传附柳桧传》,第2281页。
[3] 《续高僧传》卷九《义解篇五》,第493—494页。
[4] 《续高僧传》卷十四《义解篇十》,第536—537页;卷二五《护法下》,第660—661页。
[5] 《法苑珠林校注》卷十三"感应缘·东晋襄阳金像游山缘",第458页。

小　结
CONCLUSION

　　六世纪中叶对于南朝大多数地区来说都是一个极度创伤的时代。即使没有被卷入直接的战争，也被迫在追随何人以及如何处置他们往往对立的忠心等问题上作出生死抉择。对于一些人而言，比如杜氏兄弟，这种决定导致了他们家族的灭亡。对于其他人，比如席固来说，这种决定把他领往了高级官位和死后的巨大荣誉。然而，在其他情况下，我们看到的是，除了人们对于亲近男性亲属的直接且通常坚定的奉献，其他层面的所谓忠心是可供攫取的。襄阳人有一种强大的复仇法典，要求人们英勇暴力地捍卫自己的父亲和兄弟，这促使了小规模亲兵的发展，少至数百人，至多数千人。相比之下，他们对于其他所有人——包括他们的直系护主——的忠诚都具有高度的可替代性，也会为了个人生存和利益等权宜目的而转换阵营。

　　在上述环境下，襄阳地区进入长安政权的升华是一次相当平稳顺利的运作。事实上，因为长安政权比南朝政权更着重军事荫护，它很可能给更多的当地人发放更多的利益，并将他们更为紧密地编织进长安政权的阶级体系。长安政权对于征服南方的终极关注在很大程度上推助了这一进程，也给襄阳带来了一个积极且关系良好的军事指挥中心，这是对晋朝在三世纪末征服南方的模式的重复。该进程甚至还终于完成至少一部分关于本土文化沿着佛教脉络的"变革(transformation)"，萧梁的宗王们此前曾尝试这么做，但没有证据显示他们取得了成功。

第六章　结　论
CONCLUSION

在以地方州郡寒门视角纵观南朝历史之后,我们学到了些什么?首先我们发现了,在理解南朝的军事和政治体制的时候,个人荫护是一个极其有效的研究模式,尤其是当我们通过地方州郡精英的视角去看的时候。其次,我们看到了地方州郡的寒门社群和当朝(imperial court)的很不一样,后者一般被认为是"南方"文化的代表。再次,由于荫护关系具有个体性和自愿性,所以对于文化差异的桥接对他们的成功而言是一个关键的部分,并因此关系到南朝的体制是否能够运行。在作为结论的本章中,我会回顾我们所了解到的关于襄阳地方社会文化的性质,继而探索它对于荫护机制在更广的政治领域中运作的启示。

在地社群与在地文化
LOCAL COMMUNITY AND LOCAL CULTURE

在本研究的导论部分,我提出了一种有关"硬"边界社群和"软"边界社群之间的区分。"硬界(Hard-boundaried)"社群展现出一种强烈的、自我衍生的认同感和政治凝聚力(political cohesion),并明确要求其成员的忠诚(loyalty)和效忠(allegiance)。对襄阳地区而言,有关此类社群存在的证据非常稀少。关于五世纪五十年代广布的社群激进主义(community activism)——作为对大明土断的回应——的简短记载,是唯一一条具有实质性的证据,但这条证据在当地人于社群以外效命——显然是为其自身的眼前利益所驱使,而不是为更大区域的忠诚服务——的众多事例面前显得有些薄弱。

更为可信的想法是,"硬"的在地社群形成了一个政治认同的基础,这比"襄阳"作为整体所提供的规模要小,可能只是在侨民聚落的层面上如此。这里的证据要好一点的,但仍然缺乏。京兆聚落的家族可能进行了一些内部通婚(marital endogamy)的实践,并以一种能够和聚落外的人严格区分开来的方式,将彼此视作伙伴和同侪。开拓华山郡的侨民聚落的领导权在康氏宗族的子孙中传递着,这显示出可能有一种类似王权的东西在引发着重要层次的政治效忠和附属。然而,并没有相关记录告诉我们,谁是他们理论上的附属,或任何属于该社群的成员的身份。有关这些地方群体的领袖的记录显示出他们在社群以外工作,甚至搬去很远的地方,且没有清晰指明他们选择效忠对象的出发点是社群的利益而不是他们自己的仕进。柳庆远和他的后代是当地人故意放弃自我晋升的重要机会而经营本土根基的唯一例子。因此,在这些较小规模(smaller-scale)的社群中存在一个紧密、有"硬界"的政治认同的想法虽然是有建设性的,但似乎无法得到证明。

相比之下,有大量的证据证明,存在着一个拥有"软"边界的区域社群(regional community),生成了一种模糊的情感纽带,却又不要求政治效忠或认同。这类社群乐于承认外来成员,并接受社群成员为了自己的个人目的在社群外工作,尽管这可能引发一些利益冲突或悔恨。作为整体的襄阳地区有一个独特的、可能驳杂的(heterogeneous)文化混合,那有时会在和建康朝廷的文化与权力形成反差对比的时候成为自豪和反抗的来源;这种精神(ethos)在鲍至所记叙的那些故事中以及释法聪的角色上得到最清晰的体现。这并没有演变成一种存在于当地人之间、高于一切的政治忠诚感,但它确实对朝廷和地方关系的个体、情感以及社会层面产生了影响。这些个人和社会关系是充实了南朝军队的护主—荫客机制的基石,所以它们有着重要的政治分枝。因此,我们无法从地方州郡寒门的视角理解历史,除非我们首先尝试想象滋生了寒门的地方州郡社会和文化,他们对此有一种情感上的——如果不是政治上的——约束(bound)。

此时襄阳地区社会最明显且最典型的特征就是对暴力的使用。这一地区的领袖人物年轻的时候都会代表性地在山野之间狩猎，十几岁时参与作战（通常是与蛮族），并基于他们杀敌的数量而获得相应的名望和功绩。他们服务于地方城戍的行伍之中，积攒功绩以指挥分部，并且——如果他们够幸运的话——获得某位宗王的关注而被辟为亲随荫客，在其军府任职，且有机会追随他去往其他的职位上。当地人参与个人战斗的能力在整个五六世纪中都得到宗王和其他潜在护主的看重和奖赏。

显然还有其他不包括个人战斗的职业轨迹摆在当地人面前，尤其在贸易这方面。此类贸易往往和城戍本身关联在一起，而一座城池除了募集军士以外，还要发展大规模军资储存，这当中又需要采购代理、船夫、仓储管理者以及其他商人，这些人通常都不会投入战斗。实际上，他们之中无人被历史记录下来，但他们同样是在地社群的一部分。例如蔡那的哥哥蔡局，他很富有，但显然没有为襄阳城战斗过，相反，他利用自己的金钱去招募地方荫客——很可能是武人。曹义宗后来的岳父向氏也是很富有的（远比曹氏兄弟富有），大概是通过商业投资累积的财富。然而事实上，他着急把女儿嫁入曹家，这说明襄阳城的文化即使在那些没有亲自投身军旅的人当中也广泛受到钦羡，（融入这种文化）也是在当地社会中获得高级地位的来源。

与暴力的核心紧密捆绑在一起的是复仇和个人荣誉的重要性。有不少记录是关于人们为被杀害的父亲复仇，于光天化日之下在市集手刃元凶，有时甚至要行动升级，截其肢体、挖其脏腑。杜崱和他的兄弟们为此不惜侵犯前皇位继承人的陵墓，以对自己家族成员及其墓葬所遭受的残酷毁灭作出报复。父亲并不是唯一值得此等待遇的亲属；其他史籍中记载了为兄弟甚至从兄弟所遭侵犯而作出的类似报复。这种家庭的"儒学复仇伦理"(familial "Confucian revenge ethic")在杜叔毗的故事中得到最佳证明，他的母亲通过改编《论语》的方式来敦促他去复仇①。薛安都和柳元景在京师的故事进一步证明了,虽然地方州郡的人们通常认为暴力复仇是正确和恰当的,其他人却明白京师的文化是不同的,而且很可能不认可这种暴力争斗。不论如何,被派往州郡的王朝代理人不仅惯常性地选择宽恕复仇的行为,还会擢升行凶者,认为他们的荣誉感以及愿意为此杀人的决心是武人所应具备的重要特质。如果行凶者做足全套工夫,自缚请罪,以表明他的罪行纯粹是个人私怨而不是对当权者的不忠,那么将更有助于促进上述结果的出现。

被认为足以令这些复仇行为合法化的亲属范畴为我们指明了襄阳社群的第三个特征:极度狭窄的家族纽带。考虑到有关中古精英"贵族"性质的学术研究之丰富以及他们对于谱学的关注,这可能是在地文化中最出乎意料的元素。襄阳人的事迹告诉我们,他们与男性近亲伙同,一般是兄弟(往往有六兄弟、七兄弟,甚至十兄弟)和他们的儿子,有时会混入一些从兄弟。相比之下,更为疏远的亲属则几乎不会作为政治伙伴被提及,且可能并不为人所知或见载于史。在几个例子中,只两三代不同祖辈的男性亲属群组指从曾祖兄弟或族兄弟会独立做出互不考虑彼此的政治决定,分属内战的不同阵营。或许会有人提出,安排家族成员和不同人以及不同朝廷结盟,对于大的家族网络而言是一种生存策略,但现有的证据并没有显示他们是这样操作的。例如,杜岸和他的兄弟们立足于襄阳,先是站在萧詧一边,之后又倒向萧绎一方,在萧绎属下,他们一路打到建康,之后全部被杀。他们的从祖兄弟们(second cousins),即杜叔毗及其兄弟,则迁往梁州;杜叔毗孤注一掷地投向长安政权,混得相当不错,最终回到他在梁州的大宅过退休生活。没有任何证据显示他为了杜岸、杜崱及其后代"延续世系(continued the line)",或曾与他们协划策略。

最能说明家族纽带之限制的是韦叡及其后代的事迹,他们是梁代

---

① 关于"儒学复仇伦理(Confucian revenge ethic)",参见 Mark Edward Lewis, *Sanctioned Violence*, 80-94.

出现在襄阳的教育背景最好、最有"文化"的世系。韦鼎传记中的证据告诉我们，即使这样的世系也无法将祖源追溯到韦叡曾祖父于五世纪初南迁之前——如果他们能追溯到这一步的话；一直到589年平陈之后，他们看到了北方支系所保留的更为完整的谱系记录，他们才了解到其祖先在后汉、曹魏、西晋时期与权贵之间的关系纽带，以及他们与当世北方高门大族之间的关系。其他在地族系对自己祖源的认识可能更少，直到唐代史家利用北方保存的谱系记录才重建出来（当中可能还夹杂了一些想象）。

家族关系的狭窄趋向于支持其他证据，说明襄阳社群那基本上个体化、面对面的(face-to-face)性质。襄阳人之所以在兄弟和从兄弟之间发展出牢固的关系纽带，是因为他们在一起成长并亲密共事。相比之下，他们不太可能和他们没怎么见过的人产生共鸣，即使他们之间真的有血缘关系；单独的血缘纽带是一种相对抽象的概念，对当地人的忠诚概念没有什么影响。换言之，尽管和血缘亲属之间的关系通常会被认为是理所当然的，但在襄阳的例子中，它们也同样会被构想为是个人因素以及——至少在某程度上——环境因素(environmertal circumstance)的结果，甚至是一种选择。

这种基于暴力、复仇以及狭窄、个体化家族关系纽带的社会体制，也在其他本土文化活动中得到体现，但由于几个原因，这些活动更难以重现。首先，襄阳社会十分混杂(heterogeneous)，侨寓士民群体和归附的山地民构成人口的大多数，因此对本土文化活动作出任何不实际的猜测(blanket assertion)都是很危险的(hazardous)。更为关键的是，当地人没有留下关于自己文化的书面记录；除了一些墓葬之外，我们所拥有的关于在地文化的信息全部来自外部的观察，且往往是没有同理心的(unsympathetic)。不论怎样，他们所观察到的内容能够补充我们从当地人的政治和社会行为的证据中得出的结论。

在地文化最突出的特征是大多数当地人都没什么文化修养(limited literacy)。他们中最成功的人当中有许多被明确描述为几乎没有受过教育——如果不是全文盲的话；没有一个人因为学术作品而被提到。经典文学在当地似乎只在零散的个体身上留传了下来：或许是韦叡及其兄弟以及他们在京兆聚落中的姻亲，或许是据说在刘宋末藏在城西共谱经典乐曲的所谓"三公"(so-called three lords，典出第三章中的"三公乐")。这些人的特征是在当地没有获得什么名气或地位，且刻意拒绝与该地区的"平民(common folk)"结交或把自己和他们相提并论。他们当然没有奠定该地区整体的文化基调。

当地人缺乏经典教育，这意味着他们不会像大多数留传下来的当地历史文本一样欣赏该地区的文化历史。那一则有关张敬儿不了解羊祜和《堕泪碑》传说的故事，特别能说明这一点，因为它揭示了当地武人被认为对自己的本土历史一无所知。因为没有阅读的能力，所以对于他们他们来说，那些过往的大部分都是晦暗不明的(opaque)。此外，他们中有许多人是来自别处，或几乎没有投入时间精力去学习本土的传说和知识；其他人，比如宗越，出身于一个相当贫穷的家庭，所以我们不能期待他会关心如此抽象的事情。对于汉、三国和两晋时期故事的考据交集，在江陵的南阳侨民聚落这样狭窄的社群中被保存和传扬，并被抄入《水经注》这样的文献中，但这和当世襄阳的文化与社会没有什么关系。鲍至出色地记录了发生在他所生活的年代的本土故事；然而值得注意的是，他们和从较早时期传承下来的当地学识主体似乎没什么关系。

相反，当地社会以一种与考据学识相当不同的口头和肢体文化为基础，也和建康文学精英的风格大相径庭。正如在第二章中曾谈及的，这种口头文化中最为人熟知的是"西曲"传统，当中包括了舞女、打击伴奏以及基于商业生活经验的歌词描绘。西曲在五世纪初期就已经出现，到六世纪初仍然受到曹景宗这样的当地富人欢迎，我们有关于这一传统的记录，纯粹是因为从刘宋时期开始，宗王们及其荫客们都很欣赏它，并用更典雅的语言和更引经据典的方式加以改编，以使其更具诗意。我们几乎没有证据表明它在襄阳本地有多普及和流行，也不知道有多少本土音乐没有得到京师文学精英的探索和记录。整体而言，它是一个(内涵)丰富的传统，但现在已经几乎全部失传。

另一个独特的当地文化传统是竞争性演出(competitive spectacles)的举行，例如舟船竞赛、球类游戏以及拔河比赛。很难确定这些传统何时开始，但正如在第四章中谈到的那样，关于这方面的证据直到六世纪末、七世纪初才出现。这些大型表演反映出一个军事导向的地方精英阶层的发展，他们积极参与到对低层的荫护之中，利用他们的物质和资源组织大规模的协作性竞赛，以供大众娱乐。这样的角色相当不符合后汉精英(在当地持续到四世纪)离散的(detached)、社交脱节(socially disengaged)的文化气质的典型，但和据我们所知五六世纪襄阳本土精英身上的那种极度好战(combative)、粗豪(ostentatious)、重视荣誉(honor-bound)的精神相得益彰。和西曲传统一样，这些习俗中有一些最终被带入了"高级"的朝廷文化之中，并披上了经典的外衣。在最为人熟知的舟船竞赛的例子中，它或许最早在六世纪二十年代——而且很可能是直到六世纪末——才演变到和屈原扯上关系，作为对萧纲的应和。

关于当地佛教的证据也显示出此种未受教育的口头和肢体文化的特征。著名僧侣的传记合集偏爱和学术型佛教机构(scholarly Buddhist establishment)有关的僧侣，几乎没有五世纪至六世纪初襄阳地区佛教活动的证据①。当地出生、后来在六世纪初期至中叶成为"著名(eminent)"僧侣的人们，一开始都是去往别处学习，这告诉我们该地区并没有一个受过良好佛学教育的佛教机构(educated Buddhist establishment)，尽管萧纲和其他一些人曾尝试建一个。实际上，关于像郭祖深和杜龛这类当地人的记载显示出他们对于佛教机构彻头彻尾的敌意。即使像韦叡这样的信徒，据说也有一个相对非正统(heterodox)的信仰途径，那也在当

---

① 关于这些作品中对于学术性僧侣的偏好，参见[美]John Kieschnick(柯嘉豪), *The Eminent Monk: Buddhist Ideals in Medieval Chinese Hagiography* (Honolulu: University of Hawai'i Press, 1997), 112–138.

地墓葬中得到证明。六世纪初期,当地最重要的僧人是释法聪,他是隐士,也是当地的一个奇迹创造者(miracle worker),但不属于任何大规模的佛教机构;他不仅作为佛教的倡导者出现,同时也是为朝廷代表所推广的那类制度化佛教的反对者。在这些有限证据的基础上,襄阳的佛教似乎可以拿来和四世纪中叶以佛图澄为首的长安佛教作类比,一种针对普遍未受教育的、很容易被奇迹和其他超自然现象所打动的民众的信仰,能够带来直接和切实的利益。

襄阳地区的社会和文化体制和建康文雅的(literate and refined)文化氛围形成鲜明对比,后者留下了更多的证据供我们了解其价值观念和实践,也受到了广泛的学术关注。但反而是襄阳——以及与之类似的城戍——滋养了支配着南朝军事系统并塑造其政治秩序及命运的地方州郡寒门。如果不把地方州郡的寒门文化纳入考量,我们就无从理解南朝政权;地方州郡的寒门文化和高高在上的建康文学传统同样是"南方"文化的重要组成部分。

荫护关系与朝廷—地方关系的演化
PATRONAGE AND THE EVOLUTION OF COURT-PROVINCIAL RELATIONS

把皇家朝堂(imperial court)和这种桀骜的地方社会桥接在一起的,是存在于当地武人和被委派到该地区坐镇的宗王或其他皇家代理人之间的个人荫护关系纽带(personal patronage ties)。这种个人荫护关系纽带可能也是襄阳地方社会内的主要社会架构,尽管或许也存在着一些不具备自愿性的(voluntarism)的默认或捆绑关系;不管是哪种情况,证据都很薄弱。我们可以说的是,和皇家朝堂互动的当地社会阶层是以一套社交假定(social presumptions)为基本进行运作的,而这一套假定被自愿性的且通常表现出变换性(shifting)的个人关系纽带支配着,而不是固定和抽象的忠诚。

第六章 结 论

正如在导论中所讨论过的那样,荫护关系纽带的自愿性本质导致了一个非常具有流动性的、无法预测的社会体系,在该体系中,人们能够——也确实会——根据情感纽带和自身利益的计算来转换阵营。这种流动性(fluidity)在襄阳人的职业选择中反复得到展现。或许最清晰的例子是,曾于五世纪五十年代至六十年代初期效命于刘胡的许多襄阳土著后来却在465—466年的内战中与之为敌。刘胡试图通过唤起旧日情谊的方式重新赢得他们的效忠,这一策略在预期中有着合理的成功几率。然而,他们坚定地站在新护主的一方,他们(事后证明是正确地)判断新护主会是一个更有希望的职业晋升的源头。这一事件漂亮地阐明了情感和职业考量对于个人忠诚的重要程度,以及二者之前可能存在的张力。

这些高度个体化、性质各异(idiosyncratic)的计算的变换性本质,对于朝廷—地方关系和军事招募系统都有着巨大的蕴意。宗王和其他潜在的护主们通过发展私人的、面对面的关系而招募武人,试图通过物质奖励和职业升迁来确保其忠心。然而,这些东西代价很高,且当危机发生时会很快被别人出高价压过自己,因此宗王们同时还设法收获一种称为"恩(gratitude)"的情感约束,这在文学作品中有时就简简单单用"旧(old ties)"来指代。刘义恭终其一生都能维持柳元景的效忠,所靠的不仅仅是确保他能获得丰足的升迁和奖赏,还要把他当做一位同志和饮酒的伙伴(comrade and drinking partner)来对待。我们知道萧衍小心谨慎地培育他与襄阳军事荫客之间的私人关系,即使在他成为皇帝之后也要以幽默的方式缓解对方社交习惯所引起的尴尬,并通过个人画像来让他们感受到荣宠。他的孙子萧詧,同样善于维持自己在当地的荫护网络,即使当他以地降于北方的时候,由于他和当地武人之间深切的同志友情(tremendous camaraderie),他们能够在他身上看到一种相对志趣相投的灵魂(kindred soul),就像他们能够在萧纲身上看到一种毫无疑问志趣不投的灵魂。换言之,个别宗王处理人际关系的技巧和弹性,能使他们募集军事支持的能力造成巨大的差别。

这种体制的特征之一，就是无法在其核心产生一种稳定的、具有自我再生能力的权力架构。一个贵族门阀体制——其中权力和地位的关系与生俱来——能持续许多世代；相较而言，一个基于荫护关系建立的体制会随着护主的死亡而瓦解，有时甚至更早，因为人们会去寻找一个新的、更有希望的护主。有时个人纽带会传递给一个指定的继承人，但南朝政权的暴力循环十分清晰地告诉我们，这很少发生。襄阳人想必从来没有对于在建康的"王朝"表现出任何更高的、抽象的忠诚。即使在萧梁时期，那时他们对皇室的"忠诚"感或许被期望是最强的，当地人还是在战争中的梁皇室宗王、南方的军事强人以及最终的北朝统治者之间，到处寻找最可以指望的护主。梁皇室宗王之间疯狂的兄弟相残(fratricidal mania)显然要为这种现象的出现负一些责任；即使如此，事实上，襄阳人愿意通过向明显的敌人——比如侯景和宇文泰——效忠而换取利益，这显示出对皇室的抽象忠诚在他们的计算中并没有占据什么重要分量。

荫护作为社会体制的另一个结果就是纵向关系纽带比横向的更为流行，还有阶级和区域团结的相应脆弱。换言之，尽管该体制不能生成核心的稳定性，它还是能破坏地方州郡强韧、凝聚的敌对势力的发展。在某种程度上，这一点同样能通过襄阳的例子得到证明，因为人们的职业选择没有被强烈的地方认同感所影响，尽管他们有着独特的地方文化。然而，地方认同的缺乏不能完全归结于荫护体制的作用，因为（正如在第三章中特别点明的那样）当地社会的碎化还有许多其他原因：大量山地民和离散侨民聚落的人口；语言和方言的差异；受教育水平的不同；以及，纵向的制度化附属。缺乏一个重要的上层文化阶级(literate upper class)——他们原可以在地方文化认同的开发中起到领头作用——很可能也是其中一个因素。

不论如何，襄阳地区在五六世纪的历史发展告诉我们，皇家的荫护体系加重已经出现的碎化现象。沈约在《宋书》中经常强调，襄阳在五世纪五六十年代第一次、也是具有终极破坏性地卷入皇室权力和政治之前,一直是一个比较有凝聚力的社会。他对于五世纪三十年代刘道产任期内该地区的记叙是十分理想化的,不能尽信,但是在当地人开始赴京师为官之前的这一时期被视作某种团结和谐的黄金时代,这本身就具有启发性①。同样明显的是沈约关于457年该地区抗拒著籍上租税的记叙,他说此举"使贫富相通,境内莫不嗟怨"②。这描绘的是一个竭力反抗中的社会,在这个社会中,事先存在的社会区隔被一个与皇家朝堂及其征敛相对抗的共同目标桥接起来。此外,该地区能从这一事件中获得好处,是因为有柳元景及其兄弟、从兄弟的清晰领导,他们几十年来都是当地的军事首领。他们协作策划的反抗有助于迫使朝廷让步,撤回他们的强硬代表,并以一种当地人喜欢的方式重建当地行政和户籍登记,并最终赦免所有的罪行和拖欠的租税。

这场运动的讽刺之处在于,柳元景的领导作用更多的来自于他在王朝体制中的成功,而不是他在地方上的成就。在襄阳地区高度碎化和边界松弛的社会中,权力更容易流向能够展示获得外部认可和资源的能力的人。因此,在461年当地的内部冲突中,当地人夺取了控制权,并"提名"了一位新的领导人,但所选的是一位他们知道能够被朝廷所接受的外人。正如我在第二章中提出的那样,他们肯定记得459年广陵城所遭受的恐怖惩罚,那是在警告所有的城戍,过度的不服从将带来惨烈的后果。与其推选一位有统一能力和与建康政权对抗的勇气(或者说愚勇)的当地强人,襄阳城的领导层宁愿合作,接受一位外部的被任命者。

对于特定个人而言,这次合作的果实意义非常重大。柳元景已经开辟了道路(blazed the trail),将皇家朝堂的荫护体制向来自襄阳地区的人开放,并用自己的高官厚职和在京师的广大产业展示了非常实在的好处。在465—466年的内战之后,当地的军士前所未有地看清了一个

---

① 《宋书》卷六五《刘道产传》,第1719页。
② 《宋书》卷七六《王玄谟传》,第1975页。

事实,即取悦皇家朝堂的代表是他们最有利可图的晋升之路。包括张敬儿,曹欣之,其子曹景宗,以及许多其他接受了宗王荫护以试图在帝国体制中谋求财富和地位的人。这条路是无疑也是有危险的,但是总没有和本土山地部族或北方军队肉搏作战那么危险,而奖励却要丰厚得多。

只要皇家朝堂还能慷慨地提供荫护官位,这种流动的关系就会运作得相对较好。然而,一旦晋升的大道被阻碍,襄阳地区就会变得桀骜易叛,它的忠诚也会变得更加具有自由流动性和"价高者得(biddable)"。例如在483年张敬儿被杀之后,在一代人的时间段内,几乎没有当地人能在皇家朝堂获得重要地位;这也是一个当地叛乱(发生率)直线上升的时期,比如桓天生于487年的叛乱,或493年终结了王奂任期的内战。萧衍治下荫护管道的恢复缓解了这一张力,但在梁末又显现出来,因为开国奠基这一代人得到的好处并没有更新,或者说至少没有延展到下一代人头上。这一模式告诉我们,如果皇家招募系统的开放性和流动性略逊,那么襄阳地区马上就会变得桀骜易叛,而且还可能在很大程度上出现自治倾向,就像四世纪时由一系列地方强人控制该地区时一样。

相比之下,该区域在五六世纪发展的曲线显示出,皇家的荫护体制,通过把人们的注意力和忠诚从他们的地方社会中吸取出来,持续破坏着一个致力于捍卫当地(locality)并维系大众对于地方支持(popular local support)的本土地方精英阶层(indigenous local elite stratum)的发展。曹景宗的例子就显然如此。他在二十岁上就已经准备好了接受一个朝廷官职并搬离襄阳;而他后续开发出来的地方支持在某种程度上是他令人沮丧的朝官职业生涯的结果。柳仲礼也是这样,虽然他苦心积攒地方支持,但并不以此为目标,而是将它设想成获取更高官职的踏脚石。他不再像他的从曾祖父柳元景那样,是一个隔离的、因此(如果不是原本就如此)相对有凝聚力的社会的领袖;他的视野被训练得向上瞄准某种更大的东西。结果他和其他来自这个社会的人——比如杜叔毗、席固、柳霞——一样,准备好了去围绕着出价最高者盘旋,在可获得的最强大权力的中心:不是建康,而是长安。

附录:家族谱系
APPENDIX: GENEAOLOGICAL CHARTS

关于附录的翻译说明

附录图表系原书所有,此处据原书重制,尽可能在内容和结构上保持原貌。包括图表下方参考文献在内的文字都是直接翻译所得;如有明显讹误,会仿照正文,以"译者按"形式注明。另外,由于图表空间有限,人物相关年份保留原书中的外文缩写注解,具体含义如下:

1. 无特殊注释的年份表示人物生卒年,如"柳元景(405—465)";

2. 加"d."表示卒年,如"柳津(d. 549)";

3. 加"c."或"ca."表示大约,即史籍中没有明确的生卒年信息,而作者根据其他相关信息推测,如"柳霞(c. 499—571)",由于史传中只记其卒于"天和中""时年七十二",作者取天和六年(571)为卒年,再按终寿倒退至499年。

4. 加"fl."表示后面的年份不是生卒年,而是该人物在历史舞台上主要活跃的时期,如"柳彧(fl. 570s—580s)"表示柳彧主要活跃在公元六世纪七八十年代。

5. 原图表多处省略姓氏,这里考虑到有些图表涉及超过一个家族,悉以补全。

图表 1 柳卓的部分后代
源自河东解县
于东晋初期(320s—330s)侨居襄阳

（译者按：据《新唐书·宰相世系表》，柳卓四子分别为辅、恬、杰、奋；原表列三子后注"others"，似乎不止四子，但未明所据；而第三子"can"原书未给出汉字，或因柳杰之繁体"傑"讹为"粲"）

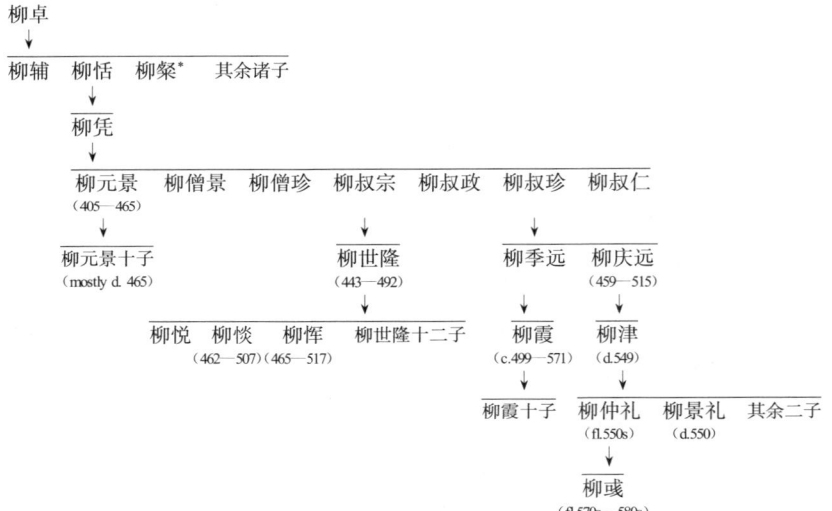

参考文献：

《南史》卷三八（译者按：原书作卷二八，据页数及内容改）《柳元景传》，第 977—995 页。

《周书》卷四二《柳霞传》，第 765—767 页《北史》卷七十《柳遐传》，第 2441 页。

《隋书》卷六二《柳彧传》，第 1481—1484 页《北史》卷七十七《柳彧传》，第 2622—2625 页。

《元和姓纂》卷七，第 226—230 条，第 1111—1116 页。

《新唐书》卷七三上《宰相世系表三上》，第 2850—2854 页。

图表 2 韦华的部分后代
源自京兆杜陵县
于 418 年左右侨居襄阳
与同属襄阳京兆侨寓聚落的杜氏及王氏有姻亲关系

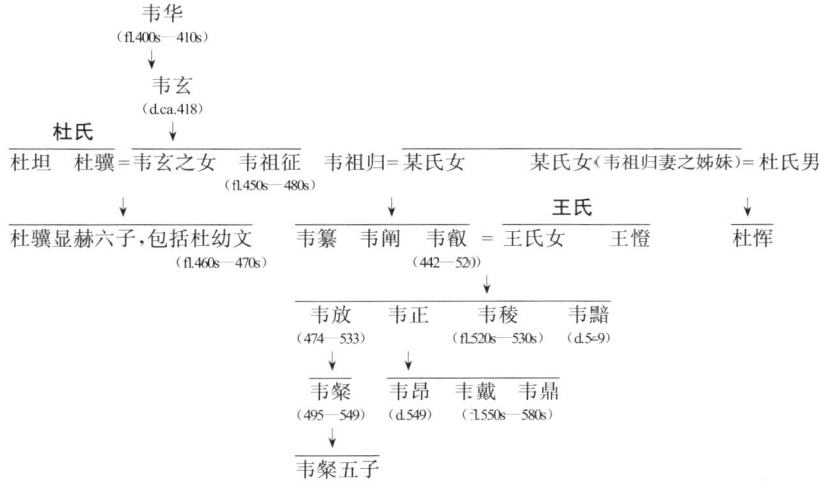

参考文献：

《梁书》卷十二《韦叡传》，第 220—227 页；卷二八《韦放传》，第 423—424 页；卷四三《韦粲传》，第 605—608 页。

《南史》卷五八《韦叡传》，第 1425—1437 页。

《宋书》六五《杜骥传附兄坦及子幼文传》，第 1720—1723 页。

《元和姓纂》卷二，第 205—212 条，第 182—186 页。

《新唐书》卷七四上《宰相世系表四上》，第 3310 页（译者按，原书此处页码有误，《宰相世系表四上》记韦氏在第 3045—3113 页）。

图表 3　部分南阳聚落成员之间的关系
全部属于徙自南阳郡并于东晋时期在江陵定居的侨寓家庭后代

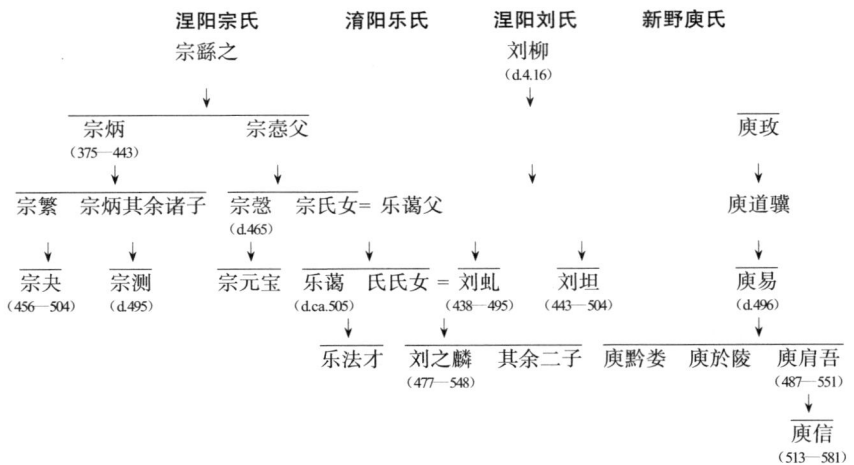

参考文献：

《宋书》卷九三《宗炳传》，第 2278—2279 页。

《宋书》卷七六《宗悫传》，第 1971—1972 页。

《南齐书》卷五四《高逸传》，第 939—941 页传，其中第 939 页提到刘虬、庾易、宗测作为一个"学派（study clique）"彼此互动（译者按：原文未见对应文字，只云三人同郡）。

《梁书》卷十九《宗夬传》《刘坦传》《乐蔼传》，第 299 页，其中提到他们受到当地人的支持，并被萧颖胄辟用。

《梁书》卷四十《刘之遴传》，第 572—574 页。《南史》卷五十《刘虬传》，第 1249—1253 页。

《梁书》卷四七《孝行·庾黔娄传》，第 650—651 页；卷四九《文学·庾於陵传》，第 689—692 页。

《新唐书》卷七一上《宰相世系表一上》，第 2255 页。

参考文献
BIBLIOGRAPHY

早期中文史料(按书名序)
EARLY CHINESE SOURCES CITED BY TITLE

类书:

《北堂书钞》,(唐)虞世南 撰,北京:中华书局,1962年。

《初学记》,(唐)徐坚等 著,北京:中华书局,1962年。

《太平广记》,(宋)李昉等 编,北京:中华书局,1961年。

《太平御览》,(宋)李昉等 撰,北京:中华书局,1960年。

《艺文类聚》,(唐)欧阳询 撰,汪绍楹 校注,上海:上海古籍出版社,1999年。

王朝正史(北京中华书局出版,1959年起)

《史记》,(汉)司马迁 撰,(南朝宋)裴骃 集解,(唐)司马贞 索隐,(唐)张守节 正义,点校本,北京:中华书局,1959年。

《汉书》,(汉)班固 撰,(唐)颜师古 注,点校本,北京:中华书局,1962年。

《后汉书》,(南朝宋)范晔 撰,(唐)李贤等 注,点校本,北京:中华书局,1965年。

《续汉书》,(晋)司马彪 撰,编入范晔《后汉书》(译者按:原著书目中作《后汉书志》,未注明出版信息,注释中亦有几处页码亦不合于中华书局本《后汉书》,或有别本为参,译者未及亲见,特此说明)。

《三国志》，(晋)陈寿 撰，(南朝宋)裴松之 注，点校本，北京：中华书局，1963年。

《晋书》，(唐)房玄龄等 撰，点校本，北京：中华书局，1974年。

《宋书》，(南朝梁)沈约 撰，点校本，北京：中华书局，1974年。

《南齐书》，(南朝梁)萧子显 撰，点校本，北京：中华书局，1972年。

《梁书》，(唐)姚思廉 撰，点校本，北京：中华书局，1973年。

《陈书》，(唐)姚思廉 撰，点校本，北京：中华书局，1972年。

《南史》，(唐)李延寿 撰，点校本，北京：中华书局，1975年。

《魏书》，(北齐)魏收 撰，点校本，北京：中华书局，1974年。

《北齐书》，(唐)李百药 撰，点校本，北京：中华书局，1972年。

《周书》，(唐)令狐德棻等 撰，点校本，北京：中华书局，1971年。

《隋书》，(唐)魏征 撰，点校本，北京：中华书局，1973年。

《北史》，(唐)李延寿 撰，点校本，北京：中华书局，1974年。

《旧唐书》，(后晋)刘昫等 撰，点校本，北京：中华书局，1975年。

《新唐书》，(宋)欧阳修、宋祁 撰，点校本，北京：中华书局，1975年。

《资治通鉴》，(宋)司马光 编著，点校本，北京：中华书局，1956年。

其他早期中文资料

《楚国先贤传校注》，(晋)张辅原 著，舒焚 校注，武汉：湖北人民出版社，1986年。

《法苑珠林校注》，(唐)释道世 撰，周叔迦、苏晋仁 校注，北京：中华书局，2003年。

《高僧传》，(南朝梁)释慧皎 撰，汤用彤 校注，北京：中华书局，1992年。

《高士传》，(晋)皇甫谧 撰，《丛书集成初编》影印本，上海：商务印书馆，1937年。

《建康实录》，(唐)许嵩 撰，张忱石 点校，北京：中华书局，1986年。

《荆楚岁时记校注》，(南朝梁)宗懔 撰，王毓荣 校注，台北：文津出版社有限公司，1988年。

《类说》,(宋)曾慥 编,《四库全书》卷 873,台北:商务印书馆,1981 年。

《论衡集解》,(汉)王充 撰,刘盼遂 集解,北京:中华书局,1959 年。亦参见[德]佛尔克(Alfred Forke)英译本——*Lun Heng.* New York: Paragon Book Gallery, 1962.

《世说新语笺疏》,(南朝宋)刘义庆 著,(南朝梁)刘孝标 注,余嘉锡 笺疏,上海:上海古籍出版社,1993 年。亦参见[美]马瑞志(Richard Mather)英译本——*Shih-shuo Hsin-yu: A New Account of Tales of the World.* Ann Arbor: Center for Chinese Studies, University of Michigan, 2002.

《水经注疏》,[北魏]郦道元 注,杨守敬、熊会贞 疏,南京:江苏古籍出版社,1999 年。

《太平寰宇记》,(宋)乐史 撰,台北:文海出版社,1963 年。

《文选》,(南朝梁)萧统 编,北京:中华书局,1977 年。亦参见[美]康达维(David Knechtges)的部分英译本——*Wen Xuan, or Selections of Refined Literature, Volume One: Rhapsodies on Metropolises and Capitals.* Princeton: Princeton University Press, 1982; *Wen Xuan, or Selections of Refined Literature, Volume Three: Rhapsodies on Natural Phenomena, Birds and Animals, Aspirations and Feelings, Sorrowful Laments, Literature, Music, and Passions.* Princeton: Princeton University Press, 1996.

《校补襄阳耆旧记》,(晋)习凿齿 撰,黄惠贤 校补,郑州:中州古籍出版社,1987 年。

《续高僧传》,(唐)释道宣 撰,江北刻经处光绪十六年(1890)刊本。

《颜氏家训集解》,(北齐)颜之推 撰,王利器 集解,北京:中华书局,1993 年。亦参见邓嗣禹(Teng Ssu-yu)英译本——*Family Instructions for the Yen Clan: Yen-shih Chia-hsun.* Leiden: E. J. Brill, 1968.

《元和姓纂》,(唐)林宝 撰,岑仲勉 校记,北京:中华书局,1994 年。

《乐府诗集》,(宋)郭茂倩 编,北京:中华书局,1979 年。

二手文献（按作者姓名序）
SECONDARY SOURCES CITED BY AUTHOR

Amory, Patrick. *People and Identity in Ostrogothic Italy, 489 – 554*. Cambridge and London: Cambridge University Press, 1997.

Anderson, Benedict. *Imagined Communities: Reflections on the Origin and Spread of Nationalism*. London and New York: Verso, 1991.

Armstrong, John. *Nations before Nationalism*. Chapel Hill: University of North Carolina Press, 1982.

Balazs, Etienne. *Chinese Civilization and Bureaucracy: Variations on a Theme*. New Haven: Yale University Press, 1964.

Berkowitz, Alan. *Patterns of Disengagement: The Practice and Portrayal of Reclusion in Early Medieval China*. Stanford: Stanford University Press, 2000.

Bielenstein, Hans. "The Institutions of Later Han." In *Cambridge History of China vol. 1: The Ch'in and Han Empires 221 B.C.- A.D. 220*, edited by D. Twitchett and M. Loewe. Cambridge and London: Cambridge University Press, 1986.

——. *The Restoration of the Han Dynasty, with Prolegomena on the Historiography of the Hou Han Shu*. Stockholm, 1953.

——. "Wang Mang, the Restoration of the Han dynasty, and Later Han." In *Cambridge History of China vol. 1: The Ch'in and Han Empires 221 B.C. – A.D. 220*, edited by D. Twitchett and M. Loewe. Cambridge and London: Cambridge University Press, 1986.

Blakely, Barry. "The Geography of Chu." In *Defining Chu: Image and Reality in Ancient China*, edited by Constance Cook and John Major. Honolulu: University of Hawai'i Press, 1999.

Bodde, Derek. *Festivals in Classical China: New Year and Other Annual Observances during the Han Dynasty, 206 B.C.– A.D. 220*. Princeton: Princeton University Press, 1975.

Brown, Miranda. *The Politics of Mourning in Early China*. Albany: State University of New York Press, 2007.

Chen, Kenneth. "On Some Factors Responsible for Anti-Buddhist Persecution under the Pei-chao." *Harvard Journal of Asiatic Studies* 17, no. 1–2 (1954): 261–273.

Chittick, Andrew. "The Development of Local Writing in Early Medieval China." *Early Medieval China* 9 (2003): 35–70.

——. "The Life and Legacy of Liu Biao: Governor, Warlord, and Imperial Pretender in Late Han China." *Journal of Asian History* 37, no. 2 (2003): 155–186.

——. *Pride of Place: The Advent of Local History in Early Medieval China*. UMI, University of Michigan Doctoral Dissertation, 1997.

Coblin, W. South. "Migration History and Dialect Development in the Lower Yangtze Watershed." *Bulletin of the School of Oriental and African Studies* 65, no. 3 (2002): 529–543.

Connery, Christopher Leigh. *The Empire of the Text*. Lanham, MD: Rowman and Littlefield, 1999.

Crowell, William. "Northern Émigrés and the Problem of Census Registration under the Eastern Jin and Southern Dynasties." In *State and Society in Early Medieval China*, edited by Albert Dien. Hong Kong: Hong Kong University Press, 1990.

De Crespigny, Rafe. *Generals of the South: The Foundation and Early History of the Three Kingdoms State of Wu*. Canberra: Australian National University Faculty of Asian Studies Monographs, 1990.

——. "Politics and Philosophy under the Government of Emperor Huan 159–

168 A.D." *T'oung Pao* 66 (1980).

Dien, Albert, ed. *State and Society in Early Medieval China*. Hong Kong: Hong Kong University Press, 1990.

———. "The *Yuan-hun Chih* (Accounts of Ghosts with Grievances): A Sixth-Century Collection of Stories." In *Wen-lin: Studies in the Chinese Humanities*, edited by Chow Tse-tsung. Madison, Milwaukee, and London: University of Wisconsin Press, 1968.

Duara, Prasenjit. "De-Constructing the Chinese Nation." *The Australian Journal of Chinese Affairs* 30 (1993): 1–26.

———. *Rescuing History from the Nation: Questioning Narratives of Modern China*. Chicago: University of Chicago Press, 1997.

Eberhard, Wolfram. *Conquerors and Rulers: Social Forces in Medieval China*. Leiden: E. J. Brill, 1952.

———. *The Local Cultures of South and East China*. Leiden: E. J. Brill, 1968.

Ebrey, Patricia. *The Aristocratic Families of Early Imperial China: A Case Study of the Po-ling Ts'ui Family*. Cambridge and London: Cambridge University Press, 1978.

———. "Estate and Family Management in the Later Han as Seen in the Monthly Instructions for the Four Classes of People." *Journal of the Economic and Social History of the Orient* 17 (1974): 173–205.

———. "Later Han Stone Inscriptions." *Harvard Journal of Asiatic Studies* 40, no. 2 (1980): 325–353.

———. "Patron-Client Relations in the Later Han." *Journal of the American Oriental Society* 103, no. 3 (1983): 533–542.

Eccles, Lance. "The Seizure of the Mandate: Establishment of the Legitimacy of the Liang Dynasty (502–557)." *Journal of Asian History* 23, no. 2 (1989): 169–180.

Eisenstadt, S. N., and L. Roniger. *Patrons, Clients, and Friends: Interpersonal*

Relations and the Structure of Trust in Society. Cambridge and London: Cambridge University Press, 1984.

Emerson, Rupert. *From Empire to Nation: The Rise to Self-Assertion of Asian and African Peoples*. Cambridge: Harvard University Press, 1960.

Farmer, Michael. "What's in a Name? On the Appellative 'Shu' in Early Medieval Chinese Historiography." *Journal of the American Oriental Society* 121, no. 1 (2001): 44–59.

Gernet, Jacques. *Buddhism in Chinese Society: An Economic History from the Fifth to the Tenth Centuries*. Translated by Franciscus Verellen. New York: Columbia University Press, 1995.

Gladney, Dru. "Representing Nationality in China: Refiguring Majority/Minority Identities." *Journal of Asian Studies* 53, no. 1 (1994): 92–123.

Goodman, Howard. *Ts'ao P'i Transcendent: The Political Culture of Dynasty-Founding in China at the End of the Han*. Seattle: Scripta Serica, 1998.

Graff, David. *Medieval Chinese Warfare, 300–900*. London and New York: Routledge, 2002.

Grafflin, Dennis. "The Great Family in Early Medieval China." *Harvard Journal of Asiatic Studies* 41, no. 1 (1981): 65–74.

——. "Reinventing China: Pseudobureaucracy in the Early Southern Dynasties." In *State and Society in Early Medieval China*, edited by Albert Dien. Hong Kong: Hong Kong University Press, 1990.

Graham, William T. *The Lament for the South: Yu Hsin's Ai Chiang-nan Fu*. Cambridge and London: Cambridge University Press, 1980.

Hawkes, David. *Songs of the South: An Ancient Chinese Anthology*. Oxford: Clarendon Press, 1959.

Henry, Eric. "Chu-ko Liang in the Eyes of His Contemporaries." *Harvard Journal of Asiatic Studies* 52, no. 2 (1992): 589–612.

——. "The Motif of Recognition in Ancient China." *Harvard Journal of*

Asiatic Studies 47, no. 1 (1987): 5–30.

Holcombe, Charles. *In the Shadow of the Han: Literati Thought and Society at the Beginning of the Southern Dynasties.* Honolulu: University of Hawai'i Press, 1994.

——. "Re-imagining China: The Chinese Identity Crisis at the Start of the Southern Dynasties Period." *Journal of the American Oriental Society* 115, no. 1 (1995): 1–14.

Holmgren, Jennifer. "The Making of an Elite: Local Politics and Social Relations in Northeastern China during the Fifth Century A.D." *Papers on Far Eastern History* 30 (1984): 1–79.

Honey, David. "Sinicization as Statecraft in Conquest Dynasties of China: Two Early Medieval Case Studies." *Journal of Asian History* 30, no. 2 (1996): 115–151.

Honig, Emily. *Creating Chinese Ethnicity: Subei People in Shanghai, 1850–1980.* New Haven: Yale University Press, 1992.

Hucker, Charles. *A Dictionary of Official Titles in Imperial China.* Stanford: Stanford University Press, 1985.

Isaacs, Harold. *Idols of the Tribe: Group Identities and Political Change.* Cambridge: Harvard University Press, 1989.

Johnson, David. *The Medieval Chinese Oligarchy.* Boulder: Westview, 1976.

——. "The Wu Tzu-hsu *Pien-wen* and Its Sources: Part I." *Harvard Journal of Asiatic Studies* 40, no. 1 (1980): 93–156.

——. "The Wu Tzu-hsu *Pien-wen* and Its Sources: Part II." *Harvard Journal of Asiatic Studies* 40, no. 2 (1980): 465–505.

Johnson, Terry, and Christopher Dandeker. "Patronage: Relation and System." In *Patronage in Ancient Society*, edited by Andrew Wallace-Hadrill. London and New York: Routledge, 1989.

Juliano, Annette. *Teng-hsien: An Important Six Dynasties Tomb.* Ascona,

Switzerland: Artibus Asiae Publishers, 1980.

Kieschnick, John. *The Eminent Monk: Buddhist Ideals in Medieval Chinese Hagiography*. Honolulu: University of Hawai'i Press, 1997.

Killigrew, John W. "The Reunification of China in AD 280: Jin's Conquest of Eastern Wu." *Early Medieval China* 9 (2003): 1–34.

Kleeman, Terry. *Great Perfection: Religion and Ethnicity in a Chinese Millenial Kingdom*. Honolulu: University of Hawai'i Press, 1998.

Knapp, Keith. *Selfless Offspring: Filial Children and Social Order in Medieval China*. Honolulu: University of Hawai'i Press, 2005.

Knechtges, David. *The Han Rhapsody: A Study of the Fu of Yang Hsiung (53 B.C.–A.D. 18)*. Cambridge and London: Cambridge University Press, 1976.

——. "Sweet-peel Orange or Southern Gold? Regional Identity in Western Jin Literature." In *Studies in Early Medieval Chinese Literature and Cultural History*, edited by Paul Kroll and David Knechtges. Provo: T'ang Studies Society, 2003.

Kohn, Livia. *Daoism and Chinese Culture*. Cambridge, MA: Three Pines Press, 2001.

Kubozoe Yoshifumi 窪添庆文 "Japanese Research in Recent Years on the History of Wei, Chin, and the Northern and Southern Dynasties." *Acta Asiatica* 60 (1991): 104–134.

Lewis, Mark Edward. *Sanctioned Violence in Early China*. Albany: State University of New York Press, 1990.

Loewe, Michael. "China's Sense of Unity as Seen in the Early Empires." *T'oung Pao* 80 (1994): 6–26.

Marney, John. *Liang Chien-wen ti*. Boston: Twayne Publishers, 1976.

Mather, Richard. *The Age of Eternal Brilliance: Three Lyric Poets of the Yung-ming era (483–493)*. Leiden: Brill Academic Publishers, 2003.

———.*The Poet Shen Yueh (441－513): The Reticent Marquis*. Princeton: Princeton University Press, 1988.

Ochi Shigeaki 越智重明. "The Southern Dynasties Aristocratic System and Dynastic Change." *Acta Asiatica* 60 (1991): 54－77.

Owen, Stephen, *Remembrances: The Experience of the Past in Classical Chinese Literature*. Cambridge: Harvard University Press, 1986.

Pearce, Scott. "Who, and What, was Hou Jing?" *Early Medieval China* 6 (2000): 49－73.

Pearce, Scott, Patricia Ebrey and Audrey Spiro, eds. *Culture and Power in the Reconstruction of the Chinese Realm, 200－600*. Cambridge and London: Harvard University Press, 2001.

Purdue, Peter. "Insiders and Outsiders: The Xiangtan Riot of 1819 and Collective Action in Hunan." *Modern China* 12, no. 2 (1986): 166－201.

Schneider, Laurence. *A Madman of Ch'u: The Chinese Myth of Loyalty and Dissent*. Berkeley: University of California Press, 1980.

Schmidt-Glintzer, Helwig. "The Scholar-Official and His Community: The Character of the Aristocracy in Medieval China." *Early Medieval China* 1 (1994): 60－83.

Serruys, Paul L. M. *The Chinese Dialects of Han Time According to Fang-yen*. Berkeley: University of California Press, 1959.

Silverman, Scott. "Patronage as Myth." In *Patrons and Clients in Mediterranean Societies*, edited by Ernest Gellner and John Waterbury. London: Center for Mediterranean Studies of the American Universities Field Staff, 1977.

Somers, Robert. "Review Article: The Society of Early Imperial China: Three Recent Studies." *Journal of Asian Studies* 38, no. 1 (1978): 127－142.

Spiro, Audrey. *Contemplating the Ancients: Aesthetic and Social Issues in Early Chinese Portraiture*. Berkeley: University of California Press,

1990.

Strickmann, Michel. "The Mao Shan Revelations: Taoism and the Aristocracy." *T'oung Pao* 63, no. 1 (1977): 1–64.

———. "A Taoist Confirmation of Liang Wu Ti's Suppression of Taoism." *Journal of the American Oriental Society* 98, no. 4 (1978): 467–475.

Su Jui-lung 苏瑞隆. "Patron's Influence on Bao Zhao's Poetry." In *Studies in Early Medieval Chinese Literature and Cultural History: In Honor of Richard B. Mather and Donald Holzman*, edited by Paul Kroll and David Knechtges. Provo: T'ang Studies Society, 2003.

Sukhu, Gopal. "Monkeys, Shamans, Emperors, and Poets: The *Chuci* and Images of Chu during the Han Dynasty." In *Defining Chu: Image and Reality in Ancient China*, edited by Constance Cook and John Major. Honolulu: University of Hawai'i Press, 1999.

Tang Changru 唐长孺. "Clients and Bound Retainers in the Six Dynasties Period." In *State and Society in Early Medieval China*, edited by Albert Dien. Hong Kong: Hong Kong University Press, 1990.

Tanigawa Michio 谷川道雄. *Medieval Society and the Local "Community."* Translated by Joshua Fogel. Berkeley: University of California Press, 1985.

———. "Prominent Family Control in the Six Dynasties." *Acta Asiatica* 60 (1991): 78–103.

Vervoorn, Aat. *Men of the Cliffs and Caves: The Development of the Chinese Eremitic Tradition to the End of the Han Dynasty*. Hong Kong: Chinese University Press, 1990.

Wallace-Hadrill, Andrew, ed. *Patronage in Ancient Society*. London and New York: Routledge, 1989.

Yasuda Jiro 安田二郎. "The Changing Aristocratic Society of the Southern Dynasties and Regional Society: Particularly in the Hsiang-yang

Region." *Acta Asiatica* 60 (1991): 25 – 53.

安田二郎:《晋宋革命和雍州(襄阳)的侨民》,《日本中青年学者论中国史 六朝隋唐卷》,上海:上海古籍出版社,1995 年,第 116—144 页。

陈诗:《湖北金石通志》,《石刻史料新编》第三辑(十三),台北:新文丰出版公司,1986 年。

陈振孙:《直斋书录解题》,《四库全书》卷 674,台北:商务处出版社,1981 年。

陈仲安、王素:《汉唐职官制度研究》,北京:中华书局,1993 年。

川胜义雄:《侯景之乱与南朝的货币经济》,《日本学者研究中国史论著选译》第四卷(六朝隋唐),北京:中华书局,1992 年,第 247—293 页。

崔富章、李大明 主编:《楚辞集校集释》,武汉:湖北教育出版社,2000 年。

崔新社、潘杰夫:《襄阳贾家冲画像砖墓》,《江汉考古》1986 年第 1 期,第 16—33 页。

都筑晶子:《关于南人寒门、寒士的宗教想象力》,《日本中青年学者论中国史 六朝隋唐卷》,上海:上海古籍出版社,1995 年,第 174—211 页。

甘怀真:《皇权、礼仪与经典诠释:中国古代政治史研究》,台北:乐学书局,2003 年。

黎虎:《魏晋南北朝史论文集》,济南:齐鲁书社,1991 年。

罗运环:《楚国八百年》,武汉:武汉大学出版社,1992 年。

上田早苗:《后汉末期の襄阳の豪族》,《东洋史研究》1970 年第 28 卷第 4 号,第 31—36 页。

谭其骧 主编:《中国历史地图集》(全八册),北京:中国地图出版社,1990 年。

汤用彤:《汉魏两晋南北朝佛教史》,长沙:商务印书馆,1938 年;北京:北京大学出版社,1997 年。

唐长孺:《魏晋南北朝史论丛》,北京:三联书店,1955 年;石家庄:河北教育出版社,2000 年。

唐长孺:《魏晋南北朝史论丛续编》,北京:三联书店,1959年。

王万芳:《襄阳金石志》,《石刻史料新编》第三辑(十三),台北:新文丰出版公司,1986年。

王仲荦:《魏晋南北朝史》,上海:上海人民出版社,1994年。

夏日新:《关于东晋侨州郡县的几个问题》,《魏晋南北朝隋唐史资料》第11辑,武汉:武汉大学出版社,1993年,第36—49页。

夏日新:《魏晋南北朝时期荆州地区佛教的传播与发展》,谷川道雄主编《日中国际共同研究:地域社会在六朝政治文化上所起的作用》,东京:玄文社,1989年,第204—215页。

萧涤非:《汉魏六朝乐府文学史》,北京:人民文学出版社,1984年。

严可均:《全上古三代秦汉三国六朝文》,北京:中华书局,1958年。

越智重明:《梁陈政权与梁陈贵族制》,《日本学者研究中国史论著选译》第四卷(六朝隋唐),北京:中华书局,1992年,第294—314页。

张灿辉:《雍州势力与梁代政治》,《文史》2001年第3辑总第56辑,第81—89页。

张仲炘:《湖北金石志》,《石刻史料新编》第三辑(十六),台北:新文丰出版公司,1986年。

郑岩:《魏晋南北朝壁画墓研究》,北京:文物出版社,2002年。

中村圭尔:《六朝贵族制论》,《日本学者研究中国史论著选译》第二卷(专论),北京:中华书局,1992年,第359—391页。

"南京大学六朝研究所书系"已出图书

一、甲种专著

1.《东晋南朝侨州郡县与侨流人口研究》(修订本),胡阿祥著,江苏人民出版社,2019年10月版,"甲种专著"第壹号;

2.《中古丧葬礼俗中佛教因素演进的考古学研究》,吴桂兵著,科学出版社,2019年12月版,"甲种专著"第贰号;

3.《六朝的城市与社会》(增订本),刘淑芬著,南京大学出版社,2021年1月版,"甲种专著"第叁号。

二、乙种论集

1.《"都城圈"与"都城圈社会"研究文集——以六朝建康为中心》,张学锋编,南京大学出版社,2021年1月版,"乙种论集"第壹号。

三、丙种译丛

1.《中古中国的荫护与社群:公元400—600年的襄阳城》,[美]戚安道著,毕云译,南京大学出版社,2021年1月版,"丙种译丛"第壹号;

2.《从文物考古透视六朝社会》,[德]安然著,周胤等译,南京大学出版社,2021年1月版,"丙种译丛"第贰号。

四、丁种资料

1.《建康实录》,(唐)许嵩撰,张学锋、陆帅整理,南京出版社,2019年10月版,"丁种资料"第壹号。

五、戊种公共史学

1.《"胡"说六朝》,胡阿祥著,江苏人民出版社,2019年6月版,"戊种公共史学"第壹号;

2.《谢朓传》,胡阿祥、王景福著,凤凰出版社,2019年12月版,"戊种公共史学"第贰号。

图书在版编目(CIP)数据

中古中国的荫护与社群：公元 400—600 年的襄阳城 /（美）戚安道著；毕云译. —— 南京：南京大学出版社，2021.1(2023.5 重印)

（南京大学六朝研究所书系. 丙种译丛. 第壹号）

书名原文：Patronage and Community in Medieval China：The Xiangyang Garrison，400 - 600 CE.

ISBN 978 - 7 - 305 - 23751 - 5

Ⅰ.①中… Ⅱ.①戚… ②毕… Ⅲ.①政治制度—研究—中国—400 - 600 Ⅳ.①D691.2

中国版本图书馆 CIP 数据核字(2020)第 177379 号

Patronage and Community in Medieval China：The Xiangyang Garrison，400 - 600 CE
By Andrew Chittick

The Simplified Chinese translation of this book is made possible by permission of the State University of New York Press © 2010, and may be only sold in Mainland China.

All rights reserved.

江苏省版权局著作权合同登记 图字：10 - 2018 - 217 号

出版发行	南京大学出版社
社　　址	南京市汉口路 22 号　邮　编　210093
出 版 人	金鑫荣
丛 书 名	南京大学六朝研究所书系・丙种译丛・第壹号
书　　名	中古中国的荫护与社群：公元 400—600 年的襄阳城
著　　者	［美］戚安道
译　　者	毕云
责任编辑	王　静　　编辑热线　(025)83593963
照　　排	南京南琳图文制作有限公司
印　　刷	徐州绪权印刷有限公司
开　　本	787×1092　1/20　印张 12　字数 200 千
版　　次	2021 年 1 月第 1 版　2023 年 5 月第 2 次印刷
ISBN	978 - 7 - 305 - 23751 - 5
定　　价	60.00 元

网址：http://www.njupco.com
官方微博：http://weibo.com/njupco
官方微信号：njupress
销售咨询热线：(025) 83594756

* 版权所有，侵权必究

* 凡购买南大版图书，如有印装质量问题，请与所购图书销售部门联系调换